The Origins of the Micronesian Food Taboo of the Eel

鰻 ミクロネシア人が を禁忌する 習俗の起源

Jun Takayama 高山 純

六一書房

はしがき

　1972年12月から1973年1月，及び1973年12月から1974年1月まで，私達はミクロネシアのトラック諸島（現在はチュークと呼ばれる）のトール島でウリボート山頂遺構とファウバ要塞遺跡を発見して発掘した（Takayama and Seki 1973）。その折，ウリボート山の山麓の中腹に「化け物（チュキエヌ）が棲む山」と呼ばる場所に貝塚のあることを知った。現在，海岸近くに住む人達にとって山頂に残された昔の人が残した跡は気味の悪い場所なのでこのような名前がついているようである。

　そこで1975年12月から1976年1月にかけてこの貝塚を発掘調査した（Takayama and Intoh 1978）。ある日，同行の学生達が近くの小川に沢山すんでいる鰻を捕まえて調理した。これを知った村人達は大いに驚き，大騒ぎとなったことがあった。食糧資源が貧弱なこの島で，どうして沢山いる鰻を嫌悪し，食さないのか不思議であった。

　現代の日本人にとって淡水産の鰻は大好物の1つであって，古くは縄文時代の貝塚からもその骨が出土している。たとえば茨城県の陸平貝塚の発掘では縄文時代後期初頭になるとウナギの骨が激増して，大量捕獲されていたことが明らかになっている（中村 2008：33）。しかし，ご存知のように食物の嗜好は国や地域によって違うことがしばしばある。

　その後の調査で，ミクロネシアでは他の島にも同じ状況が見られることを知った。たとえば，チュークの隣国のポーンペイ（旧ポナペ島）では現在でも鰻を神と見なして決して食べないし，また，ヤップ（ヤップ語ではウアップ）では最下層民しか鰻を食べない。そのためその後のヤップにおける考古学的調査では，内陸部で貝塚を発見した時には，もしここの発掘で鰻の骨が出土したならば，彼らの祖先が残した貝塚かもしれないと思ったことがあったが，発掘する時間がなかった。簡単に調べた限りでは，チュークの遺跡で発掘された魚骨類の中に鰻の骨は発見されていない。

　また，スペイン人の残した古い記録では，マリアナ諸島でも下層民だけが鰻を食料としていたと報告している。

　では，どうしてチュークでは屈強な大人達までが鰻を恐がっているのであろうか。この疑問はずっと私の脳裏を離れることはなかった。その後，私は調査地をチュークから西カロリン諸島の中のベラウ諸島及びヤップ諸島に移した。その結果，ミクロネシアの先史文化の起源を解明するにはこれら両諸島の反対側，つまり東端にあってポリネシアと地理的に接するキリバスの調査を行なう必要にせまられた。そこでの発掘調査では，ここの先史文化にはポリネシア的要素が混入していることが判明した。

　キリバスの住民はミクロネシア人であるが，その南側に接するツヴァル諸島はポリネシア人の

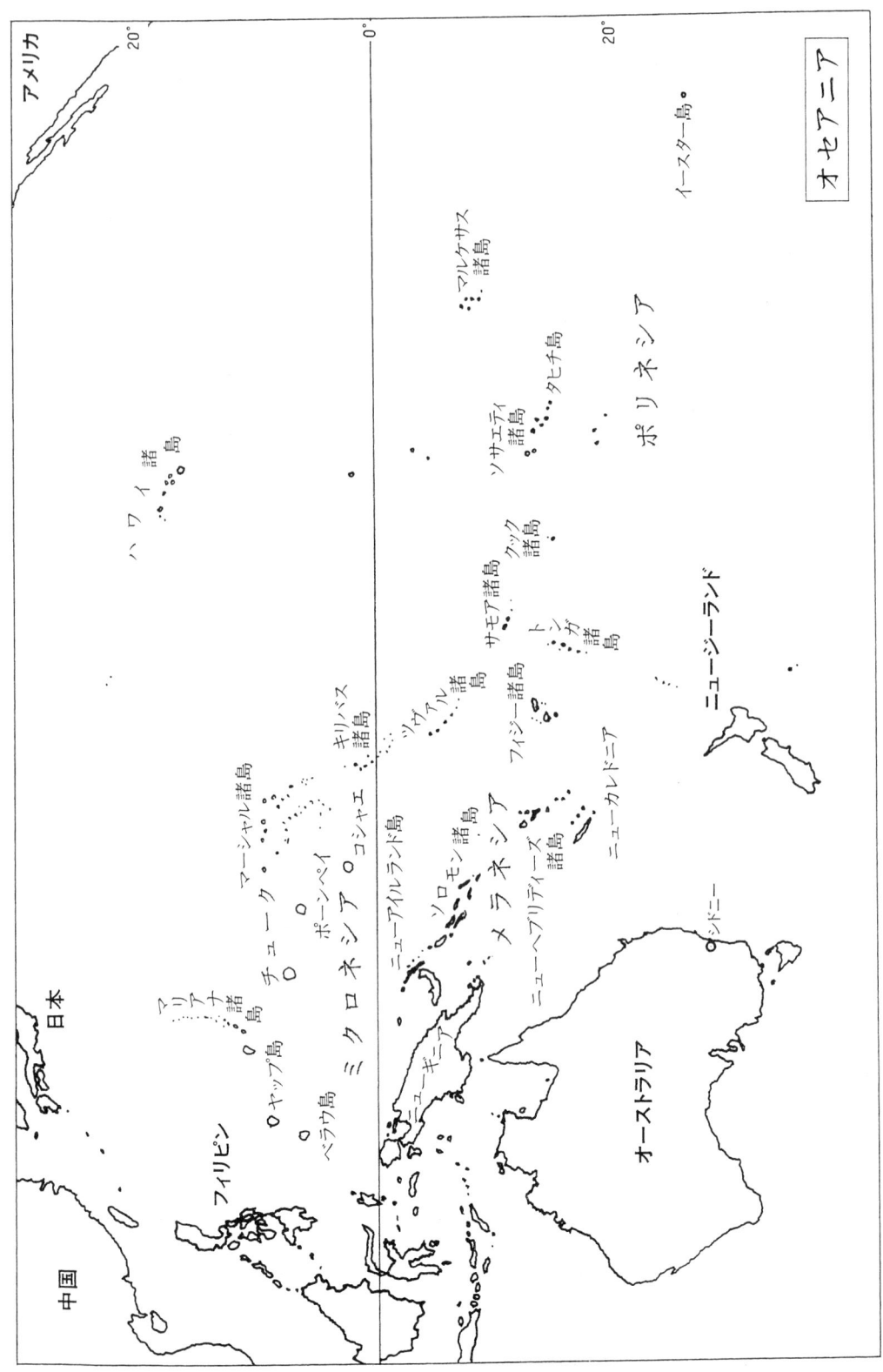

オセアニア全体図

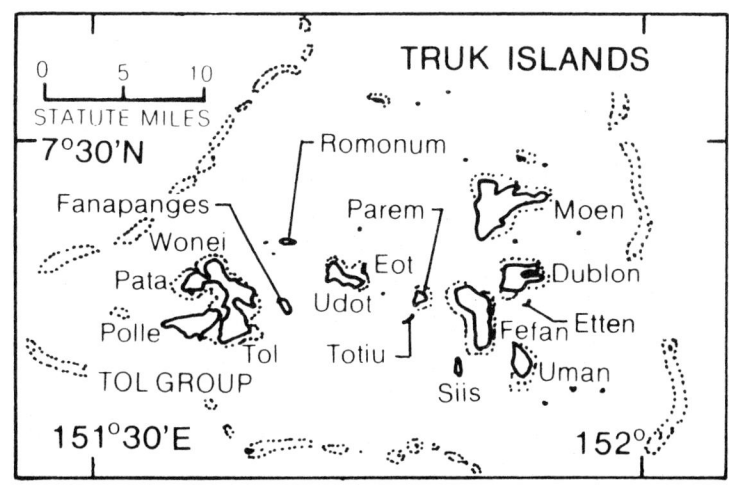

チュークの地図 (after Motteler 1986)

住む島である。従って，ツヴァルの先史文化の様子を次に解明することになった。私達が調査を開始するまでツヴァルはケネディの簡単な調査を除けば，キリバス同様考古学的には未知の世界 (terra in-cogni-ta) であった。

　ツヴァルにおける発掘では，この地の先史文化には初期の時代から本質的にはポリネシア文化が存在していたが，同時にフィジーと接触のあったことも確認された。その結果，更にツヴァルの南側にあるフィジー諸島の中で，フィジー人ではなくポリネシア人が住む，ロツーマ島の先史文化の正体を究明したい欲望にかられ，そこまで足を伸ばすことになった。

　このようにチュークから始まって，西カロリン諸島，東カロリン諸島，キリバス，ツヴァル，ロツーマの調査に従事していると，研究の関心は当然，ミクロネシアからポリネシアに移った。

　そしてある日のこと，ポリネシア各地で語り継がれている，ヒーナと呼ばれる乙女とツーナと呼ばれる鰻との悲恋物語伝説を取り扱った A. リチャードの『テ・ツーナの伝説』と題した書物が目にとまった (Richard 1982)。そして私は，この中にチューク人の鰻嫌悪の理由を解明する手掛かりがあることに気づいた。このポリネシアの代表的な悲恋物語は，やがてヤシの木の起源伝説へ発展する筋書きとなっている。そこで更にポリネシアの神話を調べていくうちに，チューク人の鰻嫌悪はポリネシア神話に登場するマウイと呼ばれる文化英雄[註1]とも関係のあることが徐々に分かってきた。換言すれば，チューク人の鰻嫌悪の根源的理由は，ポリネシアのヤシの実の起源説話及びマウイ神話と本来親縁関係があったが，現在ではそれが変形して断片的に残存していることが分かってきたのである。従来は得てして，ミクロネシアの神話を研究する者はミクロネシアものだけを取扱い，ポリネシアの神話を研究する者はポリネシアのものだけに目を奪われる傾向があった。そのため，ミクロネシアにポリネシアのマウイ神話が大きな影響を及ぼしていることにあまり注意が払われないできた。

　そこで本書では，ポリネシアのマウイ神話から話を進めたかったのであるが，先に触れたよう

にチューク人の鰻嫌悪と似た話は隣国ポーンペイにもみられることが分かった。しかもポーンペイでは，鰻は神であったりトーテムと結び付いていたりしている。そこで本書では，最初にトーテミズムとの関係からチューク人の鰻嫌悪の理由を探ることから始め，次にヒーナとツーナの伝承及びそれに付随するヤシの木の起源説話とポリネシアの文化英雄マウイとの関係の存否について眺めることにした。

註

(註1）文化英雄（Culture hero）とは，大林太良（1966：124-125）によれば，神話などで人類に有益な発明や発見をもたらした人物を学界では文化英雄という述語で表わすという。

··· 目　次 ···

はしがき

第1章　ミクロネシアにおける鰻のトーテミズム……………………………9

　　1　鰻を嫌悪するチューク人…9
　　2　ポーンペイ人の鰻嫌悪…13
　　3　ポーンペイ人とコシャエ人の鰻のトーテム…14
　　4　鰻を嫌悪するミクロネシアの島々…15
　　5　チュークの事例もトーテム信仰か…20
　　6　マリアナ諸島の鰻のトーテム…21
　　7　ヤップ本島の鰻のトーテム…24
　　8　ヤップ離島ウルシー環礁とチューク離島プルワット環礁の鰻のトーテム…25
　　9　ベラウの鰻のトーテム…25
　　10　キリバスの鰻のトーテム…26
　　11　マーシャル諸島の鰻のトーテム…28
　　12　ナウル島の鰻のトーテム…28
　　13　まとめ…29

第2章　ポリネシアにおける鰻のトーテミズム……………………………35

　　1　サモア人の鰻のトーテム…35
　　2　トンガ人とポリネシアン・アウトライアーの鰻のトーテム…36

第3章　メラネシアにおける鰻のトーテミズム……………………………39

　　1　フィジー人の鰻のトーテム…39
　　2　フィジー以外のメラネシアの島々における鰻のトーテム…40
　　3　まとめ…41

第4章　東ポリネシアのヤシの実の起源説話……………………………42

　　1　クック諸島マンガイア島…42
　　2　クック諸島マニヒキ環礁…45
　　3　島釣り上げ説話…47
　　4　足跡遺跡…50
　　5　クック諸島プカプカ環礁…55
　　6　性的分業…56

7　女性の領域と男性の領域及び神話における「イルカとタロイモ」…59
　　8　珊瑚礁島のキルトスペルマ（Cyrtosperma）…62
　　9　ソサエティ諸島…63
　　10　ツアモツ諸島…66
　　11　ガンビア諸島マンガレヴァ島…68
　　12　ニュージーランド…69
　　13　マルケサス諸島…71
　　14　イースター島（ラパ・ヌイ）…72
　　15　ハワイ諸島…72

第5章　西ポリネシアにおけるヤシの実の起源説話　…80

　　1　サモア諸島…80
　　2　トンガ諸島…86
　　3　ニウエ島…90
　　4　トケラウ諸島…91
　　5　ツヴァル…92
　　6　洪水伝説…93
　　7　ポリネシアにおける鰻を嫌悪する島としない島々…94
　　8　まとめ…95

第6章　メラネシアのポリネシアン・アウトライアーのヤシの実の起源神話　…97

　　1　レンネル島…97
　　2　ベロナ島…99
　　3　ティコピア島…100
　　4　ロツーマ島…101

第7章　メラネシアのヤシの実の起源説話　…102

　　1　ニューカレドニア…102
　　2　ニューカレドニア以外のメラネシアの島々…102
　　3　メラネシア人と鰻…106

第8章　ミクロネシアにおけるヤシの実の起源説話　…109

　　1　キリバス…109
　　2　マーシャル諸島…110
　　3　チューク離島ロサップ環礁…111

4　ヤップ本島…115
　　　5　亀の甲羅の説話の類例…118
　　　6　ヤップ離島オレアイ環礁…119
　　　7　ベラウ…120
　　　8　ワギナ・デンタータ(デンティト・ヴァジャイナ)説話の比較…121

第9章　ミクロネシアにおけるヤシ以外の植物食料の起源説話…………128

　　　1　ポーンペイ・カピンガマランギ・コシャエ…128
　　　2　チューク離島モートロック諸島…130
　　　3　マーシャル諸島…131
　　　4　キリバス…132
　　　5　ベラウ…133

第10章　メラネシア及びポリネシアにおけるヤシ以外の植物食料の起源説話……134

　　　1　メラネシア…134
　　　2　ポリネシア…135
　　　3　まとめ…137

第11章　性の対象としての鰻……………………………………………………139

　　　1　ヒーナと恋人ツーナ…139
　　　2　鰻が娘に暴行…139
　　　3　ミクロネシアの説話におけるヒーナの名前の欠落と鰻と女性の交接…140
　　　4　女性の自慰具としての鰻…143
　　　5　男根の象徴としての鰻…145
　　　6　オセアニアにおける男根崇拝とその起源説話…150

第12章　要　　約……………………………………………………………………156

第13章　チューク人の鰻嫌悪の起源についての補足的考察………………165

第14章　オセアニアのヤシの実の起源神話・説話の原郷……………………185

引用・参考文献………………………………………………………………………195

自伝的あとがき

第1章　ミクロネシアにおける鰻のトーテミズム

1　鰻を嫌悪するチューク人

　私達は1975年暮れから翌年の1月にかけて，チューク（旧トラック諸島）州のトール島の山頂で発見したチュキエヌ（幽霊が棲む場所の意）貝塚の考古学的発掘調査のためファーソン（Fason）村の海岸近くに滞在していた。この時，調査員として日本から参加してくれていた学生達が，宿舎近くの小川にいる鰻（チューク語では淡水産の鰻は tikit と呼ばれる）を捕って食べた。村人達は鰻を食べないため，これを知って驚嘆し大騒ぎになった。翌日から宿舎の炊事場の外には沢山の子供達が不安気な顔をして窓から中を覗いているし，山頂の発掘現場から帰る途中，道端で私を待っていた小さな少女は，小川で鰻を見たと私をわざわざそこに連れて行って指さしながら知らせてくれるし，発掘現場では人夫の中で年長の男性（メジック氏）が自分の家の前の小川に鰻が棲んでいて恐ろしいので捕ってくれと懇願する始末であった。そこで，発掘が終わったある日の夕方，彼の言う場所に出かけることになった。"勇敢"な若い人夫の1人が，面白がって海で使用するとてつもなく長い銛を持って参加してくれた。それは丁度，鰻を怖がるチューク人の姿を映してくれていて愉快であった（実際の彼は決して臆病者ではない）。そこは小川といっても幅は数mほどで，水が流れている箇所は幅も2mもなく，深さも30cmくらいであった。ここに大きな鰻が潜んでいるのであった。
　ここで鰻の種類について触れておく。ベラウ，ヤップ，マリアナ諸島，チューク，コシャエなどミクロネシアの高い島の河川や湖沼に棲息する鰻は大鰻（あるいはカニクヒ，別名オオウナギ（Anguilla mauritiana Benett））で，ポーンペイで計測されたものは体長が46.5cmであった（浅野 1939：40）。ちなみに，2007年9月20日付けの新聞『神静民報』によれば，前日の台風で箱根の芦ノ湖から早川に泳ぎ出た鰻は，体長120cm，胴回り20cmであったという。淺野博利（1974：210）によれば，オオウナギは日本では一部の地域にしか生息せず，通常は小笠原・台湾，太平洋熱帯部からアフリカ東部に分布していて，大きなものは体長が約2mになるという。
　さて1970年，ロタ島に考古学調査で滞在していた時，チャモロ人のメンディオラ・タミー氏に連れられて私達は山中にピストル撃ちの遊びに行った。彼は渓流を指さしならが，ここには大きな鰻がいて，陸に上がってきてネズミを食べるし，人が捕まえようとすると木にとぐろをまくと教えてくれた。たぶんこれはオオウナギと思われる。マリアナ諸島で計測されたものの中には成長すると体長が120cmに達するものがある（Key[ed.]1968：58）。
　Johannes（1981：142）のベラウにおける調査報告によれば，オオウナギ（Anguilla marmmorata）は陸に上がってきて死んだふりをする。ハエがたかるほどになっているのを見たネズミが，食べ

(上)トール島のファーソン村を対岸より望む　中央はチューク諸島の中で最高のウリボート山。矢印は発掘をおこなったチュキエヌ貝塚の位置を示す。遺跡名はチュキエヌ（お化けの意味）山にちなんでいる
(中)ファーソンのチュキエヌ貝塚の発掘　手伝ってくれた学生達とチューク人達
(下)チュキエヌ貝塚発見の亀用地炉　移植ごての左側。炉の中心部に平らな石が置かれているのが特徴

第1章　ミクロネシアにおける鰻のトーテミズム　11

(上)チュークの古いタイプの家　床はなく，寝る時はヤシの葉を地面に敷き，その上に更に茣蓙を敷く。屋根は象牙ヤシの葉で葺く
(下)パンダーヌスの葉で葺いた屋根　ツヴァルなどのように象牙ヤシのない珊瑚礁ではパンダーヌスの葉を使用するのが一般的

にくるところを水中にひきずり込んで逆に食べるという。参考までに述べると、ロタ島の隣の島グアムから報告されているオオウナギの体長は4フィート（約120 cm）である（Key 1968：59）。ついでにベラウのバヴェルダオ島海岸での私の体験を述べておきたい。ベラウで灌木を伐採中、枝の間にいた蛇は動こうともしなかった。後にこれはスリーピング蛇だと知った。またある時、海辺から100 mくらい内陸の灌木の小道を歩いていたら前方に大きな「蛇」が2匹いたので棒で脅したところ、意外にも灼熱の太陽が照りつけている珊瑚の砂浜を横切って海中に姿を消した。2匹が砂浜を逃げている時に見えた尾の形から、蛇ではなくアナゴ（あるいはウツボか判断出来なかった）であることが分かった。これが内陸部まで上陸することを知った。

　さて、私はどうしてチューク人が鰻を恐がるのか人夫達に尋ねたところ誰もが分からないとのことであった。しかしある日のこと、幸いその訳を知っているという、日本時代に小学校の校長であったと称するチューク人の老人（名前はサブロウさんといった気がする。戦前は多くのチューク人が日本名であった）を探してきてくれた。彼が語る話は次のようなものであった

　昔、大変美しい女性がいた。彼女は若者達の求婚をすべて断っていた。ところがある日、とてもやわらかい肌をした素敵な若者が現われた。彼女は彼がとても気に入って一晩一緒に過ごした（チュークでは本来結婚式というものはなく、この行為は結婚を意味した）。しかし翌日、昼になっても2人が起きてこないため、娘の家の者が心配して見に行ったところ、娘は鰻に食べられていた。これ以後、人々は鰻を恐がって食べなくなったというのであった。

　R. E. ミッチェル（Mitchell 1973：250）が、その著『ミクロネシアの民話』の中でチュークからの説話として報告しているものに、この話の筋書きはある意味で似ている。それは鰻が女の体内に這い込んだため、彼女は腫れ上がりやがて破裂した。これは、彼女が自分の島の若い男達の求婚を拒んだための罰であったと述べている（Mitchell 1973：250）。

　なお、Mitchellのこの本は古橋政次によって邦訳されているが、原典にある注釈の部分が割愛されているので、本書でこの部分を引用する時にはミッチエルではなくMitchellと記述した。

　ポリネシア神話の専門家K. Luomala（1950：719）によれば、チュークではリゴウブブファヌ（時にはこれは天空の神アヌラブとなっていることもある）が鰻達と交合して、不思議なことであるが、最初の人間とヤシの実と穀物を生んだという説話があるという。

　さてMitchellとLuomalaが記述している説話の筋書きは、私が採集した上記の説話とは一見違うようにみえるが根本的には同じである。つまり、これらは互いに本来の話の筋書きにかなりの変更が加えられているのみならず、短く簡略化されたものであるように思える。換言すれば、これらの3つの説話の根底には、鰻が女性の自慰具ではなかったか、という男性のうがった深層心理が潜在的にあると考えられる。

　詳しくは後述するが、その後フェーファン島で「ソウマルの伝承」を採集した河合利光（2001：76-77）は、ここでは鰻は男根の象徴と考えられると適切な判断をしている。

　ミッチェルは、この説話はヤップで採集した「鰻の恋人」の説話と同じであるばかりか、この翻案はプル・アナ、ベラウ、ヤップ、ロサップ諸島にあると述べている（Mitchell 1973：250）。

私達が採集した上記の説話には，ミッチェルがいうヤップの「鰻の恋人」の説話以外の別の筋書きが本来入っていたように思える。それはポリネシアで広く語り継がれているヒーナと呼ばれる少女と，ツーナと呼ばれる鰻の悲恋物語及びこれに付随しているマウイの神話の筋書きであることは明白である。

　しかしこのことにまで話を進める前には，いくつかの解決しなければならない問題がある。

　それは，戦前チュークの隣国ポーンペイ島で考古学調査していた東京大学人類学教室の八幡一郎が報告している話である。1938年に催された座談会の席上で八幡は大失敗談として次のようなことを報告している。

　ポーンペイで毎日，サンゴ礁を渡って調査に出かけた。ここの海は潮が退くとアナゴや鰻がうじゃうじゃいて足の置き場がないくらいであった。そこで八幡は測量用のポールで鰻を突き刺した。助手として連れ歩いていた公学校のポーンペイ人にこれを見せたら，彼は持たされていた写真機を水の中に投げ出して帰ってしまった。八幡は，ここでは鰻を神様のように神聖なものにしていることを知らなかったので，勘弁してくれと彼に詫びたが許されなかった。彼は不機嫌で「今に何かがある」と言う以外何も話さなかった。やがて激しくなかなか止まないスコールが襲ってきた。すると彼は「こういうことをしたので，神様の祟りがきたのだ」と言う始末であった。その晩，いつも宿舎にくる彼はこなかった。その晩は非常な月夜で，小学校の校長の官舎の庭に沢山のポーンペイ人が集まった。その訳を尋ねると，八幡が鰻を突き刺したので，ひどいスコールに襲われが，これからも何らかの天変地異が起こるのではないかと心配して集まっているとの返事であった。その晩は何も起こらなかったが，翌日例の助手は八幡の手伝いをすることを頑強に拒否した（八幡1938：124-126）。

　つまり，このことはポーンペイでは鰻が神様（その前段階ではたぶんトーテムであった可能性が高いが）と見なされているのである。そこで次に鰻に関連したトーテミズムについて，各島の様子を通観してみることにする[註1]。

2　ポーンペイ人の鰻嫌悪

　ポーンペイにおける鰻嫌悪の記録は，ポーンペイ人と接した初期の欧米人によってずっと前からしばしば報告されていた。

　恐らくオーストラリアから脱走した囚人と思われるアイルランド人のオッコネル（O'Connell）は，1830年頃ポーンペイで船から脱走してこの島の最初のビーチコンバー（波止場のごろつき）となった。彼によれば，ここの島民が普遍的に神聖視している1種類の魚は淡水に棲む鰻であるという。彼は友人のジョージ・キーナン（Keenan）とナット（Nutt）に住んでいたのであるが，島民は鰻を食べないのでその理由を尋ねたところ，その返事は「Majorhowi」，つまり「タブー」というものであった。それにも拘らず，ある晴天の夜を選んで，彼はキーナンと一緒に小川の曲がり角の水中で，秘かにL字形をした棒で鰻を突いて捕り，火を起こして無人の家の中でそれ

らを炙って食べた。その後，なにくわぬ顔をして島民の友人達のいる所に戻った。しかし，彼らは鰻の骨を隠す予防策を怠った。そのため，例の無人の家を島民が修理することになった時「犯罪」が露見してしまったのである。彼は言う「我々が小屋に着いた時，男も女もそれに子供達も床の上にひざまずいたり，あるはひれ伏して，胸を叩きながら体を前後左右あちらこちらに揺すっていた。我々は，勿論その家に着く前に我々の耳に達していた彼らの発する叫喚の理由は，何かの事件か突然死によるものと思った。しかし，そこではそのようなことは起きていなかった。割れた鰻の骨以外にはなかったのだ。実にジョージと私が残していった鰻の骨の山が驚きの叫び声を引き起こしていたのである」。その後この悲嘆な態度は2，3日も続いていた。そしてこれはある場所から次の場所へ，またある小屋から次の小屋へと伝わっていった。そしてどこでも，人々が泣いて涙を流す悲嘆の姿が見られた。2人は自分達に嫌疑が向けられている気配を感じたので，酋長の命令で鰻の骨の騒動がどうやら鎮静した時，彼らは鰻が彼らに与えた嫌気の重荷から解放されたのであった（O'Connell 1972：144-146）。

　また1841年，アセンシャン（Ascension=ポーンペイの古名）島に寄港したギプシー号の外科医は，この島の港の近くには小川ないし川があるが，これは原住民にとっては恰好の沐浴場であって，このため彼らは大変清潔な身体をしていた。ここには大きな鰻が沢山棲んでいたが，原住民によって非常に崇拝されていて，たとえばもしヨーロッパ人によって鰻が捕獲され，船上で料理されたことを知ったならば，彼らは憎悪の気持ちから直ちに船を見捨てた。つまり鰻は彼らにとって「タブー」であった。このような理由からどの船もこの迷信に遭遇することを嫌ったのであると報告している（Forster(ed.) 1991：161）。

　また1870年頃，キティとメタラニムの海岸を訪れたC. D. Woodchaは，入江で沐浴中に体験したこの生き物の恐ろしさを述懐している。キティ地区の高地には海抜3千フィート（約900m）のところに鰻で充満した湖があるが，これはタヒチのVaihiriaやサモアのLanu-toaと同じであるという。つまり，ポーンペイでは小さな入江や川，それに深い水溜まりには沢山の大きな鰻が棲息している。ポーンペイ人はこれをこの世で一番恐ろしいものと見なしていて，Kamichikと呼ぶ。その意味は恐ろしいものということである。ポーンペイ人は決してこれを食べない。今ではこの禁止がなくなったため鰻をItと呼ぶ。鰻は時折，不意に川の浅瀬を渡っている人を酷く咬むといわれているのであった（Christian 1899：365）。

3　ポーンペイ人とコシャエ人の鰻のトーテム

　1941年にポーンペイを訪れた森下正明（1975：144）は，島民によれば島の川や渓流のいたる所に棲んでいる大鰻はある氏族の先祖と考えられているそうであるが「トーテムであるとはいへないけれども，その採集，食用は今も全島民の禁忌となっている」と報告している。ポーンペイでは，どうしてこれをトーテム信仰とはいえないのかについて，森下は具体的な説明をしていない[註1]。これに対して，松岡静雄は昭和18年に発刊した『ミクロネシア民族誌』で次のように

述べている（松岡 1943：197）。

「トーテミズムによる禁忌とはある氏族のトーテムである動物の補殺や補食を憚ることで，ミクロネシアには顕著な例はない。鰻がクシャエ及びポーンペイで神聖視せられ，他の諸島で補殺食用せられることなく，唯グアム及びヤップの賤民のみがこれを食用とすることをもって，トーテムの証とするものがあるかも知れぬが，同一物が各地で崇拝もしくは畏怖せられるとすれば少なくともそれをクラン・トーテムと目すことは出来ぬ」

松岡のこの解釈の正否については後述する。

民族学者レッサによれば，カロリン諸島ではトーテミズムは強い事柄ではなかったので，オッコネルが友人と食べた淡水の鰻の骨を発見したことによって引き起こされたポンペーイ島民の苦悶は驚くことであると記述し，更にカロリン諸島では淡水の鰻は1つ以上の氏族の祖先となっていて，ポーンペイでは淡水の鰻は小さなウー（Uh）国の上級の氏族であるラシアラップ氏族のトーテムであったという（Lessa 1962：360）。

一方，ポーンペイに近い島のコシャエ島民の間にもポーンペイと同じように鰻のクラン（氏族）が認められたとある。その起源説話は次のようである。

Okat の Infas-srisrik 川に棲んでいた1匹の鰻（ton）は1人の大変美しい娘を産んだ。娘は大きくなると，自分の髪飾り用に花輪を作っていた。彼女を見た人々は王に彼女のことを知らせるために Lelu に出かけた。これを聞いた王はすぐに彼女を探しに外に出た。そして彼女を見つけると妻にした。この結婚から Ton（鰻）クランが始まった。そしてこのクランの者は川の鰻を決して食べることはないのである（Segal 1989：25）。

またここでは，Ton Likinos について次のような伝承がある。往昔，外国（多分サモアと思われる）から来た1艘のカヌーが，リーフの中の Likin Lolam 水道の沖でコシャエ人の漁師のカヌーと遭遇した。この外国からきた見知らぬ連中はコシャエの王が属するクラン（sruf）は何かと尋ねた。コシャエ人は，王は「Sruf ton（鰻のクラン）」であると答えた。すると彼らは「我々も Ton（鰻）のクランであるので，ここに住むことにしよう。我々は自らを Ton Likinos と呼ぶことにする」と言った（Segal 1989：27）。1824年，フランス探検隊のルイ・イシドール・デュプレ（Louis Isidore Duperry）は，コシャエには約2千人の住民がいて6つの身分階級に分かれていて，一番高い位が Tone であると報告している（Ritter and Ritter [transl. and ed.] 1982：16）。

なお，デュプレの探検に同行してコシャエの植物や生物の採集の仕事をしていたフランス人の薬剤師レッソン（Lesson）は，沢山の川の鰻をフランス人が棒で突いて殺して食料にしたと報告している（Ritter and Ritter [transl. and ed.] 1982：49）。

4　鰻を嫌悪するミクロネシアの島々

戦前，旧日本領のミクロネシアで鰻の研究を行なった生物学者浅野長雄（1939：98-101）によれば，キリバスとナウルを除くミクロネシア地域ではマリアナ諸島のチャモロ人とヤップ本島の

下層民を除き鰻を捕食せず，チュークでは男女共鰻を食さない。特に男は女に嫌われると称してこれを食べない。コシャエとポーンペイでは鰻が神聖視されているし，前者にはトウ（鰻）と呼ばれる氏族（クラン）があったという。特にポーンペイは鰻が非常に多い所で，西海岸のプトイ村では鰻を神聖視し，食べ物を与えるのでこの村の河川には沢山群棲している。ヤップでもまた「鰻を食うと死ぬ」という禁忌がある。

これに対して，戦後，カロリン諸島で民族学的調査を行なったフィッシャー夫妻は，東カロリン諸島のトーテミズムについて，トーテム的な魚や鳥や動物は多くの母系性クランと結び付き，あるクランの成員が自分に帰属するトーテムを食することは良くないこと，というだけでなく危険なことであると信じられていると述べている。そして，たとえばポーンペイにおけるトーテミズムについていえば，ここでは鰻をトーテムとする人の前でこれを食することは伝統的な作法に反するといわれている。ここで，淡水産の鰻をトーテムとするのは，小規模なウー国で上級クランであるラシアラプ（Lasialap）のクランであるという。そしてこれらの食べ物に対してのタブーは現在でも多くのポーンペイ人によって守られていて，戦争などで食料が欠乏した時でさえもこれらのタブーを破った者は，腹痛や皮膚病になったり，明白な心因性の病気になったと信じられているという（Fischer and Fischer 1970：221）。

またクリスチャンによれば，ポーンペイのクランのトーテムの中にはコウイカやアカエイ，アオサギや土着のフクロウやボウトスウェイン鳥と共に鰻が入っているという（Christian 1899：324）。

またフレイザー（Frazer 1968(3)：148）によれば，ミクロネシアのポーンペイ島民の間ではクラン（氏族）のトーテムとして鰻，鮫，コウイカ，アカエイ，アオサギ，土着のフクロウ，そしてカモメの一種の鳥がある。たとえば，島の北西部にある Pelikar 地区では，クランは Tipenway と呼ばれる。この成員のトーテムはアカエイである。彼らはこの魚を非常に崇拝していて殺すことはない。もし引き潮で海岸に打ち上げられているアカエイを見つけると，それを深い海まで運ぶ。往昔には，クランの成員が死ぬと，遺族の友人達はアカエイへの供え物としてヤシの実からつくったミルクを水面に注いだ。これは故人の魂がアカエイの中に住処をつくると考えられていたからである。そのために Pilikar 地区の海岸にはアカエイが群泳している。

また他の文献によれば，ポーンペイのナンマ・ドールではカバ酒を飲む儀式が終わると，Itet と呼ばれる島に席を移す。ここには高さ5フィート（約 150 cm），厚さが4フィート（約 120 cm）の壁があり，その中に神聖化された巨大なアナゴがいる。巨大な石の上で亀を殺して，その内臓は「鰻の家」の舗装された空間の上に置かれた（Christian 1970：111）。なお，酋長にウツボが時折捧げられることもある（Riesenberg 1968：82）。また，北部ポーンペイでは亀ではなく，犬が鰻に捧げられる（Mauricio 1993：149）。

ポーンペイで鰻を大切に取り扱うことについて，ミクロネシアの歴史民族学者 W. A. レッサ（Lessa 1962：360）は，これはトーテミズムに起因していると見なし，カロリン諸島では淡水の鰻は1つ以上のクランの祖先であって，ポーンペイではこれは小さなウー国の上層の Lasialap ク

ランのトーテムであると述べている。しかしレッサは，カロリン諸島ではトーテミズムは強い事象とはなっていなかったとも指摘している (Lessa 1962：360)。ヤップを中心として西カロリン諸島の民族が専門のレッサに対して，中央及び東カロリン諸島のチュークとポーンペイの専門家フィッシャーは「トラックとポーンペイのトーテミズム」と題した論考で，ポーンペイには血縁者 (sib) の古典的なトーテミズムがあるが，チュークにはいわゆる治療と結びついた個人的なトーテミズムがある。両国共外婚制母系制度をもっているが，チュークでは動物と sib との結び付きが希薄か皆無であるのに対して，ポーンペイでは治療や病気と結びつく動物との関係は一般に弱いという (Fisher 1957：2500)。そしてポーンペイでは5つある国の中の1つ，ウー国の世襲的首長達は Lasialap の血縁者（英語 sib）のメンバーである。Lasialap の語義は「巨大な鰻達」である。lasi は鰻を表わす時代遅れの言葉であって，血縁者のトーテムでもある。現在の鰻を表わす言葉は ke-misik，その語義は「恐ろしいもの」であると説明している。この氏族（英語の clan）の起源神話は概略以下のようなものである。

　この氏族は3世代前の鰻の祖先から始まった。祖先は神々ないし人間達と結婚したのである。最初の鰻達は女性であった。その子供は男性であり，後に人間の義理の両親に食べられた。3番目，つまり最後の鰻は女性であって神話の主要な役割を演じている。彼女を養育した人間の両親はこの3番目の鰻を食べようとしたが，反対に食べられてしまった。その後，彼女は重要な首長と結婚した。しかし，彼女が人々のために吐き出した魚を贈り物としたので，彼女はここを去って他のどこかに住んだ。そこでは島の他の場所の人々をむさぼり食べた。ある魔術師におびき寄せられて彼女は海に出た。彼女より小さな数匹の魚が彼女を襲ったが，彼女は子供がお腹にいるので攻撃を思いとどまるように嘆願した。その後，命を救われた彼女は旅行をして，Lasialap の血縁者の色々な氏族の女性祖先達に子供を生み授けた。従って，Lasialap の人達は鰻を，慈愛の情を抱いて飼育しているし，鰻は Lasialap の人達は咬まないが，これ以外の人達は咬む。Lasialap の人達は鰻を殺さないし食べない。他の地域の人達は Lasialap の人の前で鰻を傷つけることはない。Lasialap の男性の中には第2次大戦中に食べ物が不足したので鰻を食べたら，顎が鰻の鰓のように膨れ上がってしまったといわれている。また Lasialap の人達が死にそうになると，鰻は水面から陸に上がって仲良しの親戚がするように，その家に身をくねらせて来るという。そしてそれほどしばしばではないが，Lasialap の女性が子供を産む時にも家に来るといわれている。死んだ鰻がいると，人々は互恵的に哀悼の意を表した (Fischer 1957：256-256)。

　なお，A. Zuccarelli (2003) が紹介している説話は以下のようなものである。

　昔々，1組のカップルが Wene の地域から移住してきて，キティ国のある Lauati と呼ばれる場所に新しい居をかまえた。ある日，滝のような大雨が降りしきり，ついには大洪水となった。濁流は泥地を越えて海にまで流れた。Liwetipar と Liwetuniro という名前の2人の女性は，この機会に淡水と海水が一緒になる場所に出かけて魚を捕ることにした。2人の頭上を1羽の大きなムクドリが飛翔していた。この鳥の嘴から1つの小さな奇妙な石が落ちた。彼女らはこの石に気を惹かれたので，それを拾って村の家に持ち帰った。村人はこの石に興味をもった。そして新来

者達は彼女らの話を聞くと，特にこの石にうっとりしていた。そこで彼女らは新来者達にこの石を上げることに同意した。やがて石から小さな鰻が孵化し，のたくりながら外に出てきた。彼女らはこの鰻を喜んだ。そしてこれをペットとして飼うことにしたため，Pahdol（木の下の意）にある家の近くの運び，美しいアレキサンドリアンの月桂樹の花がそよ風で囁く川の水溜りに放した。そこで彼女らは鰻を大切に育てた。ところが，鰻はやがて巨大に成長し，彼女らを驚かせただけなく，人間の主人を目を見開いて凝視するような，人の心を乱すような習癖を示し始めた。ついに２人の女性は，この鰻がこれ以上大きくなる前に殺して食べることを決めた。２人がこの計画を話し合っていたので，鰻はひどく興奮して反対に彼女らを殺す陰謀を図り始めた。ある晩，２人が家に帰ると鰻が顎を広げて激しく攻撃してきた。恐れた２人は密林の中に逃げたが，鰻は追ってきた。２人は大きな岩を見つけるとその下に隠れることが出来た。しかし鰻は大きな頭でこの岩を破壊した。逃げ場を失った２人はついに鰻の餌食となってしまった。鰻は，飢えが一時的におさまると，Nanmair に降りてきた。鰻はそこで「Deleur の主」の家来の１人 Kiroun Mair と出会った。彼は調理したばかりの食べ物を主人に持って行くため急いでいた。彼はこの鰻を自分の妻にした。そして妻となった鰻のために岩のねぐらを用意した。やがてこの鰻は彼の子供を身ごもったため再び飢えた。鰻はキティ国の水路のひとつに魚を捕りに出た。鰻は膨大な量の魚をずるがしこく捕ることが出来た。お腹が一杯なると，鰻はキティ国の川に沿って航海して，愛人の Kiroun Mair の家に帰ることにした。途中で鰻は狡猾な漁師を見つけた。この漁師は鰻捕りであった。鰻は彼が自分を殺すのではないかと恐れた。そこで川の土手に穴を掘って隠れることにした。この真っ暗な穴の中で彼女は子供を生んだ。彼女は Kiroun Mair の家に帰るや，子供が食べるようにとがつがつ食べてきた魚の中の数匹を吐き出した。かくして彼女の子供は成長すると Lasialap の亜氏族の人間の女族となった。この亜氏族は「足跡の痕跡の主達」，「Campsperma の木の鰻達」，「Clinostigma 椰子の鰻達」を含んでいる。その後，鰻は落ち着くことがが出来ず，結局 Kiroun Mair の許を去って Madolenihmw 地区（この地域は Sapwalap と呼ばれ，Madolenihmw の中央にある）に旅行した。鰻はここの大きな Lehdau 川を気に入って，そこの深い水溜りに何年もの間潜んでいた(註2)。その結果，鰻が川を通過するカヌーを襲ったり，森の中を歩く人を襲ったりして食べるため，周辺の住民は脅威におののき，無人地帯と化した。しかしここに鰻を恐れない人の男，Nahriting が現われた。彼は鰻を退治する計画を立てた。彼はヤシの実の殻を一杯積み込んだ特別のカヌーを用意した。そして，風がまるでカヌーの中に沢山の人が乗っているような錯覚を引き起こすようにした。彼はカヌーが川を出発する時に，本物であると欺くために帆を揚げた。鰻はこのカヌーを見るや，中に何人乗っているのか大声で叫ね尋ねた。鰻は非常に空腹であったのだ。しかし，空のカヌーから返事はなかった。鰻は不思議に思い，また多少いぶかった。しかし，鰻はカヌーの後について行くことに決めた。カヌーは川から海に出た。そしてコシャエ島に到着した。鰻もカヌーと一緒にこの島に行くことになった。鰻はコシャエでもまた子供を生んだ。やがて鰻は大変老いて死が近づいてきた。すると鰻はポーンペイに帰国することになった。ポーンペイで鰻が死ぬと，彼女の大きな死体は Nett 国と Uh 国の境近

くにある山の背を形成したのである（Zuccarelli 2003）。

　この説話で興味深いことは，鰻がトリックスターのような人物によって騙されることである。これはポリネシアン文化英雄のマウイを思い出させる。また亜氏族の中の1つに「足跡の痕跡の主達」がいるということは，ポーンペイに鰻に関係した足跡遺跡がある可能性を示唆している。またコシャエにも鰻のクランがあるが，これとの関係はどうなっているのか分からない[註3]。

　話をポーンペイに戻す。A. Zuccarelli (2003) は，ポーンペイの上記のものとはやや違うタイプの説話も紹介してくれている。このストーリーは鰻が人間の女性と恋に陥ることでは，チュークのトール島の物語と同じである。

　かつて Mwahsenlang と呼ばれる淡水の鰻が Lienpeilang と呼ばれる人間の女性と相思相愛になった。ある時，女の両親は森の中で鰻と娘が激しく交接している光景を偶然見つけて愕然とする。両親は鰻を捕まえて食べることにした。しかし，娘は両親の計画を知って恋人の鰻に危険から逃げるように警告した。殺されることを知った鰻は，彼女に自分が殺された時には大きな頭だけは残しておくように言った。両親は鰻を殺して食べたが，娘はその頭を大切に地中に埋めた。不思議なことに，埋葬した場所からバナナの芽が生えてきた。それは今までポーンペイにはない種類のバナナであった。

　ポーンペイにおけるこの話は，ミッチェルがチュークで採集した以下のような説話と共通点があることが分かる。

　チュークでは鰻は女性の中に這い込む。すると彼女は腫れ上がり，それが破裂する。これは彼女が彼女の島の若者達の（結婚の）申し出に注意を払わず拒否したために起きた罰であった（Mitchell 1973：250）。

　チュークの話はたとえポーンペイの話と完全に同一ではなくても，本来の話の筋書きは同一タイプであったものが，チュークで簡略化されて現在はその断片だけが語り伝えられていることが分かる。

　しかし，両国の説話が同一系統のものであることを証明するためには，トーテミズムの問題にも目を向けなければならない。

　ポーンペイとチュークにおけるトーテミズムの違いについては，Fischer (1957：257) の研究があることを先に引用したが，ここでは別の薬に関する箇所を一瞥しておきたい。

　ポーンペイでは，トーテム的なものは Lasialap の人達の場合のように神話と結び付いていて，その存在を誰もが容易に理解出来る。これに対してチューク（旧トラック）では，このような薬に関する知識はその所有者か数人の弟子だけに限定されていることと対照的であると Fischer (1957：257) は述べ，更にチュークでは新しい薬は時折夢に出てくる精霊か動物によって明らかにされる。また古い薬は所有者がそれを伝達することなしに死亡すると，それを同じように夢の中で「新薬」として「再発見した」ことになる。このような多くの薬は色々な種類の海の生き物にちなんだものであると報告している。そして食料に対するタブーには色々なものがある。たとえば，フェーファン島では sewi と呼ばれる魚の薬がある。この魚は呪術的な戦争の指導者と結

び付いている。ここの男性の一族（lineage）の長はこのことを知っているが，この魚を食べることが出来るようである。しかし彼の一族の他の者達は食べることは許されないようであるという（Fischer 1957：257）。なお，チューク人の薬に対する信仰については Mahony（1969）が学位論文で詳しく論じているので興味のある読者には参考になろう。

　ミッチェルは，ミクロネシアにおける薬について，呪薬に対する信仰が強く，そのような知識を得たことを物語る話は，それを超自然的出来事がもたらしたことにするのが普通であると述べ，更に生命を回復させる鰻の話を知っているチューク人がいるようであると付言している。このいわば鰻の回生薬の話としてポーンペイに伝わる説話を要約する（ミッチェル 1979：109-112）。

　何人かの兄弟が漁に行ったが 1 匹の子供の鰻しか捕れなかった。そこでこの鰻の首を切り落として調理した。残った頭をパンの木の枝に吊していたが，子供を捜していた親の鰻がこれを発見し，特別の薬をかけて元の姿に戻した。これを見ていた兄弟の末っ子にこの薬の作り方を教えた。やがて兄弟が帰宅すると鰻の頭がないことに気づき末っ子をなじる。末っ子が薬の話をすると，試してみろと言われる。そこで末っ子は兄弟の 1 人の頭を切断するが，この薬で元に戻る。次に兄弟は末っ子の頭を切断するが，薬の製法を知らないため元に戻せなかった。

　ここでポーンペイにおける現在の鰻の飼育の様子について触れておきたい。

　ポーンペイでは，今日でもキティ国の Pwudol にある川の特別なプールで巨大な鰻が飼育されている。これは母系制氏族 Lasialap（ラ・シイ・ア・ラプ）のトーテムである。Pwudol の鰻の氏族の成員は，このようにして大きな鰻を飼育しているのである。鰻の頭の大きさは成人の拳ほどもある。飼育者に掴えられるとその手の上で弱々しく体を横たえる鰻は，不思議にも外国人がこうすると「一体全体なんだ！」というようにもがく。

　Lasialap の伝承によれば，1 組のカップルが岩から孵った不道徳な鰻に追跡された。鰻はこのカップルをむさぼり食べると，Lehdau 川に何年間も棲んだ。やがてこの化け物が死ぬとその死体はネットの山々を作り上げた。しかしこれとは別の Mwasenlang と呼ばれた鰻（天空のウジ虫）は殺されると，その骨からそれまでポーンペイでは知られていない特別な種類のバナナが生えてきた（Zuccarelli 2003）。

　またポーンペイの Sokehs 国の Nanimwin Sapw には巨大にして信じられないような能力をもった伝説上の鰻がいた。この鰻は人間のように咳をしたり口笛を吹いたりしていた。そしてここにはこの鰻が棲んでいたといわれる洞窟がある。

5　チュークの事例もトーテム信仰か

　以上，ポーンペイでは鰻がトーテム信仰と結びついていることが分かった。では，チュークの鰻嫌悪の起源はトーテミズムに起因しているのであろうか。幸い，チュークのトーテミズムについてはフィッシャーの報告がある。

　それによれば，チュークには生き物をクランのトーテムにしていたことを示唆するいくつかの

証拠があるが，人がこれらの生き物に害を与えたために病気になったと考えられるほどまでは重視されていない。とはいっても，魚や他の生き物はあるタイプの薬と結び付いていたと信じられている。このような薬を知っている専門家や彼の一族の成員や彼の子供，あるいはこのような薬による治療をかつて受けたことのある患者は，これらの魚や生き物と特別な関係にあると信じられているので，これらを食することは出来ないという（Fischer 1970：221）。

　他の魚についてもタブー視する氏族が報告されている。Pween 氏族はバラクーダ（カマス科の獰猛な食用魚）と鰹を食さない。伝承によれば，彼らの氏族の名称は"タロイモ用水田"を意味する。これは Weene 島に昔あった Wooniras 地区の Seneetiw（顔を下にするの意味）と呼ばれた水田が故郷であったことよる。ここに住んでいた時，Sopwunupi 氏族と戦争になったが，敗れたため Fewusdstsw と呼ばれる珊瑚礁に逃げた。しかし，ここは水に浸されていて座ることも立つことも出来なかった。するとバラクーダと鰹が来て一部を Parem 島に，残りをチュークの離島 Pulap 島に運んでくれた。Pulap 島に運ばれた人達は後に Romonum と Toon に戻ってきた。Pween 氏族は今でもバラクーダと鰹は食べないことになっている（Goodenough 2002：126）。

　つまり，鰻をトーテムと見なす習俗についての確実な報告は，チュークからはないようにいわれてきたのであるが，その後河合利光（2001：118）は，確かに特定のテームを祖先として崇拝するという古典的なトーテミズムの図式は認められないが，特定の魚や鯨や亀が氏族を背中に乗せて泳ぐとか守護するとかいう民族伝承は，人間と「魚」との共通の親族関係を前提として成立していると考えることが可能であり，従って，このことは古典的トーテミズムとは逆のことを示していると指摘している。

6　マリアナ諸島の鰻のトーテム

　ヤップと同様に，往昔のマリアナ諸島では階級制度が発達していた。上層階級，つまり貴族階級と中層階級つまり半貴族階級，それに mangatchang と呼ばれる下層階級である。下層階級に属する人たちは他の階級の人たちよりも体格的に小柄であるし，厳格な族内婚的グループを守るためにある種の制約やタブーが課せられていて，隔離された場所に住んでいた。たとえば，彼らは戦士や海に出る漁師や水夫やカヌーの建造者などになることは許されなかったし，漁撈は先端に木製の槍先を装着した漁具で川の鰻を捕ることだけに限られていた（Thompson 1971：13）。また，彼らは鰻を棍棒で打つことも素手で捕らえることも許されていた（Cunningham 1992：166）。スペイン人が残した記録には，チャモロ人の身分の高い人達は堅くて鱗のある魚や淡水の魚は食べなかったと伝えている（Driver 1983：208）。

　グアム島に鰻が沢山いたことは，1669 年から 1670 年にかけてここに滞在したスペイン人の記録にみられる。これによればサンファン島（グアムの古名）には 30 以上の川があって，そのいくつかは豊富な水量をもっているだけでなく，そこからは沢山の魚，特に鰻が十分に供給される（Barrett 1975：19）。ここの鰻はウナギ科（anguillidae）のオオウナギ（anguilla marmota）で，チャ

モロ語では asuli と呼ばれる (Topping et al. 1975：251)。

　早期先史時代にマリアナ諸島とヤップとの間に親縁関係があったことは，私達の発掘で同一タイプの土器が最下層から出土したことから明らかになっている (Takayama 1981：84)。また，これと同一タイプの土器がチュークの海底からも発見された (Borthwick and Takayama 1977：271；Takayama 1985：39-56)。土器の胎土に混和剤として貝殻の粉末を使用する製法はフィリピンに類例がないので，ヤップ離島のファイス付近で考案されたと私は想定した。しかしその後，ツヴァル及びフィジーのヤサワ諸島で同一タイプの土器が発見されたことから，私の想定は誤りで，マリアナ諸島・ヤップ・チュークのこのタイプの土器は究極的にはメラネシアのラピタ土器に由来すると現在は考えている。かつて言語学と考古学の共同研究者は将来，東カロリン諸島で土器が発見されたならば，それは北部ニューヘブリディーズ諸島から北上したラピタ土器であろうと予想した (Shutler and Marck 1975：81-113)。その後，待望の土器が東カロリン諸島のポーンペイ及びコシャエから発掘された (cf. Athens 1990：171-186；Ayres 1990：213-230)。それらはラピタ系統の土器と見なされている。ただ，問題はチューク・ポーンペイ・コシャエに住む人々の言語は「核ミクロネシア諸語」に属しているが，ヤップとマリアナ諸島の言語はこの系統には所属しないことである。この点については今後の研究課題であろう。

　ところでマリアナ諸島の民族学的習俗にはポリネシア的色彩が認められるのであるが (たとえばチャモロ人の火についての話 (高山 1997a：70 - 81))，しかしマリアナ諸島で発達していた貝貨は (Thompson 1971：39)，ポリネシアには見られないこともあって，この点ではメラネシアと結びつく。同じようにマリアナ諸島のイモガイ製鑿も主としてメラネシア・タイプである。つまりマリアナ諸島の文化にはメラネシア的文化とポリネシア的文化の両方の要素が混在しているようである。ただ，ミクロネシアのベラウで私達が発掘した組み合わせ釣り針の軸は，メラネシア・タイプである (Takayama and Takasugi 1978：Pl. 22·21)。ミクロネシアではこのタイプのものはマーシャル諸島まで広がっているが，マリアナ諸島だけは一般的ではなく，ここではハワイの蛸釣具に似た骨製ポイントが発掘されていたり，特異な現象が見られる (高山 1989：254)。しかし，先史時代のハワイの住居址には縄文時代の石組み炉とおなじような形態のものが使用されていたが (Takayama 1969：58；Takayama and Green 1970：41)，マリアナ諸島にはない (cf. Takayama 1988b；1988c；Takayama and Egami 1971)。もっとも，少なくともマリアナ諸島の先史時代後期のラッテ期の住居は高床式なので，ハワイのような地床家屋とは比較出来ないかもしれない。ベラウでは高床の床に炉が達するように，粘土を地面から煙突状に固めて立ち上げていた。しかしこれは例外で，私の発掘した他のミクロネシアの島々やポリネシアのツヴァル，それにメラネシアのフィジー諸島のロツーマ島にもハワイのような石組み炉はないようである。

　メラネシア・タイプの組み合わせ釣り針のシャンクは，ミクロネシアの東端のキリバスでは典型的なポリネシア・タイプに完全に変化する。しかし，民族誌時代のマーシャル諸島ではポリネシア・タイプになることはなるが，作り方が稚拙である。しかし発掘されたものはこれよりずっとポリネシア・タイプに近い (Dye 1987：Fig. 3·44, left)。先にミクロネシアで発掘される組み

合わせ釣り針のシャンクはメラネシア・タイプと述べたが，チュークの離島モートロック諸島のサタワン環礁島の民族例は典型的なポリネシア・タイプである（Beasley 1928：102）。

同じくキリバスでは，イモガイ製丸鑿もポリネシア・タイプに取って代わる（Takayama, Takasugi and Kaiyama 1990：3）。キリバスではまたマルケサス諸島のものと同一形態のトウカムリ製鑿も発掘されている（Takayama, Takasugi and Nakajima 1985：101）。参考までに付言しておくと，これと同じタイプの鑿はチュークのフェーファン島ではシャコ貝製品となって発見されている（Sinoto 1984：Fig. 1-19, d）。そしてマリアナ諸島で普遍的に見られる石製丸鑿（Thompson 1932：Fig. 17b）はこれと文化的に同一系統のものといえよう。なお，マリアナ諸島ではイモガイ製鑿はミクロネシア・メラネシア・タイプのものが一般的であるが，ポリネシア・タイプのものも発見されている。ただマリアナ諸島の歴史書にはこれを組み合わせ釣り針の軸と勘違いして，その復元図が掲載されている（Farrell 1991：107）。

現在のキリバス人は人種的にはミクロネシア人であるが，先史時代ではポリネシア的文化が主流であったことが私達の考古学調査で明らかになった（この人種と考古学的証拠が一致する遺物として，キリバスにおけるビークド・アッズ（手斧）の発見がある。このタイプの手斧はインドネシアからミクロネシア全域に広がっている。一方，ポリネシアでは，いわゆるポリネシアン・トライアンギュラー・アッズがある（Pawley and Green 19731：18-19）。私は両タイプのアッズは根元的には同一タイプのものであると推定している）。ただ，キリバスと南側で接するツヴァル諸島はポリネシア人の住む島であるが，ここからはフィジー起源の土器が発見されているが（Takayama, Eritaia and Saito 1987：1-13），私達のキリバスにおける発掘ではまだ発見されていない（cf. Takayama and Takasugi 1988；Takayama, Takasugi and Kaiyama 1988：1-19）。また，ツヴァルではサモア起源の石斧が通有のことであるが，キリバスでは一般的ではない。しかしキリバスでもまったくないわけでもなく，目下，キリバスで発掘された石器の同定をアリゾナ大学教授 W. R. Dickinson 博士に依頼中である。興味深いことには，これらの発見は先史時代の多くの珊瑚諸島民は石器を火山島から入手していたので，いわば貝器時代だけでなく，いわゆる世界の考古学でいう石器時代も併せて過ごしていたことを教えてくれているのである。

以前，マーシャル諸島 Alele 博物館の収蔵品を館長の Knight 氏の依頼で調査したことがあるが，中に石製投弾が含まれていた。ポーンペイかコシャエから持ち込まれたものであろうが，本来は何らかの宗教的な意味が付随していたかもしれない。別稿で触れたことがあるが，明らかにチューク本島で発掘されるものと同一形態の玄武岩製投弾を，私達はチュークの離島のサタワン環礁島で寄贈されている。なお，先史時代のマリアナ諸島や東カロリン諸島などで使用されていた投弾（高山 1982：195-215）は，キリバス，ツヴァル，ナウルでは紐を付けたまま投げて，飛んでいる軍艦鳥の羽に絡ませて捕るものに変わる。

以上の考古学的資料から私は，ヤシの実の起源説話がポリネシアからチュークなどミクロネシアの島々に伝播してきた時期は，土器の伝来より後の時代ではなかったかと推測している。

ここで本題に戻って，更に付言するならば，チャモロ人はオオウナギ（Anguilla marmorata）を

現在は好物としている (Key(ed.) 1968：59)。この嗜好には戦前の日本人の影響があるかもしれない。ここのオオウナギの大きさは4フィート（約120 cm）と報告されている。

ところで，マリアナ諸島の先史文化やチャモロ語の起源をフィリピンに求める説がある。しかしフィリピンではどの民族も鰻は食するようである（たとえばティンギャン族[Cole 1922：383]，ブキドン族[Cole 1956：49,51]）。このことは古代マリアナ諸島のチャモロ人が鰻を食さなかったのは，フィリピンとは無関係であって，オセアニアの文化と親縁関係にあったことを示している。

7　ヤップ本島の鰻のトーテム

戦前の日本人研究者は，ヤップでは鰻を食べると死ぬと信じられていると報告した（上條 1939：24）。しかし厳密にいえばこの記述は正確ではない。ボウクレアー（Beauclair 1974：268）女史によれば，ヤップでは，下層民であるミリンガイ（milingai）は食べ物に制限が加えられているため，トレパン（ナマコ）と海の鰻と鮫を食さざるを得ないと報告している。つまり，ヤップの奴隷（下層民のこと）は自由人が嫌悪する鮫や鰻を食べる（Salesius 1963：84）。

フレイザー（Frazer 1968[3]：169）もマリアナ諸島と同じように，ヤップでは下層民を除き，大きな蜥蜴と淡水産の鰻をタブー視したり，神聖視して食べないのは，死者の魂がこれらの体内を通過すると考えているからであると述べている。またヤップ人は地面にも空中にも海にも霊魂（kan）が宿っていると信じている。異常な自然現象も病気も災難も，皆これに起因していると考えている。これらの霊魂は神秘的な力を授けられていて，通常は目に見えないのであるが，時には人間や化け物の姿になって見えることがある。つまり，異常に大きな身体をしたすべての生き物には，この霊魂が宿っていると考えられていた。それらはある種の鰻や2種類の蜥蜴や大きな蜥蜴，それにオオトカゲである。これらの生き物を殺すことは，その中に宿っている霊魂を殺すことになる。違反者には，病気か死さえもが待ち受けていた（Frazer 1968[3]：176-177）。

またフレイザー（Farzer 1968[3]：164n.）によれば，ヤップでは動物のトーテムは鰻，イルカ，小型のネズミである。これらには植物のトーテムと共に食べないような厳重なタブーが課せられていた。ミューラー（Muller 1909-1910：367-376）は，ヤップではトーテムはnikと呼ばれるが，これは中央カロリン諸島のailancと結びついた言葉であると述べたうえで（Muller 1909-1910：367)，ヤップには沢山のトーテムがあるし，これは自由民だけでなく下層民にもみられる（Muller 1909-1910：367-376）という。そして，沢山のトーテムの中で鰻のトーテムについていうならば，それははRi村とFal村の間のFon ariegで生じたという。伝説によれば，ある男が海に簗を仕掛けて1匹の鰻を捕まえた。彼は簗を陸地に運ぶまで鰻をその中に入れたままにしておいた。夜になると，そこで1人の子供が突然泣きだした。そこで調べてみると，その鰻は少女になったいたという（Muller 1909-1910：370）。

なお，ヤップでも鰻はイルカやマウス（小型のイエネズミ）と同じようにトーテムとなっていた（Frazer 1968[3]：163 n)。

8　ヤップ離島ウルシー環礁とチューク離島プルワット環礁の鰻のトーテム

　西カロリン諸島のウルシー環礁では，大きな氏族（クラン）に Hofalu と呼ばれるものがある。このトーテムは hafi，つまり淡水の鰻である。伝承によれば，この鰻は故郷のヤップ本島からプラップ環礁に泳いできて，ここで人間を生み，これが東カロリン諸島に拡散したといわれている（Lessa 1980：43）。イファルク島ではこれは Kovalu と呼ばれている（Burrows and Spiro 1953：127-128）。しかし，チュークの離島 Puluwat は珊瑚島なので淡水の鰻は生息していない。ここでは，毒はないが海に住むウツボ（Gymnothorax flavimarginatus）が昔からタブーの食べ物となっている（Elbert 1972：31）。ウツボを大好物とする東ミクロネシアの珊瑚礁民であるキリバス諸島民とは対象的である。

9　ベラウの鰻のトーテム

　ヤップの隣国ベラウ（パラオ）ではクランはトーテム的にみえる。なぜなら各クランは神聖な動物，鳥，魚をもっているからである。確実ではないが，かつては各クランの成員の死者の魂はこれらの中に宿ると考えられていたように思える。このような神聖な生き物（つまりクラン・トーテムと呼べるかもしれないのであるが）は海産鰻，蟹，オウムである（Frazer 1924：216）。

　土方によれば，キツテレル（川鰻）はベラウのイミリーキ村では神となっているし，ンガヤンガルではトーテムとなっているという（土方　年代不詳：20, 25）。また部落の禁食一覧表にはガッパン村とイミリーキ村に川の鰻を食べない所があると記載されている（土方　年代不詳：15）。

　また参考までに，南洋協会蔵版の『南洋の風土』（1916：198）をひもとくと，ベラウ（旧パラオ）では部落ごとに次のような食べ物の禁忌がある。カシャカン村では蟹，アプコラプロノ村ではマタカイ魚など，ガラスマオの一部では蟹，アンガウル島及びカヤンゲル環礁ではグタサオル魚，アルコロン村ではヤシ蟹，アコールでは芭蕉実を食さない。また家柄により人々は特殊な魚類を食さない。たとえばアイバドルの1家族は蝦を食べない。これらのことは，トーテミズムが絶無といえないことを示唆していると松岡静雄（1943：198）は論述している。

　ベラウ（パラオ）では，1つの集落内にいくつも存在する氏族集団は婚姻規定をなしていて，1つの集落はビタル・ブライ（bital blai）と呼ばれる2つの集団に双分される。そして同一のビタル・ブライ内より配偶者を選ぶことを嫌い，他のビタル・ブライの者を選ぶ。これはメラネシアのトーテミズムの残存であると考えられている（杉浦1940：156）。なお，私達の考古学的研究ではベラウの先史文化はメラネシアと親縁関係にあることを示しているので，ベラウの習俗の起源をこの方面に求める研究は今後大いに進むものと思われる。

　ベラウでは，各クランはそれぞれトーテム的な神聖な動物や鳥や魚をもっていた。それらの中

にはクランのメンバーの死霊が宿っていると信じられていたようである。これらの神聖な動物やクラン・トーテムの中には海鰻，蟹，オウムがある（Frazer 1968[3]：216）。なお土方久功（年代不詳：20）は，マガレゲル（川鰻）はイミリーキのンガミリヤンガル村では禁食魚であるだけでなく，村のアラガダル（体）と見なされていると報告している。

10　キリバスの鰻のトーテム

　ミクロネシアの東端にあってポリネシアと地理的に接するキリバス共和国（旧ギルバート諸島）では，4柱の主要な神のうち，4番目の偉大な神Rigiは天空の丸天井を押し上げて，地上に人や動物や植物が住める空間を造ったことで知られる。この神は時折，鰻の姿をして現われると信じられているため，この神に帰依している者は鰻を捕らないし，食べない。この神はまた，最初の人間の1組の男女をタビテウェア環礁に創造したともいわれている（Frazer 1968[3]：58）。

　キリバスにはこれら4柱の主神に加えて，人々が特別な折に加護を祈る神々や女神がいる。石が神の時もある。またNei de Tuabineは海に住む女神である。この女神はアカエイの姿をして泳いでいる。この女神は自分の崇拝者を海で守る。もしカヌーが転覆することがあると，この女神は乗組員を背中に乗せて陸まで運んでくれる。それ故に，この信奉者はアカエイを捕獲したり食したりしない。Nei de Weneiは鯨を誘惑して陸に連れてくる女神である。この女神はニシンの姿で現われるので，この女神の崇拝者はこの魚を捕ることはしない。

　前にRigiは天空を現在の位置まで持ち上げたので，生き物の住む地上の空間が出来たと述べたが，この話はキリバスではどの島でも聞かれるものである。以上の事例からキリバス人はある種の魚，たとえば鰻，鮫，アカエイなどを崇拝し，これらをある神の化身と見なしていることが分かる（Frazer 1968[1]：58-60）。チドル（Luomala 1980：540）やクロアジサシ（Grimble 1933：19-20）をトーテムとするクランがいる。キリバスにおける私の考古学調査の手助けをしてくれていた文化財の担当者Erilaia氏は，自分達は鮫は食べない家系だと言っていた。

　1930年代初めに調査したGrimble（1933-4：19）によれば，キリバス人の社会は外婚制のグループに分けられ，その中では血統は夫系であって，それらは少なくとも1つのトーテムと結びついている。また多くの血統者は，最低2つのトーテムをもっているが，いくつかの血統者は3つから4つある。しかしある血統者は8つのトーテムをもっている。またいくつかの血統者は，同一のトーテムを共有していることも時折あるという。

　キリバスの西方にあるナウル島では，人々はトーテム・クラン（氏族のトーテム）に分けられていて外婚制である。そのため同じトーテムの女性との結婚は近親相姦と見なされた。そしてこのトーテムの1つは，鰻をトーテムにしていた。なおまた，キリバスでは，すべてのクランは島の東側にある洞窟から生まれたという伝説がある（Frazer 1968[3]：60-61）。

　なお，グリムブル（Grimble 1922-1923：110）によれば，マーシャル諸島では2匹の虫が天空を大きくする仕事をしたが，キリバスでこれをしたのは鰻になっているという。またナウルでは，

これはカタツムリと老蜘蛛，地虫となっている（大林 1993：137-140）。大林太良は，ナウルは動物相が貧弱なので，このような生き物が宇宙起源神話の登場人物になったのであろうと推論している。しかし厳密にいうと，このような筋書きはナウルだけに限らないようである。たとえばグリムブル（Grimble 1923：110）は，キリバスの鰻が天空を持ち上げる話と同じものはマーシャル諸島にもあると指摘しているからである。

なおまた，キリバスの離島のオーシャン島（現在はバナバ）では，現在はキリバス人と同型の人種が住んでいるが，伝承によれば，ここには本来 te Aka（te は冠詞）と呼ばれる黒色の先住民が住んでいたことになっている。そして先頃，te Aka の末裔と称する人達が本を刊行した。それによれば，te Aka 人は中央の台地にいて太陽をトーテムとしていて周囲のバナバ人から恐れられていたという（Sigrah and King 2001：39-40）[註4]。そして，人類学者 Maude は雄の蜘蛛（Na Areau）と雌の亀（Na Tabakea）を火の儀式と結びつけたが，これは間違いであるので訂正すべきだと主張している（Sigrah and King 2001：39）。そしてその理由について2人は，伝承はキリバス人の渡来と共に入ってきたものであるからとしている。

しかし，私達のキリバス及びツヴァルでの考古学的調査では，2つのタイプの先住民族がいたこと示す証拠はみあたらなかった。オーシャン島に現在の島民と異なる先住民がいたというこの話は，ポリネシアなどの神話や伝承に登場する矮小民族メネフネを連想させるもので伝承の域を出ない。メネフネに関するもっとも信頼性の高い情報としては，ハワイ諸島カウアイ島の山中で薪を集めていたハワイ人の祖父母が彼らに遭遇したという話だけである（Luomala 1951：10）。

ここでキリバス人と鰻との関係をもう少し別の視点からながめてみたい。

かつて，三吉朋十は，キリバスのドラモンド島（現在のタビテウエア島の古名）では始祖は鰻だったという伝説があったと紹介した（1933b：111）。天帝ウエ・ウェイアは始祖の男のババオと女のデアイに決して子供を生んではならないと命じたが，両人はこれに従わず3人の子供を生んだ。彼らの1人は太陽となり，1人は月となり，残りの1人は鰻の子を沢山生んだ。そこで鰻が人間の始祖となったというのである。この論文には出典が明記されていないため，正確なことはいえないのであるが，おそらくフレザイーの著書『不死の信仰と死者崇拝』（第3巻）の記事に依拠していると推測される（Frazer 1968：58）。とするならば，この記事には若干の誤解がある。大林太良が述べているように，生まれた3人の子供とはタイ（太陽），ナマカエナ（月），デボカ・ティ・ブタニ（塩水）である（大林 1993：142）。なお，ニクナウ島に残る伝承では Nareau に頼まれて鰻のリーキは天を持ち上げたのであったが，天はそれほど明るくならなかった。そこで Nareau は自分の父親 Rikin-te-Atibu を訪ねて行って，どうしたら明るくなるかを尋ねた。父は「私を殺して私の2つの目を引き抜きなさい」と答えた。そこで Nareau の2人の息子，Riki と Taburimai は祖父を殺した。Nareau が父の目を引き抜いて天に投げ上げると，右目は太陽となり，左目は月となった（Eastman (transl) 1991：13）。

ところで，キリバス人の海産の鰻（アナゴ）に対する取扱いは特異である。ここでは深海のアナゴ（rabono-ni-man）は，その豊富な脂肪から貴重な食料となっている（Grimble 1933-1934：26）。

私達はタマナ島における考古学的調査中にアナゴの骨の標本が必要になり，島の人にお願いしたら，日干しにされたアナゴの保存食料を持ってきてくれたことがあった。

キリバスでは，アナゴはリイーキ（Riiki）と呼ばれる重要な神として崇められている。リイーキは，他の神々と一緒になって世界の創造に貢献したのである。ある氏族では，リイーキは自分達の祖先であるトーテムになっているが，他のグループでは他の神々と同列に加護を祈り色々な目的を達成しようとする。鰻は貴重な食料資源ではあるが，リイーキの信奉者にとってはタブーであって食することは出来ない。厳密にいうと，鰻を食さない人々には3つの範疇が認められる。個人や氏族のトーテム（atua）が鰻である人々，このような人々は自分達の祖先と神（anti）は鰻であると信じている。他のグループはある種の呪術を行なっている間の呪術師と彼の依頼人，それに大きな鰻を捕るために新らしく製作した深海の鰻捕り用罠の所有者である。グリムブルは，ヌクマウエアの氏族は鰻をトーテムとし，またリイーキを祖先兼神と見なしていたので，この氏族の成員はアナゴがはこびるラグーン内を，これからの攻撃を恐れることなしに泳ぐことが出来たといわれている。しかし，そのためには彼らはリイーキを崇拝し尊敬をしなければならない。そうすればリイーキが彼らを守護してくれるというわけである（Luomala 1981：227）。

キリバス人の社会は外婚制グループに分かれ，家系は父系制で，それらは少なくとも1つのトーテムの系統を引く子孫である。これらのトーテムには鰻（rabono）をはじめ，色々のものが認められる（Grimble 1933-1934：19-23）。これに対して，バナバ島に住むキリバス人は，トーテム信仰としてはアカエイだけである（Maude 1932：283）。

11 マーシャル諸島の鰻のトーテム

マーシャル語辞典によれば，ここでは淡水の鰻を ton と呼ぶと記述されていて（Abo et al. 1976：348），海産の鰻の名称と分けている。マーシャル人は海産の鰻を食べるが，特別に美味な食べ物とは見なしていない。特に黒い色をした種類の鰻は有毒だと信じられている（Tinker 1950：92-93）。たとえば，イギリス・オーストラリア間の貿易汽船の高級船員達は，マーシャル人の親切な警告を無視してこれを食べたところ，その毒で数時間後に死亡したといわれている（Erdland 1914：35）。なお，マーシャル諸島には自分達の祖先を動物に由来するとする信仰，つまりトーテミズムは存在しないという意見もある（Senfft 1961：2-3）。

もしそうであるならば，この点は東カロリン諸島のポーンペイ，コシャエ，チュークと一致していないといえよう。同じことはキリバスについても当てはまる。

12 ナウル島の鰻のトーテム

ナウルは隆起サンゴ礁島であるため，低いが山があって，低平なラグーン・サンゴ礁（環礁）やリーフ・サンゴ礁からなるキリバス諸島とは違うのであるが，植物相や動物相においては実質

的にほとんどまったくといってよいほど差異はない（Skinner 1981：9-19）。ただ，私の予備調査の印象で，大きなシャコガイに関していうならば，ナウルではリーフの発達が貧弱なため，キリバスのように大きなものは生育していないようである。

　さて，ナウルには本来トーテム的なクランがあったと推定されている。なぜなら，クランの名称がトーテミズムと結びついていたようにみえるからである。クランの名称と意味は次のようになる。デボエ（Deboe）は大きな黒色の魚の1種類，エアムウィット（Eamwit）は鰻，エアムウィッドムウィット（Eamwidumwit）は小さな草色のバッタ，エロアル（Eoaru）はチドリ，イウィ（Iwi）はケジラミである。いくつかのクラン神話は明白なトーテム的特色をもっている。たとえば，2匹のデボエが干潮時にリーフに打ち上げられて，そこから蛆が生じた。やがてこの蛆は2人の女性に変わった。この2人の女性のうちの1人がデボエ・クランの女祖先となった。なお現在のナウル人は，このようなトーテム的クランと思われる生き物に対して特別な儀礼を捧げることはない。これは19世紀末までに消滅してしまったように思える。もっとも，19世紀初においても，すでにここではトーテム・クランは社会組織上重要ではなかったようである（Wedgwood 1936：372-373）。なおナウル島では，トーテム的なクランによって島民は分けられていた。クランは族外制で，同一のトーテムとの結婚は近親相姦と見なされた（Frazer 1968[3]：61）。

　ナウル島の母系的外婚制氏族は12種に分けられる。これらの氏族は本来はトーテム的であったと想像されている。なぜなら各氏族の名称はトーテミズムと結び付いているからである。氏族の1つ Eamwit の人々は，鰻（多分海産）を食べない（Wedgwood 1936：372-373）。しかし，他の氏族の人々は鰻を2つの方法で捕る（Stephen 1936：54-55）。

13　まとめ

　ヘーゼルによれば，ミクロネシアではタブー（禁忌）がどこでも守られていて，それがクラン（氏族）・トーテムと結び付いていることはもっともよく知られているという。そして，トーテムの中でも動物的対象物はクランの起源と同一視されているので，すべてが崇拝されねばならない。たとえば，ポーンペイにおけるトーテムは亀，鮫，色々な種類の魚，ある種のバナナやヤムイモが対象物となっている。クランの成員は，トーテムと結び付いたこれらの植物や動物を食べることを禁じられている。トーテムは一般的に魚や鳥や植物の場合が多いのであるが，マーシャル諸島の場合は石のような無生物もその対象物となっている。以上のことからヘーゼルは「我々の知る限りではトーテミズムはミクロネシア全域に存在していた」と結んでいる（Hezel 1995：10）。

　一方，鰻とトーテミズムとの関係について Luomala 女史は，メラネシアの神話と比較して論じている。メラネシアの説話の筋書きを想起させるミクロネシアの話として，親切な動物の母親が美しい娘を助けるが，2人の関係を義理の息子が秘かに探り出して，恐怖から2人を殺してしまうものである。その後，この物語ではこの殺人者を含む家族全員が自殺する筋になっている。この場合の母親はメラネシアでは蛇ということになっているが，ミクロネシアでは鰻か蜥蜴にな

っている。ミクロネシア人は，鰻や蜥蜴には精霊が一時的に居住すると信じているので，鰻を厳しいタブーのもとで保護している。つまり Luomala によれば，神話（特に氏族の起源に関する神話）ではミクロネシア人にとって，鰻は敵意をもっているものか友好的なものかどちらかである。そしてミクロネシアでは，氏族の起源についての伝承が神話の主要な構成要素となっていて，それは古いものにしろ新しいものにしろ，氏族の歴史の段階の一部として再解釈されるという（Luomala 1950a：719）。

また R. E. ミッチェル（Mitchell 1973：250）は，ヤップからの「鰻の恋人」と題した説話を紹介するにあたり，その前書きで「ミクロネシアでは蛇や鰻の恋人の説話は必ずしも作り事とは考えられていない。なぜなら多くのクラン（氏族）は，このような動物から生まれたといわれているからである。ミクロネシアにおけるもう1つの共通した信仰は，動物の行動を観察すると，未来の出来事を予兆したり感知できたり，さもなくば神秘的行動を暴くことが出来ると考えられていることである」と述べている（Mitchell 1973：75-76）。

さて，河合利光の調査でチュークにも鰻のトーテム信仰があったことが分かってきた。従って，チューク人の鰻嫌悪習俗の起源がトーテミズムに求められる可能性が生まれてきた。

そして先ず，ポーンペイにおける鰻のクランの習俗がいつからあったのか，またポーンペイではいつから鰻が神の位置にまで昇華したのかという謎を解く必要がある。この手がかりとしては考古学的資料が注目される。これについては後述する。

一方，ポリネシアでは鰻をトーテムにすることは一般的ではないが，トンガなどにはあることからまったくなかったとはいえないであろう。ポーンペイの鰻のクラン・トーテムがポリネシアから渡来したものかどうかは判断が難しいが，ポリネシアではトーテムがやがて神に発達することがあるので（Hafield 1938：139），ポーンペイで鰻が神聖視されているのは，ポリネシアからの影響と見なせないこともない。また，トーテムと神は表裏一体の関係にあり，どちらかに変りやすいのでポーンペイでこの変化が起きた可能性も否定出来ない。特にミクロネシアでは，鰻を神と見なす地域がポーンペイ，コシャエ，ベラウなど特定の地域に限定されていることから，ミクロネシアにおける鰻の神聖化はポリネシアの「ヒーナとツーナの神話」に誘発されて生まれた可能性が高いといえるのである。もしそうならば，ミクロネシアには鰻をトーテムとする信仰が先行していたことになるが，果たしてそうであろうか。

ポーンペイの巨石遺跡と類似した巨石遺跡が残存していることから同一文化の存在予想されるコシャエ島では，鰻を表わすトーン（Ton）と呼ぶクランが存在するが，これはツーナ（tuna）の転化を思えるからである。しかし，コシャエのトーンと結び付く語彙はマーシャル諸島にもあって，ここでは淡水の鰻をトーン（ton）と呼んでいる（Abo et al. 1976：348）。マーシャル諸島は全島がサンゴ礁島から構成されているので，本来なら淡水産の鰻は棲息していない筈で，この語彙の存在はこれに伴う神話や説話によって導入されたものか，あるいは沢山ある島々の中に鰻が棲息する沼地があるのか，あるいは最近の借用語なのか判断しかねていたのであるが，以下のような報告書に出会ったので，この疑問はある程度解消した。

マーシャルでトーン（ton）と呼ばれる淡水の鰻（Anguilla celebensis）は，Delapの内陸部にある湿地の窪み（pat）を除き，ナモリキ島やジャルート（ヤルート）環礁の内陸部から報告されている。しかし，その主要な分布はマーシャル諸島南部の環礁島に限定されている。これらの島々は西方の島々（コシャエやポーンペイ）と接触があったようであることからみて（cf. 高山研磨 2005：8），鰻はこの方面から人間の手によって意識的に持ち込まれた可能性が高いと考えられている（Spennemann 1993：108-109）。ただ，既述したようにマーシャルには淡水産の鰻をトーテムと見なす習俗の確実な報告はないように思える。しかし，これは私の勉強不足によるのかもしれない。

繰り返して述べるが，ポーンペイとコシャエだけでなくベラウのガッパン村やイミリーキ村のように，淡水の鰻は部落神であるため食することは出来なかった所もあり（土方 年代不詳：15, 20），それに加えてマリアナ諸島とヤップ諸島のよう下層民だけが食べるという地域が存在していたことは，これはトーテミズム以外のことと関係があったと推測させるのである。換言すれば，古代のマリアナ諸島と民族誌時代のヤップでみられる，鰻を下層階級民だけが食するという習俗は本来的なものではなく，島内で起きた戦争に破れた人々がこのような食べ物しかない辺鄙な場所に強制的に追いやられたためにこのようになった可能性と，ポリネシアから「マウイ神話」と「ツーナとヒーナのヤシの神話」が伝えられた結果，鰻嫌悪思想が下層民に当てはめられた可能性の２つがある。

従って，松岡静雄がかつて発表した，コシャエやポーンペイで鰻が神聖視されていても，そしてグアムやヤップで下層民が食していても，また他の島々でこれが捕殺・食用にされることがあっても，同一物が各地で崇拝や畏怖されているとすれば，少なくともこれをクラン・トーテムと見なすことは出来ないという見解は，「地域によっては」と限定した表現をつけるならば，ある程度正鵠を射た指摘であるといえる。ただ松岡は，チュークを含むミクロネシア全域で鰻が嫌悪される理由解決の鍵が，ポリネシアの「マウイ神話」や「ツーナとヤシの実の起源神話」に隠されていることには気づかなかった。

かつてFischer（1954：19）は，ミクロネシアの伝承にはメラネシアのものが基層にあるが，これより時代的に遅い時期にポリネシアからの伝播があったと思われると述べている。確かにそのようなこともあったと思われる。

実際，東南アジアの島嶼部からメラネシアに入った最初のオセアニア人の移住者達は，すでにトーテミズムを携えていた筈であるので，メラネシアからポーンペイに最初に渡来した移住者がラピータ文化の担い手達であったならば，鰻のトーテム信仰をここにもたらしたとの想定も決してあり得ないことではない。

かつてFischer（1954：19）は，ミクロネシアの伝承にはメラネシアのものが基層にあるが，これより時代的に遅い時期にポリネシアからの伝播があったと思われると述べている。現在の考古学的成果とこれが一致するかどうかについては徐々に述べていきたいと思う。

ともあれ，これらのことをいっそう明確にするために，チューク人の伝える鰻の説話の源郷と

予想されるポリネシアとメラネシアの様子を以下のようにながめてみることにする。

註
(註1) トーテムを信仰することがトーテミズムである。トーテミズムの定義や解釈については古来，色々と議論がなされ，様々な意見が提出されている（たとえば，フロイト 1928：189-190；古野 1973：217-240; Levi-Strauss 1962 などを参照）。しかし本書ではこのようなことには言及せずに，オセアニアの各研究者達の記述をそのままの形で引用した。

なお，北米の北部の「太平洋海岸」の諸民族がもっているトーテム・ポール（トーテムを描いた棒）については日本でも知らない者がないほど有名なものである（Barbeau 1964[1]：1）。トーテムという言葉は，北アメリカ・インディアンが使う言葉 Ototema に由来する。これは氏族を意味する。この言葉が知られるようになったのはアメリカ・インディアンの通訳をしていた J. Long が，彼らが信じる人間と動物との血縁関係を表わす時に使ってからである（Hadfield 1977：9）。その後，人類学

(上) ポーンペイで鬼が棲むと言われる古墳
周囲の立ち木伐採前の記念撮影。伐採後，下の古墳と同じ石組み技法で構築されていることが判明した
(下) ポーンペイのナンマドール遺跡のナンタウスの壁

者達はトーテムの信仰（トーテミズム）と類似した信仰が他の諸民族にもあることを知った。そして未開人は一般的に，性的交渉の結果子供が誕生するということを知らなかったため，その誕生は人間以外のものに由来すると考えた。

たとえば，オーストラリアのアルンタ族では女性が妊娠を自覚すると，それは彼女が最初に見たものによると考えた（Hadfield 1977：13）。もしこの時，見たものがカンガルーであった時には，生まれた子供はカンガルーをトーテムとすることになる。このような着想は当然，人間とはそのようなものが母親の中に入った結果生存するようになったので，自分達はその子孫であるとする考え方を生む。そして時には身体にそのトーテムを入れ墨したりして，出来るだけそれに近づくような工夫をすることもあった（Hadfield 1977：14-16）。

ツヴァルでは亀には本来鳥のような羽があったが，鳥の妖計で失ったという説話がある（Ielemia 1995）。このような場合，一般にはトーテム信仰が付随するが，ここでは単に由来譚に過ぎない。ハワイでは，アラエ（クイナ科の鳥）が禿頭なのは，マウイ神に火の製法を教えなかったため，怒ったマウイが火の棒でこすったからであると伝承は伝えている（Westervelt 1910：61-64）。別の説話では，アラエの鶏冠が赤いのは火の燃えさしで赤くなるまでこすられたからであるといわれている（Luomala 1961：152）。ベラウでは，母親に食べてはいけないと命じられていた栗の実を食べた娘が，帰宅した母親に叱られて家出して海中に入って人魚になってしまった。人魚の顎に丸い印のあるのは，この時の栗の実の痕であるいわれている（大林 1985：279-280）。内容は別にして，このような話の発想は地理的にハワイの対極に位置するベラウの神話と似ているのに驚かざるをえない。

Davis（1974）夫妻は，環太平洋にみられるトーテム信仰を含む文様や芸術品について比較研究を発表している。興味のある読者には参考になるであろう。

(註2) 1973年の1月，畏友関俊彦（当時，学習院大学講師）氏，それに米田耕之助（当時。立正大学大学院生）氏，中村隆氏，安部井幹夫氏（共に当時，東海大学学生）らとチュークにおける考古学的調査の

鬼が棲むと言われる前頁上の古墳の側を流れる川　声をたてると化け物が出るので，カヌーでこの川を通過する時に人々は黙っていた

帰途，ポーンペイに立ち寄った。私たちが考古学の研究者であることを知ったクリフ・レインボーホテルの主人マーティ氏は，息子に遺跡に案内するように話した。彼は車でナット（Nut）に連れて行ってくれ，村の人を先導にして2カ所の遺跡に案内してくれた。1つは道ばたにあって大きな石垣に囲まれていて内部の中心には石の部屋があった。その光景は，日本の古墳の盛り土を除去して石棺が露出しているような感じであった。もう1つの遺跡は，灌木や雑草が生い茂る中にあったので周囲を伐採した。村の人が言うには，昔ここに化け物が棲んでいて，この前方を流れる川をカヌーで来る人がいると食べてしまった。こう教えてくれるや否や，この恐ろしい場所にいるのは怖いと姿を消してしまった。

　遺構の内部には，2m^{2}くらいの井桁状にした石壁で囲まれた部屋があった。この中央部の発掘で出土したのは，少量の小さな魚の骨と貝殻だけで，人工遺物はなく我々をがっかりさせた。しかし今から思うと，この遺跡の場所は上記の「鰻はここの大きなLehdau川が気に入って，そこの深い水溜りに何年もの間潜んでいた。その結果，鰻が川を通過するカヌーを襲ったりした」という伝承の川を想起させる。もしそうならば，鰻神に魚を捧げかもしれないので，魚の骨の発見は重要なことであった。後者の遺跡の場所を特定するヒントになるかと思われるので，遺跡の前面およびその前を流れる川の写真を掲載しておく。

　余談であるがこの発掘時，奇妙なことに東芝製の大型ストロボが石室内に入るや突然発光しなくなった。このためここでは写真撮影が出来なかった。また，私が懐中電灯を照らし中村君が移植鏝で発掘中，突然同君が「先生，懐中電灯の持ち方が反対です」と言った。確かに私は懐中電灯の反対側を地面に向けていたのである！光が照らない状態で彼が発掘で出来ていたのか今でも不思議である。私の粗忽な習癖からみて，ちょっと懐中電灯を持ち替えて，その後そのままにしていたためであろうと考えたりしている。

(註3) なおコシャエには「眠れる淑女 (sleeping lady)」と呼ばれる美しい山並みがあるが，これに付随する説話のあるのを寡聞にして私は知らない。

　これに対してチュークのデュブロン島の山並みは，男性が横たわった姿をしているといわれている。そしてこの島には，Nieitupと呼ばれる女性の山の精霊が海から山の住処に帰る時，塩水を洗い落としたといわれる水溜まりがある（Young (eds.) 1997）: 16, 26）。チューク諸島ではこのデュブロン島以外の島々における将来の考古学的調査で色々な遺構についての情報が入手されることであろう。

(註4) なお余談になるが，パプア・ニューギニアの人々の神話には太陽がしばしば登場する。しかし，そこで太陽が演じる役割は一様ではない。また太陽は良い威力をもつものとして取り扱われ，月は邪悪なものと考えられることもある。また太陽とは敵討ちをしている人食いの化け物であって，人の頭の上を照らしてそれを砕いていると見なす種族もいる（Beier and Chakravarti 1974: 31）。これは他のオセアニア地域ではあまりみられないタイプの説話のように私には思える。

第2章　ポリネシアにおける鰻のトーテミズム

1　サモア人の鰻のトーテム

　リヴァーズ（Rivers 1909：157）は，ポリネシア及びメラネシアのトーテミズムについて定義したうえで（Rivers 1909：157-160），彼の知る限りではポリネシアにおけるトーテミズムの存否については，サモアに関してだけ論じられてきたことを紹介している。つまり，フレイザーはターナーの報告に基づき，サモアにおける人間と動物の結びつきは明確なトーテミズムを示していると考えた。しかしタイラーはターナーの説に従い，動物はトーテミズムとは完全に別個の神と見なすべきだと主張したという。また『ポリネシア人の宗教』を著わしたHandy（1927：126-128）も，マオリ語でariaという言葉の語意は神の化身を意味する。ariaはタヒチではatatと変化するが，これも特定の動物を神として崇拝することである。サモアでもataはソサエティ諸島と同様な意味で使われる。しかしこの言葉は幽霊と概念的に同意語である。このことは，このようなタイプの信仰をトーテミズムの微候と見なすことはほとんど不必要なことを示している。換言すれば，個人の守護神的精霊や神々としての動物の姿をしたものが，個人の化身としての単一の動物でなく，社会集団が生き物のタイプを種類として崇拝している時に（この時にはまたこの種類の生き物を殺したり食べたりしないタブーに縛られている），トーテム的信仰の影響が強く働いていることが明白である。上記のサモアやタヒチの場合は「近いトーテムミズム」といえよう。これに対してマルケサスのように特定の生き物が部族にタブーになっていても，この生き物が神の化身であるという信仰からではなく，これらの生き物がその部族の保護者的神々に奉献されるタイプの食べ物であるからタブーとなっているのである。ここでもう少しサモアの様子をながめておきたい。ここでは各地がそれぞれのatuaをもっている。アピア市の郊外の人口約400人の村のatuaは，fe'e（蛸）である。この村では，Falipoumaと呼ばれる場所に蛸のための1軒の家がある。人口約500人の別の地区のatuaは，lulu（フクロウ）である。更に別の地区のatuaは，大きな種類の貝である。往昔，人々は自分達のatuaを食することはなかった。しかし，彼らにatuaからの直系であるという信仰はない。かつて戦争の時には，atuaは呼び求められた。そしてすべての人々がその声を聞くことが出来るだけでなく，これによって戦いをしてよいことを知った。戦争に出かける時には，フクロウがよく人々の前を飛ぶことがあった。各家族がatuaをもつこともあった。それは石や鮫やダツ，それに木のこともあった。鮫のatuaをもっている者は，海に行っても鮫に襲われる危険はないと昔は信じられていた。サモアでは，ある種の動物がある特定の社会的グループ（たとえばある特定の地区）と密接な関係をもつと信じられていた。そして各グループの成員は，彼らのatuaを食することは許されない。しかし彼らには，自らを神聖な動物か

らの直系と見なす信仰はないようである。サモアには，一般に他のポリネシア地域と同様に外婚制は存在しない。結婚はもっぱら親族関係によって規定される。従って，もしトーテミズムが存在したならば，トーテムはいくつかの他の社会的グループと結びついていたかもしれない。サモア人の状況はフィジーの海岸部の人々のそれと似ている。そして，もしフィジーの海岸部の人々がトーテミズムをもっていたならば，サモア人も同じであると推定しても大過ないと考えられている。サモアで特徴的なことは，トーテムの表示が予兆動物（omen-animal）として活躍していることであるが，フィジーでも占いや予示がトーテムを通じてなされていることは，この際参考にすべきことである（Rivers 1909：159-160）。

また，サモアのトーテミズムについてファース（Firth 1931：390）は，次のように述べている。

サモアではだれもが生まれる時に守護神の世話になる。この神は，aitu fale（家の神）として知られている。そしてこれらは目に見える姿になって現われるのを常とした。通常はそれは生き物の姿であって，これは大変崇拝されていた。これを傷つけたり，食べたりした人には死が待っていると考えられていた。また村の神々というものもあった。これらの神は特別の化身で現われた。それらはアオサギ，フクロウ，鳩，クイナ，家禽，昆虫，カワセミ，アカエイ，コウイカ，海産のウナギ，ザリガニ，ボラ，亀，蜥蜴，白い犬，コウモリ，チョウチョ，そして百足などである。これらが死ぬと哀悼が捧げられた。しかし神の死とは考えられなかった。神は依然として生きていて，すべての種類の生き物に化身すると信じられていたからである[註1]。

以上のように，サモアでは特に鰻をトーテムと見なして重視することはなかったようである。

ところで，ポリネシア神話で重要な役割を演じるのが，外見上は醜いが8本の足をもつ蛸である。もし蛸が祖先として見なされなかったならば，これほど崇拝されることはなかったと，Handy（19027：129）は述べている。ソサエティ諸島では，8という数字は顕著な象徴性をもっている。ソサエティ諸島における8つの政治的な区分はこの数字に基づいている。またライアティア島における8つの地区の区分もこの考えと関係があって，蛸の触腕を比喩的に表わしている。そして，オポアにある酋長の居住地は蛸の頭の部分と考えられている。サモアの創造神話でも蛸は重要な役割を演じているし，また「蛸神（Le Fee）」は祭儀において卓越した数字となっている。マルケサス諸島では蛸が手に入らない時には，8本の支枝をつけたタロイモがある種の儀礼において代用される。

2 トンガ人とポリネシアン・アウトライアーの鰻のトーテム

サモアの隣のトンガ諸島からは，鰻をトーテムとする習俗の存在が報告されている。

ここでは，各家族はそれぞれotuaをもっている。otuaは生き物であったり石であったりするだけでなく，人間のこともある。生き物の場合は蛸，コウモリ，鳩である。生き物をotuaとしている者はその生き物は食べない。彼らはその生き物からの直系であると信じているからである。つまり，トンガには自分達はトーテム生物（totem-animal）からの直系であるという信仰があっ

なおハンディ (Handy 1927：129) は，タヒチには自分達を鰻からの直系と見なす家族がいると記述している。

なおファース (Firth 1931：392) は，東ポリネシアのマンガイア島，マルケサス諸島，ハワイの3つの文化の宗教的機構はトンガ，サモア，それにこれ以外の中央及び西ポリネシアのグループのものと違ったタイプのものであると述べている。たとえばハワイ人は部門別の神々の体系をもっているが，マルケサス諸島民やニュージーランドのマオリ人のように，トーテミズムに近づくような制度はもっていなかった。そこでは神々は社会的グループと密接に関連した動物や植物として現われることはない。人々によって彫刻された木や石の像は神々をシンボライズする。つまり，上述のように東ポリネシアの宗教的機構は西ポリネシアと異なるのである。

ポリネシアにおけるトーテミズムについてピーター・バックは，プカプカ環礁民のインフォーマントは半族，一族 (lineage)，亜一族，また植物，動物，あるいは自然現象の間に結びつきのあったことについて明白な記憶をもっていなかった。つまり，これらにトーテム的関係があったことを組み立てることを示唆するものはないといわざるをえなかったと考えている (Buck 1938：227)。

一方，ハッドンはメラネシアとオーストラリアでは，どんな部族もいくつかの区分あるいは氏族に分かれるが，ある地方では各氏族が少なくとも1種類の動物，植物，あるいは天然物と密接に結びついているのが普通である。それは氏族または個人のトーテムと呼ばれる。トーテムは動物または植物の1種類全体がそうなのであって，個体ではないことを知っておく必要がある (ハッドン 1969：51)。

ところでリヴァーズによれば，ポリネシアでトーテミズムの存在を示すもっとも明白な証拠は，メラネシアのポリネシアン・アウトライアーのティコピアから報告されているという (Rivers 1909：160-161)。ここでは，人々はいくつかの生き物を atua と呼ぶ。この言葉は同時に祖先を表わす。これらの生き物 (atua) の中のいくつかは全地域社会に属し，食されることはない。またこれ以外の他の生き物 (atua) は島民の住む4つの地区 (Kavika, Taumako, Tafua, Fangalele) の中のどれかに帰属する。

Kavika 地区の人々は，feke (蛸) を食料とすることを禁止されている。Taumako 地区の人々は，海鰻 (toke) とルーペ (rupe) と呼ばれる鳥を食さない。ここの人々は自分達は海鰻の直系であると信じているからである。Tafua 地区の人々はツナ (tuna, 淡水の鰻) を食さないだけでなく，コウモリ (peka) も亀 (fonu) も食べない。なお後者の2つの生き物は，Tafua の人々にとっては，特に神聖なものと見なされていて，食料として禁止されている。もし Tafua において神聖な淡水産の鰻が殺されたりすると，鰻が棲んでいる水溜まりの水を供給している泉が干上がると信じられていた。もし誰かがコウモリを殺すと，ヤシの木が実を生らさなくなると信じられていた。亀の場合はこれらとは別である。亀は Tafua の人には特に神聖であったので，すべての酋長に食べることが禁止されていた。しかし他の3つの区分の平民は，これを食べることは

可能であった。ただし平民に関する限り，この禁制の解除はごく最近に始まったことである。Fangalele 地区の人々は，moko と呼ばれる小さな黒色の鳥を食さないし，one と呼ばれる魚も食さない。アカエイ（fai）は誰もが食さない。これは，いかなる特別な区分の人々にも神聖なものとは思えない。ある特定の生き物を食さないある１つの区分に属す男は，その生き物を殺すことはない。もし Fangalele の１人が one 魚を捕まえると，彼は通常それを元の状態に戻したが，しかし彼は他の区分の人に上げることもあった。他方，もし１つの区分の男が他の区分で神聖である生き物を殺してしまった時には，彼はよく病気になった。そこで彼は，この生き物が所属する区分の男を呼びにやる。すると呼ばれた男は，彼の atua を呼び出して病気の男を治すのであった（Rivers 1909：161）。

註

(註１) なおサモアでは淡水の鰻はオオウナギ（Anguilla marmorata）で，サモア語では i'avai ないし tuna と呼ばれる（Behan(ed.) 1981：12）。

第3章　メラネシアにおける鰻のトーテミズム

1　フィジー人の鰻のトーテム

　リヴァーズ（Rivers 1909：157）によれば，フィジーにおけるトーテミズムの存否について以下のような論争があった。ウィリアムズ（Williams 1858, vol. i：220）は，人間と動物との関係についていくつかの事例を報告したのに対して，マクレナン（McLennan）は，これはトーテミズムを表わすものであると解釈した。つまり，フィジーの神々を発達したトーテムと見なしたのである。しかし，タイラー（Taylor 1899：94）はこの見解に反駁し，フィジーにはトーテムもトーテム・クランの証拠も皆無なので，マクレナンの意見は単なる推論に過ぎないと批判した。しかしファイスン（Fison）は，フィジーにおける食べ物のタブーをトーテミズムの痕跡と見なしたし，その後，ベズル・トムプスン（Basil Thomson）はフィジーにおけるトーテミズムの存在を多かれ少なかれ明白なことであると見なした。

　リヴァーズ（Rivers 1908：133）も自らの調査に基づき，フィジーのトーテミズムの存在を確認した。彼によれば，フィジーのヴィティ・レヴの内陸部の山岳地区に住む人々はいくつかの独立した小さな地域社会を構成している。各地域社会は，その社会の成員が食べることが出来ない神聖な動物をもっている。そのうえ，この地域社会の更に小さな地区でも，多くの場合，彼ら自身に特有な神聖な動物か植物をもっている。彼らはこれを食することは出来ないが，この地域社会の他の者は食べることは自由である。外婚制はフィジーには存在しない。結婚は親族関係によって規定される。そして人々の社会機構は外婚制に基づく社会機構より大変大きくそれているので，彼らのどの社会的区分が外婚制の氏族や一門に属すものなのか述べることは不可能である。ここで，トーテミズムの1つの特徴が存在しない典型的な事例に出会った。少なくとも彼らは2種類の社会的単位に結びついた明白なトーテムをもっている。トーテミズムの第3の特徴である，トーテム動物からの直系であるとする信仰は内陸部の人々の間で明白な行動様式によって表現されている。ここでは彼らは自らの系図について最古の父は鰻やそれ以外の動物であったと信じているのだ。そして，鰻の祖先から人間に変わるのは8世代前（一説によれば9世代前）と伝えている。この場合，神聖な動物は全部の人々の祖先であると信じられている。ここではトーテミズムが外婚制と結合しないことを除けば，典型的なトーテミズムを認めることが出来る。フィジー人は，他のメラネシア人と同様に，時にはメラネシアの通常の外婚制度をもっていたと想像されるが，多分これは消失してしまったのであろう。換言すれば，フィジーの内陸部の部族はトーテミズムをもっていたが，彼らの社会機構の変化によってその特徴の1つを失ったのである。

　一方，フィジーのヴィティ・レヴ島の海岸部の人々の場合は複雑である。ある種の動物の属性

と動物に変化する力をもつ神の存在が信じられていて、これらの神々はある地区や村の人々と結びついている。彼らは彼らの神に結びついている動物を食することは許されない。ただし、彼らがこの禁じられた動物からの直系であると信ずるに足る証拠はない。もしこの証拠を裏付けるものがないならば、昔のトーテミズムの存在を示唆しているとはいえないが、内陸部の事例から異なった様相を想定出来るのである。つまり、トーテム動物から神へと発達する事例を示しているかもしれないのである（Rivers 109：159）。

なお、ホーカートはリヴァーズの論考に補足的記述をしている。特にこの中で、彼は Ovalua の Nanduna 部族は鰻にちなんでこのように呼ばれるという（Horcart 1914：737）。

2 フィジー以外のメラネシアの島々における鰻のトーテム

メラネシアのトーテミズムについてリヴァーズ（Rivers 1909：163）は、フィジーを除外すれば、ここではトーテミズムが明確に論じられてきたとはいいがたいと述べたうえで、自らの調査にも触れながら、興味深い見解を披瀝している。

たとえばコドリングトン（Codrington）は、ソロモン諸島について生き物と外婚制社会区分との結びつきを論じている。しかし、彼はこの結びつきをトーテミズムの表示とは見なさなかった。同様にコドリングトンはバンク諸島とニューヘブリディーズ諸島について、人間と生き物の間の結びつきのある事例をいくつか叙述している。リヴァーズは、これはトーテミズムを表わしているかもしれないが、もっとも断片的な遺風であると見なした。メラネシアでは一般的にトーテミズムはその北部で明確な姿で現われる。ショートランド諸島やビスマーク諸島では紛れもなく存在している（Rivers 1909：163）。なお、リヴァーズ（Rivers 1909：164-178）はこれらの島々に加えて、リーフ諸島、サンタ・クルーズ諸島、ヴァニコロ島、ソロモン諸島、それに南部メラネシアの島々（サンタ・クルーズより南に横たわる島々）についても言及している。

メラネシアの神話の特徴は蛇が多産のシンボルとしてだけでなく攻撃のシンボルとして登場することである。ニューギニアからフィジーまでは親切に報いたり、虐待に復讐する蛇の親戚についての話がある。人間と動物と植物が、虐殺された死体から生じたという伝承も時折ある。埋葬された蛇や鰻の頭からヤシの実を生む生命が生じたとするモティーフは、他のオセアニア地域と同じようにメラネシアでは一般的であるが、ただしここではポリネシアのツーナのように特定の人間と結びつくことはないとポイニャント（Poignant 1967：91-92）は述べている。

メラネシア人であっても、ポリネシア人からの強い文化的影響を受けているフィジーのヴィティレヴ島の山地民は、8世代前まで遡る彼らの最古の祖先は淡水の鰻であったと信じているので、鰻は神聖な生き物である（Rivers 1909：158）。

南部メラネシアのバンクス・グループのモタ島では、ある種の動物や果実を食してはいけないとか、ある種の木に触れてはならないとかいうタブーがある。このような禁止の理由は、多くの場合当該の人物がそれらの動物か果実の子孫と信じられているからである。つまり彼の母親は、

受胎や妊娠や他の期間にこれらの動物や植物からの影響を受けるというのである。換言すれば，子供が生まれた時，ある意味で，その子供は母親によって見つけられたり世話をされていた動物や果実であると見なされているのである。このため，その子供は生涯それを食することは出来なくなる。もしこれを食すると重病になるか死ぬと信じられている。これが鰻の事例も報告されている。ある少女は「鰻の子」であった。幼少の頃，仲間と海岸に魚を捕りに出かけた。彼らは1匹の鰻と数匹の魚を捕った。それらは海岸でひとつの鍋で料理され，食べられた。数時間後，「鰻の子」はうわごとを言ってまったくの気違いになってしまった。仲間は「鰻の子」が何をしたのか調べたところ，彼女は鰻をまったく食べていないが，同じ鍋で料理した魚を食べていたことを知った。彼女を発狂させるには，この程度のことでも十分であった。このように，禁止されている食べ物を食べることは自分自身を食べることと相通じることであるし，この行為はいわば食人の一種と見なされているのである (Rivers 1909：173-174)。

フィジーでは鮫がもっとも一般的なトーテムであるが，これだけというわけではない。これ以外にも鷹の類，鰻，蜥蜴，淡水産の海老，それに人間自身をもトーテムにする氏族がいる。人間をトーテムとしている氏族は，言うまでもなく人間を食べない人々ということになる (Thomson 1968：116)。フィジーでは内陸部の鰻は非常に大きく成長する。これを捕るために女性達は土手の鰻の穴に印をして，蔓植物の茎や煙草から抽出した麻酔性の毒を利用する (Thomson 1968：324)。

3 まとめ

ミクロネシアの高い島に住む人達の中に淡水産の鰻を嫌悪することがしばしば認められるのに対して，ポリネシア人は鰻を食することは珍しくない。そして鰻を神と見なす信仰は，トンガ諸島のウイハ島にある (Gifford 1929：309-311)。また，タヒチでは神の使いになっているし (Henry 1928：358)，また自分達が鰻の子孫であると信じる家族もいる (Handy 1927：129)。ただし例外もあって，たとえばマンガイアのように，女性が鰻を食することは背徳行為と見なしている島もある。ここでは，女性達は最大限の嫌悪感をもって鰻から顔を背けた (Gill 1876：79)。女性がこのような態度をとるのは往昔，イーナと呼ばれる女性がツーナと呼ばれる鰻と恋をして，最後は死んだツーナが彼女のためにヤシの実が生えるようにしてくれたという説話と関係がある。マンガイアでは上記の神話は明らかに司祭の部族（アママ）の栄光を称えるために目論まれたものである。アママとは鮫と鰻の二重の姿をしたティアイオの崇拝者達である。1885年，体長が7フィート（約210 cm）もある鰻が網にかかった。原住民は，これはティアイオの来訪と見なして逃がして上げたとギルは報告している (Gill 1876：79)。また，ここでは体長が8フィート（約240 cm），胴の太さは男性の脚と同じ大きさのものも捕獲されたと報告されている (Alpers 1970：370-371)。サモアでは，Anguilla marmorata Qu.だけでなく他の種類の鰻も棲息しているが，ある種類のものは長さが9フィート（約270 cm）に達するものもあるといわれている (Kramer 1995[2]：502)。

第4章　東ポリネシアのヤシの実の起源説話

1　クック諸島マンガイア島

　先ず最初に述べておきたいことは Hina と Tuna の発音である。クック諸島のこのタイプの伝承を報告している Flood（et al. 1999：182）の文献では，Hina の発音を「hee nah」，Tuna の発音を「too nah」としているので，本来なら Maui はマウイではなくマーウーイないしマーオオーエと発音するべきであるが（Westervelt 1910：v），日本ではマウイと呼ぶことにしているので，本書ではそれに従った。

　また，オセアニア学者の間では神話（mythology, myth）や説話（legend, folktale, folklore）や伝説・伝承（folk tradition）などの用語の区別がしばしば曖昧に用いられている。この結果，本書でもこの点がかなり不明確なまま引用していることがあることを断っておきたい。

　マンガイア島は地質学的には太古には環礁であったが，隆起して現在のような島になった典型的な隆起サンゴ礁島である。この島に残されているヒーナとツーナの神話は次のようなものである（Alpers 1970：73-75）。

　「盲目のクイ」の娘ヒーナ・イナ・モエ・アイツはマカティア（太古の礁「リーフ」のこと）の内陸部の断崖絶壁の暗がりに住んでいた。彼女の家はタウツア洞窟が口を開いている近くにあった。「盲目のクイ」のタロイモ用水田の水は，この洞窟の下で消えて，マカティアを浸透して陸地の下の海に注いでいた。ヒーナが沐浴をする水溜まりはこの断崖の下にあった。ヒーナが沐浴するこの水溜まりには沢山のウナギ（ツーナ）が棲んでいた。鰻達はこの水溜まりの暗闇が好きであった。

　ある日ヒーナが沐浴していると，1匹の大きな鰻が岩の下から出てきて，ここちよい感触で彼女が飛び上がるようなことをした。しかも鰻はヒーナが快感を得る箇所の下で滑動を始めた。この鰻は淫らで，同じことを何回もしたが，その度にヒーナはそれを許した。つまり鰻はその尾でヒーナに快感を与えていたのである。

　ところがある日のこと，ヒーナが見ている前でこの鰻は素敵な若者に変身した。彼はヒーナに向かって「私はツーナです。すべての鰻の神です。貴女のあまりの美しさに私は家を捨て，貴女に会いにここにきたのです。ヒーナ，どうか私を迎えて下さい」と言った。ヒーナはその希望を受け入れ，2人は彼女の家の中に入った。するとツーナは必ず再び鰻に戻った。そのため誰もが彼らのことには気づかなかった。2人の間の愛はどんどん強くなっていった。

　やがてある日，ツーナはヒーナに向かって「私はいとまごいをしなければなりません。私は今から永遠に貴方の許から去らねばなりません。明日，長い間雨が激しく降って，洪水のようにな

るでしょう。空の川からも雨が降ります。雨はこの場所も大水にします。水はすべてのタロイモの水田も水浸しにしてしまうし，この家の戸の上にまで達するでしょう。しかし恐がることはないのです。その時には私はここの貴女の家の丁度，敷居の所に泳いで来ています。私は家の石壇（パエパエ）の上に私の頭を横たえておきます。それはすぐに分かるようになっています。それを見たら貴女はすばやく貴女の祖先伝来の手斧を持ち出して，敷居の上で私の頭を切断して下さい。そして頭をここの高い地面に埋めなさい。その後は必ず毎日，ここに来ては何が現われるか見ていなさい」と告げた。

そこでヒーナは，ツーナが言った通りにした。その晩，彼女は豪雨の音を聞いた。大雨の中で彼女は，夜が明けるのを待った。雨水はタロイモの水田にあふれた。また水は彼女の家の戸の側にまで来ていた。その朝，1匹の大きな鰻が彼女の家に来て，その頭を石壇（パエパエ）を横切るようにして横たわらせた。そこでヒーナは，先祖伝来の神聖な手斧でその鰻の頭を切断した。そして，それを彼女の家の裏に埋めた。

ヤシの栽培方法　（上）掘り棒で地面に穴を掘り，芽を出しているヤシの実を植え込む　（下）土を戻し周囲を足で踏み固めるが，水や肥料を与えることはない。なおミクロネシアでは，芽を出したヤシの実の一部は地表から出るよう指導されている（Sproat and Migver 1968：11）

やがて雨が止み，洪水のような水も退いた。ヒーナは，ツーナの頭を埋めた場所を毎日見に行った。何日が経っても何も起こらなかった。しかしある日，彼女はついにしっかりした若枝が生えているのを見つけた。それはこの島で見たことのないものであった。そこで彼女はその若枝を大切に見守った。翌日になるとその若枝が2本になっているのを見つけた。

かくして，彼女は成長した2本の素晴らしく堅い木をもつことになった。これらの木は高く伸びて，それによって人々は天まで登ることが出来た。そのてっぺんでは風がさらさらと鳴っていた。彼女の子供達はそれに登って，生っている実を採った。1本の木は赤い樹幹で赤っぽい果実を生らした。それはタンガロア神への神聖なものであった。他の木はグリーンの樹幹で若い果実が生った。それはロンゴ神への神聖なものであった。

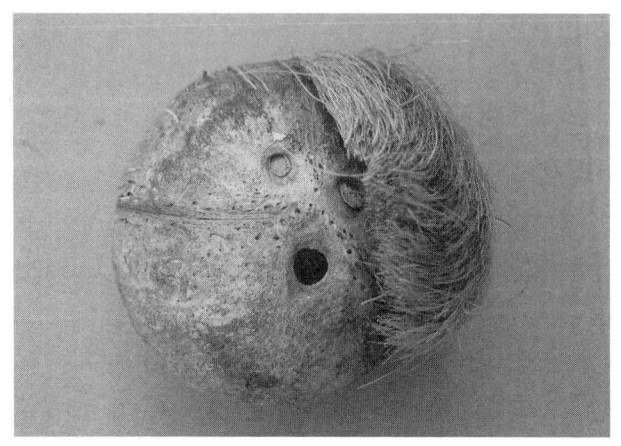

(上)若いヤシの実　繊維は子供でも口で容易に剥ける＝ナヌマガ島
(中)ヤシ林に落ちていたヤシの実の殻　外側の繊維は腐ってなくなり、殻が人間の顔のように見える。なお、後方左は、芽が出る前、右は地面から芽が出てきたところ＝ニウタオ島
(下)繊維が一部残る殻　まるで人間の頭髪のように見える

　この後、この土地にはヤシの実が存在するようになった。飲むのはヌイと呼ばれる若い果実であった。ヌイ・マタとはその後に生じる軟らかくて白い果肉であった。モトモトは熟した実からとれた。クリーム状のロロはそれを圧搾したものである。ウトとは芽が出た実の内側にあるものである。モトモトを日光にあてて乾燥させて髪の毛や肌に塗る油を作った。ヤシの木の葉からはバスケットや壁用のキカウを作った。殻皮からは紐になる繊維が得られた。殻からは容器が出来た。ヤシの木からは家の柱やカヌーの櫂が作られた。

　これらの有用な物は、すべてヒーナ（正式の名は Hina-moe-aitu）の恋人ツーナから授かったものである。従って、今日マイガイア島ではヤシの実の白い果肉を「ツーナの頭脳（te roro o te Tuna）」と呼んでいる。熟した果実から得られるすべての殻はヒーナの恋人の顔を表わしている。つまり2つの小さな目と1つの口をした鰻のツーナ神（Tuna-god-of-eels）の顔をしているのである。

　なお1876年に刊行されたギル（Gill 1876：80）の著書によれば、比喩的な意味で、Rongoのヤシの実は人間の頭である。そのため戦争の開始に関する普通の成句は「Kua va'i i te akari a Rongo」である。それは「ロンゴのヤシの実が

割って開けられきた」という意味で，換言すれば，男達が棍棒で打たれてきたということである。

またギル（Gill 1876：76-79）は，これらの神話は鮫と鰻の一対の形をしたティアイオ（Tiaio）の崇拝者である司祭種族のアママの栄光をたたえるために目論まれたと解釈している。この話が示す場所で 1855 年に，長さが 7 フィート（約 120 cm）もある 1 匹の巨大な鰻が漁網にかかった。これはティアイオの訪問と見なされて，折角捕獲されたこの美味しいご馳走は食べられずに岩の下に戻された。

なおまたマンガイアでは，ヤシの葉は綺麗にくくられて，漁師の神を表わすことに使用される。これがないとカヌーはリーフを越えて魚を捕りに行くことが許されなかった。またすべてのタブーの表示はヤシの葉を古代の方法で編むことでなされた（Gill 1876：79）。なお，このようなヤシの葉によるタブーの表示方法を，ツヴァルのヌーイ島などの発掘現場で侵入禁止の印として行なっているのを 1994 年に私は目撃している。

更に付言するならば，島から島にカヌーで航海する者は海中にヤシの実を投入することが習慣になっている。難破船の遭難者が無人島に漂着した場合，ここで発芽しているこのヤシの実があれば，これを食料として飢えを凌げるからである（Gittings 1977：75）。

以上述べたマンガイアの伝承は，人間に変身した鰻に美しい娘が恋をして，鰻に結局食べられてしまうという私がチュークで聞いた説話と，中央ポリネシアのマンガイア島にヤシの木をもたらした鰻ツーナと彼の恋人ヒーナの話（Gill 1876：77-80）と非常に類似していて驚かされる。なお，ギルはヒーナを Ina（イーナ）としている。

また Andersen（1928：260）は，このタイプの伝承がニュージーランドのマオリ人のものと共通していることをエピソードをまじえながら次のように述べている。

鰻の恋人である少女の物語は，1922 年に Elsdon Best によってニュージーランドの Whaga-nui 村において盲目の老人から聞き取ることが出来た。この老人は登場人物の名前は思い出せなかったが，主要な筋書きは同じであった。そして Andersen は「私はその夜，Elsdon Best がその老人と別れてから笑顔で帰宅したのを覚えている。彼は"好奇心をそそる，興味深い伝承だ"といいながら，ノート・ブックに書き留めていた」と述べている。

2　クック諸島マニヒキ環礁

民族学者ピーター・バックは，1852 年に宣教師船でシドニーに向かう途上，マニヒキ環礁に立ち寄って採集した Gill の貴重な資料と対比しながら以下の説話を論じている。後述のフェアトゥがどのような役割を果たし，またヒクとの関係がどうであったかについても読者はこれによって明確に理解出来るであろう。

Hiku がラロトンガ島から漁の遠征に出かけた時，海底から成長しつつある岩を発見した。

一方，Tangaroa-tuhi-mata とその妻 Hina-mata-porai は，地下界にある Hawaiki-ki-rao に住んでいた。息子 Tongoi-whare は，妻 Makuwai-whare と地上の Hawaiki-runga に住んでいた。

Tongoi-whare は3人の息子をもっていた。3人の息子は魚を捕るために遠征することになった。末っ子の Mauu-muri は，兄弟に知られないようにして海底に住んでいる Hina-i-te-papa に自分が釣り針を垂らしたら海底の岩が釣れるようにしてくれるようにお願いに出かけた。3人の兄弟は漁場に到着し，釣り糸を垂れた。最後に Mauu-muri が Hina-i-te-papa と打ち合わせたようにプカ木の1本の小さな枝と乾燥したヤシの殻とヤシの木の花の茎を餌にして垂らすと，約束通り，Hina-i-te-papa はこれを岩に引っ掛けてくれた。これはかつて成長しつつある状態の時，Hiku が目撃した岩であった。そこで3人でこの岩を引っ張っていた時，カヌーが半分に壊れて，船首にいた2人の兄弟は流されてしまったが，船尾にいた Mauu-muri だけは助かって，出来上がった島に上陸した。話は変わって，Hiku はかつて発見した島のことを夢で見た。夢に出てきた島の名前はラカハンガと呼ばれていた。そこで Hiku が行ってみると島が立派に出来上がっていて，そこには Mauu-muri がいることを知った。2人の争いで島は2つに割れて，1つは流れ出してマニヒキ島になった。Hiku に追いかけられた Mauu-mur は最後は天空に逃げた。戦いに勝利した Hiku が海岸線に戻ろうとした時，1本のヤシの木が漂着しているのを発見した。Nukuan-gaanga に戻った彼は，その実を彼が Te-maru-o-araiawa と名付けた場所に植えた。彼はその実と木を Te-huru-awatea と呼ぶことにした。なお，Gill（1915：148）の文献にはこのようなヤシの実の漂着についての記事はない。Gill（1915：148）の記述によれば，Huku（Hiku と同意語）がラロトンガにいったん戻ったのはこの島が不毛でヤシの木がまだ植わっていなかったからである。ヤシはその後，移植されたことになっている。また Tupou-rah の異説によれば，Te-huru-awatea を植えた Huku はラロトンガに帰ったことになっている。その後，Huku はラカハンガに向かって3回目の航海をする。この時には植林をするための果実を運んだ。7個のヤシの実はそれぞれ名前をもっていた。それらを Te-maru-o-araiawa に植えた。その場所はラカハンガ環礁の Te Kainga 島にある。なお，彼には2人の漕手が同行していたが亡くなったので，Te Kainga に埋葬された。この2人について，あるラカハンガ島民はこの話は苦心して創作されたものと見なしているという。なぜなら彼によれば，この2人の名前，Ruia と Papera は2種類のサメのことだからであるという。かくしてラロトンガに戻った Huku は，この島の発見について秘密にしていた。しかし，Wheatu と呼ばれる男だけは Huku からこの話を聞いた。そこで，Wheatu は Paparinga-tahi と名付けたカヌーでその島に向かった。そして結局，マニヒキ環礁に到着するや Tarakite に上陸した。そして Wheatu はそこから出発してラカハンガに着いた。そこで Wheatu が目にしたのは Te-huru-awatea と名付けられたヤシの木が Te-maru-o-araiawa でそよ風に揺れていた光景であった。Wheatu は Omoka に上陸して乗ってきたカヌーを Te-amonga-waka と名付けた場所まで引きずって行った。その後，Wheatu は Awanui と呼ばれるサンゴ礁の上にある場所に来た。Wheatu はサンゴ礁の一部を切り取って礁湖と外海がカヌーで往来出来る水路をつくる仕事を，サンゴのハンマーなどでもって開始した。一方，ラロトンガに残っていた Huku は自分が発見した島で何かが起きている気配を感じていた。Tupou-rasi によれば，Hiku は Te Rawhiti と名付けられたカヌーに妹 Tapairu とその夫 Toa を乗せて出帆

した。なお Gill（1915：149）の文献では誰も同行させないで，Huku（Hiku と同意語）だけが来ることになっている。ラカハンガに着くと，そこで Huka は Awanui で依然としてサンゴ礁上に水路をつくっている Wheatuwo（Wheatu と同意語）を見つけた。Huku は，Wheatuwo に自分の島で何をしているかと荒々しく尋ねた。駆け引きにうまい Wheatuwo は貴方のカヌーが通れるように水路をつくっているのだと答えた。異伝によれば，この時，Wheatuwo は内陸部に入らないという条件付きで，ここに滞在することが許されたという。これは Huku が，以前植えたヤシの木を Wheatuwo が引き抜くことを恐れたからである。なお島民が採用している上記の寸劇では，この後 Wheatuwo はここから追い出されることになっている。今日，Awanu にあるサンゴ礁の内側がぎざぎざしているのは，Wheatuwo が追い出される前まで行なっていた工事の跡だと説明されている。そして，もし Wheatuwo が水路を完成させていたならば，追い払われなかったであろうと現在の島民は考えている。しかしこの地域の系譜には Wheatuwo と呼ばれる家系は出てこない（Buck 1932：14-18）。

3　島釣り上げ説話

　1985年，マニヒキ環礁島で考古学的調査を行なった近森正は「サンゴ礁の形成と人間居住」と題した論考を発表した。この中にみられる神話のストーリーは，「ツーナとヒーナのヤシの実の起源説話」と「ポリネシアの文化英雄マウイの神話」という本来別個であった筈の2つのものが，今日では混在して1つの説話になっているように私には思える。そこで本来の神話の姿をながめておきたい[註1]。

　たとえば近森は，現在の島民がヤシの木を植える時の様子は，祖先から詠唱歌の形で伝えられる「ヒークの神話」を想起させると述べたうえで，次のように記述している。

　1）昔，ハワイキの男ヒクはカヌーで漁に出た。すると海面に白波が立った所があり，海中を覗くと岩が次第に大きくなっているのを見つけた。しばらくしてここに戻ってみると，岩は島になっていた。

　2）そこにはマウイ神の3人の兄弟がいた。聞けば，これはマウイ神の末弟マウイ・ポ・チキが釣り針で釣り上げたのだという。ヒクは自分が最初に発見したと主張したので，マウイ神は地団駄を踏んだため島は沢山の小島に割れた。そしてマウイ神は天空に飛び去ら，オリオン座となった。

　3）ヒークはこの島にヤシの木を植えた。ハワイキに戻って，ある日ヒクは海から吹いてくる風にのってヤシの葉のなる音を聞いた。そこでヒクは妹とその夫トアに一部始終を語った。トアと妹がカヌーでその島を訪れるとヤシの実がたわわに実っていた。

　近森によればこの伝承の異伝には，1）と2）の間に唐突に歌「フェアトゥが海を越えてやってきた。島を探しタプアファのオモカに着いた。フェアトゥはリーフを打ち砕く。おお，アライアヴァエ（水路の名）の向うそのヤシの葉がそよいでいる」が挿入されているという。そして近

森は，フェアトゥがヒクと同一人物かについては現在の島の語り手は詳らかにしないと述べ，更にヒクが島を発見しヤシの木を植える，そしてトア夫婦が島の創始祖先になる話は，ポリネシア各地に普遍的なマウイ神話とフェアトゥの事績の3つは異なった物語が複合しているように考えられると述べている。

一方，近森より56年前の1929年に調査を行なったピーター・バックの研究や1975年から1983年にかけてマニヒキ島民のK. Kauraka (1989：12-13,18-22) が同島の語り手達から採集した伝承は，近森が解決出来なかった点を考えるうえで参考になる。

特にK. Kauraka (1989：12-13,18-22) が同島の語り手達から採集した伝承で，近森の報告しているものと関係のある箇所を抄訳し転載しておく。

マニヒキ環礁の口頭伝承の中でもっとも重要な登場人物はMaui-potiki，短くいうとマウイ (Maui) である。マニヒキの伝承ではしばしばマウイは2人の兄弟をもっている。ただし，他の伝承では2人の兄弟と1人の妹Hinaikaとなっている。Hinaikaはマウイのすぐ前に生まれたことになっている。ラロトンガ環礁での伝承では，マウイの父親は巨大なサメMokoroaを探していて，ついでに海底にあるマニヒキ島を釣り上げた。このサメMokoroaはマウイの父Tangaroaを馬鹿にしていたのである。そしてこの伝承ではマウイは父親のための報復者として描かれている。マニヒキで採集されたいくつかのマウイの神話の筋書は基本的には似ているが，細部のいくつかにおいては話の順序が逆であったり，出来事が追加されていたり，欠如していることがある。たとえば，ラカハンガ環境のUmutahiの伝承では，Maui-potikiの長兄は鮪であったが，Nuinuiの伝承では鮫に変わっている。

ここでマニヒキで伝承されているマウイ神話についてながめておきたい。往昔，ハワイキ＝ラロの下方に「入れ墨をした顔をもつTangaroa」という名前の男が妻の「土台のヒーナ (Hina-the-Foundation)」と一緒に住んでいた。2人にはTongaifareという名の息子がいた。この息子は，上方にあるHawaiki-rungでMakuaifareと生活しようと出かけて行って彼女を妻にした。この夫婦は3人の息子をもうけた。名前はそれぞれ「最初のマウイ (Maui-the-Firs)」「中間のマウイ (Maui-the-Middle)」，「最年少のマウイ (Maui-the-Youngest)」であった。ある日，TongaifareとMakuaifareは3人の子供に，食べ物を探してくるのでここにいなさいと言って出かけた。2人はパンダーヌスの木柱にくると呪文を唱えた。すると入り口が出来て，そこからハワイキ (Hawaiki) に降りていった。この呪文を「最年少のマウイ」がそっと聞いていた。彼は祖母「土台のヒーナ」に，自分に何か食べる物を用意して下さいと頼んだ。彼女は魚を持ってきたが，「火がないので調理出来ないのよ」と言った。そこで「最年少のマウイ」は火はどこにあるのか尋ねた。すると彼女は「祖父である入れ墨をした顔をしたTangaroa」の所に行けばあると教えてくれた。また火を運ぶための棒を持って行くようにとか，彼に会ったら彼のする色々な動作の真似をするようにとか注意してくれた。かくして無事にこの島に火がもたらされた。なお，「最年少のマウイ」は火を起こしている時，誤って白いアジサシの嘴に火を当ててしまったため，祖父のペットであったこの海鳥は飛び去ってしまって，二度と戻ってくることはなかった。「最

年少のマウイ」のお陰で火の食べ物を調理出来るようになった。次に祖母「土台のヒーナ」は彼に対して，ヤシの若い蕾とタロイモの葉に包まれた taume を付けた釣り針を垂らすならば，この岩の下にひっかかるようにして上げると述べた。そこである日，3人の兄弟は釣りに出かけることになった。「最年少のマウイ」が釣り針を海中に入れると，なんと祖母「土台のヒーナ」がいるハワイキがかかった。これを引き上げる時，大きな波がきてカヌーを粉々にしてしまった。そこで「最初のマウイ（Maui-the-Firs）」はトンガに，「中間のマウイ（Maui-the-Middle）」はトケラウに飛んで行ってしまった。そして「最年少のマウイ」だけがここに留まった。もしこの話の証拠を知りたいならば，ラカハンガ環礁に行けば，岩に彼が残したこの時に使用した釣り針の跡を見ることが出来る。その後，ラロトンガにいた Hiku と呼ばれる男が北方に航海した時，Fakahotu の漁場に到着した。彼は海面下の珊瑚礁が隆起している様子を目撃した。彼はラロトンガにいったん引き返し，後に再度ここを見るために来た。しかし，そこに「最年少のマウイ」がいるのを見つけた。Hiku は非常に怒って「最年少のマウイ」を追い出した。「最年少のマウイ」はいくつもの島々を転々としながら最後は天に昇った。「最年少のマウイ」が天に飛ぶ時，地面をふんばったため，陸地は Tauhunu と Rakahanga の2つに割れてしまったのである。

　近森はこの場面で，島を釣り上げたマウイ神の末弟マウイ・ポ・チキと2人の兄弟はハワイキから来たヒクにと争いになると地団駄を踏んだので島は沢山の小島に割れ，またマウイ神達は天空に飛び去ってオリオン座の三つ星になったと記述している。

　しかし，地団駄を踏んで壊れた島は2つになったとする伝承もある。それがラロトンガとマンガイア両島の起源となったというのである。確かにプカプカ環礁からは，3人のマウイの兄弟をオリオン座に見ることが出来るという伝承がある（Luomala 1949：135）。しかし 1934 年から 1935 年にかけての6カ月間，プカプカ環礁島の Yato 村に滞在して詳細な民族学的調査を行なった Beaglehole 夫妻（Beaglehole 1938：347）によれば，ここの島民は海上航海の衰退に伴い天文学的知識はなくなったという。そして，僅かにマウイの星についての偉業伝承は知っていたが，それ以上のことには無知であった。従って，若者達は数個の星の名前を知っていたが，それがどの星のことかさえも明らかに出来なかったという。

　なお，オリオン座に関する説話はトンガ（Gifford 1924：100），ロツーマ島（Churchward 1939：44），ソロモン諸島（現在ヴァヌアツ）のポリネシアン・アウトライアーであるレンネル島及びベロナ島（Elbert & Monberg 1964：No. 33, 34）などから報告されているが，マウイ神話とは直接結びついていない。オリオン座はポリネシアの航海者にとって大切な星であった。たとえば，理論的にはソサエティ諸島からハワイに向かう航海者とって早朝「思いがけず現われる星」なのである。この星は道標ともいえるものである。水平線上に現われた島は，最初は海と空との区別が出来ないようであったが，航海者が近づくとまるで「地面の土台から」隆起してくる陸地にように見える（Akemson 1941：15-16）[註2]。

　参考までに述べると，今でもミクロネシア中央カロリン諸島民は航海者として名を馳せているが，彼らの天文学的知識は他の地域から伝播してきたものではなく多くの点で独自に発達させた

ものだといわれている。従って，カロリン諸島民とポリネシア，メラネシア，それに他のミクロネシアの人々との間での星の名称に同じ語源のものはほとんどない。ポーンペイとマーシャル諸島には同一語源のものがあるが，キリバスになるとほとんどなくなるし，メラネシアやポリネシアになるとほとんど絶無であると解釈されている（Goodenogu 1953：41）。しかし，ハワイ語の2月を表わす語彙は島々によって異なり，その中には起源がトンガ語やウヴェア語の装飾的接尾語に求められるだけでなく，トンガとウヴェアのこの言葉はミクロネシア語の言葉（大雑把であるが8月から9月を表わす）Meen 及び Maanap に似ている。この言葉は大きな鳥を意味するが，それは3つの星（シリウス，カノープス，プロキオン）から構成された言葉である（Johson and Maheiona 1975：50-51）。なお，トンガ人の天文学及び暦については Collocott（1922）を参照されたい。

なお蛇足であるが，ミクロネシア語の専門家崎山理（1980：42）によれば，ミクロネシア人の星宿の知識はもともと航海のために発達したもので，農耕栽培は無関係であったため，外洋航海の衰退と共に忘却されたという。

4　足跡遺跡

話がやや脱線したので本題に戻ることにする。以上のことから，近森は海底の岩を発見したのはハワイキの男ヒクとしているが，異説では彼はハワイキではなくラロトンガから来た者であることが分かる。またハワイキとは海底から釣り上げた島の名前である。近森は先述のように自ら採集したマンガイア島の形成に関する伝承は，ヒクが島を発見してトア夫婦が島の創造祖先となることや，ポリネシアの各地に普遍的にあるマウイ神話，それにフェアトゥの事績という3つの異なる物語が複合しているように考えられるとした。しかしオセアニアのマウイ神話の視点からながめると，究極的にこれらはすべてがマウイ神話に結びつくものと私には思われる。特にマウイが火を求めて出かける話やアジサシに火傷を負わせる話などは，マウイ神話の典型的筋書きである。マリアナ諸島のチャモロ人が火を知らなかったとする初期のヨーロッパ人の報告が，実はポリネシアのマウイ神話のエピソードの1つであるところの，マウイが火をもたらすまで人々は火を使うことがなかった，とする神話の断片をまるで真実であったかのように記述していたことを私は見つけた（高山 1997：70-81）。また，マウイ神話の構成要素は沢山あるが，後藤明（1999：105）は中央ポリネシアにおいて特に目立つものとして「女神ヒナと鰻神トゥナ，トリックスター的存在のマウイ神が絡んでくる話になる。そのなかでもっともストーリー性に富むのは，ツアモツ諸島の例である」と述べたうえで，ここのツーナの伝承を紹介している。

私は，これにマウイが残した足跡と称される遺跡を加えたいと思っている（高山・甲斐山 1993：86-88）。その後，我々は遂にこの伝承を如実に示す足跡遺跡と鰻（海蛇）の形を示す遺跡が，ツヴァルのナヌマガ島の内陸にある礁湖にあることを知った（高山・齋藤・高山 2006：198-199）。東ポリネシアのオーストラル諸島の Rurutu 島にあるマウイ神話に付随した足跡はリーフの上にある

ように (Luomala 1949：136)，このタイプの遺跡は海岸にあるのが普通であって，礁湖の縁にあることは珍しい (高山 2000：45-55)。この海蛇跡といわれるものは，珊瑚礁の海岸部では普通にみられる窪みである。興味深いのは，1876年にナヌメア環礁の神話を書いた宣教師のTurner (1884：209) がこれに関連したことを報告していることである。それによれば，太古海蛇は直立して立ち上がるや，天空を持ち上げた。ここにはMaumau, Laukiti, Folaha，それにTelahiと呼ばれる主要な神々がいた。そして太陽はLaukitiの目であり，月は他方の目である。海蛇が天空を持ち上げた時，太陽が首尾良く運行するように6人の男性が毎日必要であった。太陽を上におくために2人が手伝い，2人が太陽を天頂に連れて行き，2人が太陽を西に降ろすことを手伝ったのである。同じことは月にもいえることであった。私が調査した限りではナヌメア環礁には海蛇の話はなくて，単に巨人が残したといわれる大きな足跡が海岸にある。Turnerはナヌメアとナヌマガ両島は距離的に非常に近くて，40マイル（約64km）しか隔たっていないので，ヤシの葉を燃やした松明で互いに連絡が取れると述べている。しかし，それほど近接していない。ともあれ，Turnerが残したこの伝承記録には足跡のことは触れられていないが，隣国キリバスの伝承では天空を持ち上げたのはリーキと呼ばれる鰻であったといわれている（Maude and Maude (eds.) 1994：29）。そして，アラヌーカ環礁に天空を持ち上げたリーキが残した足跡といわれているものが海岸にある（高山 1999：1-33）。参考までに付言すると，北部キリバス諸島の伝承では天空を持ち上げたのは巨人のリーキで，彼の両腕は天の川として今でもそのままの状態になっているだけでなく，落下した彼の体が砕けて沢山のアナゴになったという異説もある（Tiroba1989：67）。前記のアラヌーカの足跡にはこのタイプの伝承が付随している。

　話は戻る。Turner (1884：288) が述べるツヴァルのナヌマガ島の伝承では，天と地が交接していたのを引き離したのはサモアからカヌーで来た海蛇となっている。ところで，ツヴァル人やキリバス人の伝承が祖先の故地と述べているサモアには，海蛇の家は彼の家来の酋長達によって支えられているという伝承がある（Williamson 1938(1)：337）。Williamson (1933(1)：81) は，鰻や海蛇がその尻尾で人間の女性を犯して妊娠させて，それが自分達の祖先の起源であるというこのタイプの説話はポリネシアにみられる典型的なもので，いくつもの事例を挙げることが出来ると述べている。そして，マルケサス諸島では天空に1人で住んでいた少女の神に海蛇（puhi）が近づき，その尻尾で彼女を妊娠させた。生まれた息子は沢山の子供を生んだ。それが現代のヌクヒヴァ島民の祖先である。Williamson (1938(1)：82) は，上記のTurnerが記録したツヴァルの伝承をこのタイプのものとして引用しているのである。ツヴァルやキリバスはサモアなどと違って珊瑚礁なので，本来淡水の鰻は生息していない。従って，これらの島々では，鰻ではなく海蛇に変わることは当然のことである。しかし，火山島のサモアやマルケサスでは淡水の鰻がいる筈なのに，それをあえて海蛇としているのは，このストーリーが本来珊瑚礁島で誕生したものなのかとも思いたくなるが，目下のところこれ以上はなんともいえない。いずれにせよ，このタイプの伝承の源流が間違いなくマウイ神話にあることだけは強調しておきたい。

　ここで，巨人神話及びマウイ神話に付随する足跡遺構について触れておきたい。ツヴァルのナ

ヌマガ環礁に残された足跡遺跡については，マウマウと呼ばれる巨人の残したものであるといわれていることである。1876年にこの島のことを記した Turner（1984：288-289）は，ここでは2柱の主要な神（Foelangi と Maumau）がいてそれぞれの神殿をもっているという。そして，祭壇の下には死んだ酋長達や人々の頭蓋骨が列をなして並べられ，その上には真珠貝や他の貴重品が吊り下げられている。Foelangi は，彫刻の加えられていない長さ6フィート（約180cm）の墓石のようなもので表わされている。現在のナヌマガ島にはこのような遺構は見あたらない。ここでは死後の霊魂は天に昇天する。死者の頭は3日目に埋葬地に運ばれ，子供達が歯でもってこの頭蓋骨を綺麗にした。キリバス及びツヴァルの宗教遺跡については別稿で論じた（高山1989：1-20）のでここでは触れない。ただ，ここで触れなかった遺跡として，タビテウエア環礁にはベルー島にいた Kaitu という名前の戦士（Grimble 1989：87）と関係があるかもしれない石積みの遺構がある（Ainati and Timea 1997：36）。

そしてナヌマガ島の調査の後，私達はツヴァルのヌクラエラエ環礁における調査を行なった。この島にはツヴァルの他の島にあったものと同じような伝説上の巨人の墓があった。ただ，ここのものは数枚の平らな珊瑚板で出来た立派なものであった。村の人達の要望でこの墓を発掘する予定であったが，事態が急変して中止せざるを得なかった。

さてポリネシアでは，天空を現在の高さに持ち上げてくれたのはマウイの偉業となっているが，ミクロネシアのキリバスではこれを鰻のリーキが行なったことになっている。先述のように，この鰻のリーキが残した足跡はアラヌーカにあるが，ミクロネシアでは足跡遺跡はポーンペイ（Christian 1899：100），コシャエ（Ashhby（ed.）1997：75-76），グアム（Cunninghama 1992：116-117）から報告されている。これにはポリネシアの足跡とは一見無関係に思える伝承が付随している。特に，コシャエの場合は男女一対づつのものである。たとえ神話の筋書きが違っていても，ミクロネシアの足跡遺跡はポリネシアにみられた足跡を製作する習俗が伝播したものと私考している。そしてグアムで発見されている深靴形をした用途不明の遺物は（Thompson 1932：57-58），マウイの足跡説話と関係のあるものと私は考えたいのである。

ラロトンガ島で司祭が唄う詠唱歌では，人々が誕生したのは Avaiki-te-Vvaringa でそこから Iti-nui 以下の島々に渡ったことになっている（Luomaga 1949：169, 176）。そして，その時マウイが天を持ち上げた。そして彼が残した右足の跡は Iti-nuini にあり左足の跡は Iti-rai に残っている。キリバスではリーキが残した足跡の1つはタワラ環礁に，他の1つはマイアナ環礁にあると伝えられているが，我々のマイアナ環礁における調査では確認出来なかった（高山2000：47-48）。ツヴァルにも巨人が残したと伝えられる大きな足跡がニウタオとナヌメアにあるが，共に片方だけである。ヌーイ島のリーフの側で，海上に突き出している大きな珊瑚の岩を巨人伝説と結び付ける伝承も残されている。このような大きな足跡を西サモアでは「モソの足跡」としている。これと対になる片方の足跡はフィジーにあるといわれている（高山2000：48-49）。なお，サモアではモソは精霊の世界からくる家族の神であるともいわれているし（Stair 1983：223），トンガでこれは海の神として信仰を集めている（Craig 1989：75-76）。

第 4 章　東ポリネシアのヤシの実の起源説話　53

足跡に関する伝承はメラネシアにもある。メラネシアのソロモン諸島中のガダルカナル島には，往昔 Huari'i がこの島を釣り上げた時，Rohu の壁が裂ける音を聞いたため，それを持ち上げた結果，そこに彼が残したといわれる足跡がある（Fox 1925：289-290）。また同じくメラネシアのニューヘブリディーズ諸島の中のアニワ島民は，この島とその周辺の小さな島々を釣り上げたのは海蛇の化身 Matshikitshiki であると信じている。そして，これらの島々の海岸にはこの神が残した足跡が存在するという（Williamson 1933(1)：39）。ミクロネシアのグアムやコシャエ島の足跡遺跡に付随する伝承と比べて，この伝承はより確実にマウイ神話と関係があるといえる[註3]。

(上)ナヌメア環礁の割れ目　珊瑚礁の海岸ではどこでも見られる
(下)ナヌメア島の巨人の足跡遺跡　満潮時には水面下となる

話は戻る。近森正はヒクがマニヒキ島にヤシの木を植えた後，ハワイキに戻り妹とその夫のトアにその一部始終を語った。そこでトアらはマンガイア島に渡り住みつくことになったが，異伝ではトアはフェアトゥという者に変わっていて，近森をして両者が同一人物かどうかは現在の島の語り手は詳らかにしないと述べている。

しかし，この話はピーター・バックがラカハンガ環礁を 1929 年に訪れた時に見た，マニヒキ島が釣り上げられた時の様を描いた劇からヒントが得られる。ピーター・バックの正式な報告書の記事については先に紹介したので，ここでは彼の通俗的な本の記事を以下に転載しておく。

ラロトンガの漁夫のフクが海底にある島を発見した後，ラロトンガに帰帆した。島には老女ヒネ・イ・テ・パパが住んでいた。ここにマウイが訪ねてきて，明日兄弟達と釣りに来るから海底の島が釣れるように頼んだ。マウイが釣り糸をたらすと，彼女は以前フクが目撃した陸地をひっかけて釣り上がるようにしてくれた。フクがラロトンガから戻ると珊瑚礁は水面に大きく顔を出しているだけでなく，そこにはマウイが住んでいた。戦いが起きるとマウイは大地を蹴って空に飛び上がった。そこで大地はラカハンガとマニヒキに分かれてしまった。この出来事を証明するマウイの足跡がラカハンガ環礁の岩の上についているのである（バック 1966：88-92）。つまり近

森が聞いたトアやフェアトゥはピータ・バックのいうフクと同一人物なのである。ただフクの伝承にはヤシの木はすでにあったとする前提で話が進められている。これは前記のヒーナとツーナの悲恋物語となっているのである。また島を海底から釣り上げる説話は神の手によるものではなく，文化英雄マウイに帰せられるのが広くみられるタイプである。ピーター・バックはこの説話の起源は島々が人間によって発見された事実をことさら強調するための隠喩的方法であると述べている（Buck 1970：46）。マニヒキの伝承もこの範疇に入るものであることは疑いないであろう。もっとも，Kauraka が1975年から1977年にかけて，マニヒキ環礁出身で現在はラロトンガ在住の島民から採集した「Maui-Potiki and Hina-Poraria」と呼ばれる伝承では，救荒食料（nenu）伝来の起源説話は次のような内容である。

　往昔マニヒキに，Tongaiwhareと呼ばれた男とその妻Makuaiwhareと3人の息子が住んでいた。ある晩「最後に生まれた（末っ子の）マウイ」と呼ばれた末っ子のマウイは，両親が1本の巨大な柱が立っている場所で呪文「お，神聖な柱よ，開け」と唱えると自然に柱が2つに割れて，両親は地下界に降りて行くのを見た。そこで末っ子のマウイがそっと後を追いかけると，両親はそこで発芽したてのヤシの実を集めたり，その中のジュースを飲んだり，タロイモを食べていた。末っ子のマウイは両親に気づかれないようにそっと早めに帰宅した。ある晩末っ子マウイは，両親や2人の兄弟に見つかれないようにして，柱のあった場所に出かけて，呪文を唱えて入り口をつくりその中に入っていった。最初，3つのタロイモの畑が目に入った。そこにいた老婆を騙して，この畑の所有者を聞き出した。次に末っ子マウイは別の畑に行った。そこには3本の救荒食料である木（nenu）が生えていた。そこで末っ子マウイは，前と同じような方法で老婆からそれぞれの畑の所有者の名前を聞き出した。老婆は，見知らぬ侵入者が食べ物を盗みに来たことが分かると激怒した。末っ子マウイは自分のnenuの木がどれであるかが分かると，「Hinaporaria，気を付けて。今，貴女の目は光を取り戻そうとしているのですから！」と叫んだ。そして末っ子マウイは，自分の木の果実を1つもぎ採って，彼女の目に投げつけた。それが当たると目は治癒した。更に別の果実が目に当たると，彼女の両目は見えるようになった。「孫よありがとう。私は地上や地下にあるすべてのものをあなたにあげよう」と言って2人は抱き合った。末っ子マウイは祖母から授けられた魔法をもって帰宅したのである（Kauraka 1982：35-38）。

　ここでは末っ子マウイが祖母の目に向けて投げつけたものは救荒食料（nenu）となっているが，それが果実ということからヤシの実を念頭においての話のようにも思える。

　やや脱線するが，ポリネシア人は鳥や他の生き物の動作を見て驚異とか前兆などを感じた。ポリネシア人は，色々な神々を特定な鳥や生き物に結びつけることによって物事を制度化した。つまりこれらの生き物は神々の化身と考えられていたからである。マンガイアでは，神タネはmo'o（moho）と呼ばれる黒色の鳥の化身と見なされていた。神タネの部下が背いて待ち伏せの場所に案内されそうになると，mo'o鳥が彼の前方を横切って飛び，叱るような声で鳴く。これは神タネが部下に行かないように警告しているのである。色々な鳥や魚，それに蜥蜴さえも化身として崇められる。神聖化された祖先と神の化身と見なされる生き物との間にある程度の関係を

作り出す物語が一般的なのである。たとえば，マンガイア環礁では神聖化された祖先の Te A'ia は小川で殺された。そしてその血は 1 匹の鰻によって飲み込まれた。その結果，鰻は神 Te A'ia の化身と見なされた。この鰻は海中に入って，鮫に食べられる。するとこの鮫が神 Te A'ia の化身となる。個人的崇拝者達は化身となった生き物の動作から何らかの合図を読み取ることが出来ても，公的な予兆を解釈したり，予兆の特別な意味を作り上げたのは公的な神官達である（Buck 1970：19）。なお，ピーター・バックはこのような事象を「動物の表示（animate representavives）」と呼んでいる。

5　クック諸島プカプカ環礁

　昔，プカプカ島に夫婦が住んでいた。彼らは長い間幸福な生活を送っていたが，2 人の間には子供が生まれなかった。妻は夫の捕まえてくる魚をいつも食べていた。しかし，ついに彼女が妊娠すると好みがむずかしくなって，夫が運んでくる魚を食べなくなった。たとえ沢山の種類の魚を持ってきても，彼女はどうしても気に入らなかった。ある時，夫は多くの種類の魚を捕ってきて，妻の前に並べたが彼女はそのどれも好きでなかった。しかし，魚を入れてきた籠を叩いたところ，彼女が望んでいた 1 匹の非常に小さな特別な魚が出てきた。これを見つけた妻は，夫に「これが私が探していた魚です」と叫んだ。この魚とは淡水産ではない海の鰻のことで，名前はツーナ（Tuna）であった。ラロトンガでは Ata-teatea や Mamaru と呼ばれるが，大きくなっていない若いものは Takivaru と呼ばれる。これを彼女が食べているのを見た夫は，toa の木で釣り針を作った。また釣り糸を撚り，釣り針には餌をつけた。餌には，甘い香りをした植物の花（Tiare, Maire, Nau, Vavai など沢山の植物，それに Tamanu の花がこれに加えられた）が使われた。これらの餌を籠に入れて，鰻（ツーナ）のいる場所に出かけ釣り針に付けて垂らした。しかしツーナはなかなか釣れなかった。全部の餌を費やしてしまった彼は諦め，籠をつかんで振った所，釣り針につけていた木の花と一緒に待望のツーナが外に落ちた。早速，彼はこれを妻の許に運んだ。

　2 人がこの鰻（ツーナ）を切り割こうとした時，ツーナは彼らに「2 人に最後の挨拶をしたいのですが」と言った。。そして「私を食べる時には，頭を切り取って，2 人の家の戸口の前に埋めて下さい。それが成長し始めたら，揺さぶらないで下さい。同じことは次のような場合にも守って下さい。つまり，それが大きく成長した時にも，葉が出てきた時にも，木が大きくなった時にも，実を料理する時にも，実が熟した時にも，実が大きくなった時にも，実が熟して地面に落ちた時にも，そうして下さい。そして 2 人がヤシの実が非常に沢山生っているのを見た時には，これをすべての人に分けて上げて下さい」と言った。

　ツーナは 2 人にこの指示を与えた後，首が切り取られた。そしてそれは 2 人の家の戸口の前に埋められた。その後，2 人はツーナの指示を実行して見守った。木が生えてくると，それが完全に成長してヤシの実（nu-katea の種類）を生らせるまで，2 人はツーナの指示に従った。また実が地面に落ちるまで，これを注意深く保護した。勿論，実が沢山生るまで同じことをした。それ

から2人は，この世界のすべての島々の人々に実を配った。しかし，プカプカ島にだけはヤシの木がなかったので，2人はnu-pongaの種類のヤシの木を見つけて，ここの島民に配った。このためプカプカ島のヤシの実はこの種類のものになったのである（Gill 1912b：127-128）。

ある人の妻が，ある種の特別な不思議な魚を想い焦がれていた。夫は沢山の種類の魚を捕ってきたが，どれもが気に入らなかった。ついに呪文を唱え，鰻ツーナを釣り上げた。鰻が彼に，自分の頭を植えて，他の身体の部分だけは彼女に上げてくれるように頼んだ。やがて頭からヤシの木が生えた。その木のてっぺんの枝には2つのヤシの実，次の枝には3つ，その次の枝には4つ，以下次々と沢山の実を生らせた。そこで主人は東太平洋と西太平洋の各島々に向かってこれを空に投げて与えた。しかし，真ん中にあるプカプカ島には投げるのを忘れた。そのため，堅い乾燥したヤシの実だけがここに残ったので，ヤシの木が育つのが難しいのである（Beckwith 1971：104）。

なお，1934年から1935年にかけてプカプカ島環礁に滞在したビーグホール（Beaglehole 1938：81-82）夫妻もこれとほぼ同じ神話を採集している。しかし，その中には上記のGillの報告を補足する記事もみられる。たとえば，プカプカ島に本来ヤシの木がなかったのは，ヤシの実が分配された時，プカプカ島民が受け取ったのはしおれてしまったものだったからであるという。また一説によると，Lataの物語ではLaが非常に大きなシャコガイを分割した時，Laはプカプカ島のことを忘れていて，この島にはシャコガイが成長出来る岩しか与えなかったためであるといわれている（Beaglehole 1938：81-82）。

6　性的分業

なおついでに，近森のプカプカ環礁民の性的分業やタブーや世界観について書いた記事について，他の研究者による資料の紹介と補足をしておきたい。

近森（1996：343-344）が報告している，男女の性的分業や活動領域についの厳格な区分は，Bealehole夫妻の報告書には見当たらない。Beaglehole（1938：46）夫妻は男女が分業する仕事の内訳の一覧表を掲載し，かなり厳格な分業として女性が外海の漁撈活動をすることは稀であること，及び男子がタロイモに関する仕事に多く関わらないことであると解説文において述べている。しかしBeaglehole（1944：124）は別の著書『危険諸島』（この名称は1765年，バイロン船長がプカプカ島を"発見"した時，水没した危険なリーフや流れの速い海流がこの付近に確認されたことによる）で，男女共，タロイモ畑を耕作したり，肥料を与えたり，苗床を拡張したり，植え込みをしたりするだけでなく，男性は農作業の合間に時間が余るとラグーンで釣りをしたり，あるいは仲間達と珊瑚礁で漁をしたり，外洋に出て大きな魚を捕ったりすると述べている。

またBeaglehole（1938：46）は，リーフとラグーンでの漁撈はNgake村とYata村の男性の方がLoto村の男性よりずっと広範囲に行なうことが出来たと述べていている。また分業の項目には松明漁は，男女が時折一緒に行なうと記述している。知見では，ミクロネシのキリバスのタビ

テウエア環礁の松明を使ったトビウオ漁では，女性や子供が参加して松明が燃えるように手伝う（Luomala 1980：553）。また私は，ある日キリバスのタマナ島で日中に行なわれたトビウオ漁に参加して非常に驚嘆したことは，海中に見えるトビウオを追いけるカヌーの速さであった。カヌーの櫂を漕ぐ男性は2人で，先端には1人の男性が長い柄をつけた網でそれをすくい上げた。ラグーンが島の周囲に発達していないタマナのような，いわゆるリーフ・アイランド・タイプの島では珊瑚礁で囲繞された島（ラグーン・アイランド・タイプ）と違って，直接外海に流されることになるので，帆に頼ることはせずに常に櫂の人力に頼ることにしていると島民は説明してくれた[註4]。

なお調理時のタブーについても近森は報告している。すなわち，プカプカ島では男性が外洋で捕った魚は，女性は調理前手に触れることが許されないという。しかしOliver（1989：266）も述べているように，私が調査に訪れたオセアニアの島々においても魚は女性が切り身にして調理するのが一般的なので，プカプカ島は特異であるといえよう。

なお，特定の女性が手を触れてはならない食べ物についての習俗は太平洋の島々では普遍的に見られる（Pollock 1992：37）。しかし，このタイプのタブーはヤップでは生理中の女性は勿論のこと，これ以外の条件が科せられている。たとえば，このような女性は酋長達に魚を配るためのテーブルに近づくことさえもが許されない（Lingenfelter 1975：85）。東ポリネシアでは男性用の火と女性用の火が別々に決められていて，このことは料理の時に使用される容器にも適用される。このような区別は根本的には身分階級を表わしたり，あるいは特定の人々に地位の名誉を与えるためになされたものかもしれないが，太平洋を横断して西ミクロネシアのヤップにも似た習俗があるとPollock（1992：38）は述べている。

また近森は，この島ではタロイモの水田はもっぱら女性の仕事であり，水田を表わす言葉は女性の性器と同一であって，母胎を通して伝えられる生命や血の意味であることから，男性は水田に足を踏み入れるわけにはいかないと述べている。しかし民族学者Macgregor（1935：14）は，この島ではタロイモの水田は共同のものと，個人か家族用のものとがあった。そしてタロイモやヤシの実が盗まれないようにしたために，村の審議会の許可なしでは誰もここに立ち入りが出来ない厳格なタブーがあると述べ，更にこれらの収穫は男性が行なうが女性や子供も手伝う必要があると報告している。

Macgregorより数年前にプカプカ島に滞在していたFrisbie（1930：93-100）は「プカプカにおける性のタブー」と題した随筆を発表している。ある日，彼はタロイモの水田に向かう途中のTern嬢に遭遇した。彼女は成人になったことを示す腰巻きを身にまとっていた。彼女はそれを優雅に振って，彼に対して今やその中には性的なものが隠されていることを強調した。しかしこの随筆では，タロイモの水田に男子が入るのは厳重なタブー下にあったかどうか言及していない[註5]。

また，近森は男性と女性の領域が境を接する場所，すなわち水田の縁辺，海岸線，外洋の波が砕ける礁縁などは男女の接合・性交を意味するコニコニ（konikoni）という言葉で表現されるこ

とから,「こうして人々に文化的な意味のパターンを与えられたサンゴ礁の景観は,あたかも建築空間と同じように,人々に一定の行動基準を与え,社会的な関係や役割を明示する」と論述している。ただ,ここで留意しなければならないことは,たとえば平均的なアメリカ人やイギリス人が考える性(sex)とプカプカ人が考える性(sex)との間には,さまざまな感情的な面が非常に異なることを Beaglehole(1944:147-143)が力説していることである。つまり,彼によればプカプカ語の語彙を外国語に訳す場合,文化的隔たりを十分に考慮する必要がある。konikoni という言葉自体は,さまざまな文章中に常に混然として使用されている。この konikoni という言葉をイギリス人が英語の sex と訳すと—プカプカ人にとって性交の意味があるにしても—読者に非常に違った語感を与えてしまうと同時にプカプカ人がもっている心情とは非常に異なった感性のひずみを与えてしまう危険性がある。プカプカ人が性に没頭しているからといっても,逐語訳として性的な単語を使うことには否定的にならざるをえないと彼はいう。従って konikoni を訳す時には,むしろ同様な感情のトーンを示す単語(emotional feeling tone)を使うほうがよい。なぜならプカプカ人の使用する konikoni はイギリス人がいう「午後おそく出る軽い茶菓(afternoon tea)」程度の軽い気持ちの表現に過ぎないからである(Beaglehole 1944:143-144)。プカプカ語辞典を残した民族学者 Beaglehole は,結論としてプカプカ人の文化は感覚的であって官能的ではないと強調しているのである。民族学者ならば,ここでポリネシア人のセックスについて学問的な視点から研究したベンクト・ダニエルソン(1958:56)の言葉「ポリネシアでは「愛」とは形而上的な実在ではなくて,遊技である。そして実際そこの住民たちは,性的な交わりをいうのに「遊び」とか「慰め」とかの言葉を用いている」を思い出す。

　ポリネシアのタヒチでは農耕の労働における男女の区別ははっきりと分かれていないが,大がかりな伐採などは男性が担当した。ここでは時には女性が戦闘に参加しているのである(Oliver 1974:602)。西サモアではタロイモなどの農耕には男性が従事する(Grattan 1985:161;Mastern-

掘り棒でタロイモの塊茎を掘るアメリカン・サモアの男性
彼は掘りあげたタロイモの茎もこの掘り棒で植えつけていた。タロイモを掘る棒は、このような先端を尖らせた5フィートから6フィート(約150cm～180cm)の棒であるが、茎を植えつける棒はこれより太く先端の丸くなったものを通常は使用する(Buck 1930:545)

man 1977 : 25)。メラネシアについていえば，1844 年にフィジー諸島の Cacuata 島を，カトリック教の布教のために訪れたフランス人達の残した記録が 1952 年に発見された。それによれば，ここでは男子がヤムイモ，タロイモ栽培などのすべての農耕に従事している（Gardere and Routledge 1991 : 45）。東ミクロネシアのキリバスではババイの管理は女性にまかされている（Grimble 1933 : 2-3）。キリバスに隣接するマーシャル諸島でも現在ではタロイモ水田によって栽培しているが，本来は男性の仕事であった（Bikajle 1960 : 137）。中央及び西ミクロネシアの様子は島によって異なる。ポーンペイでは男女共にタロイモ栽培を行なうが，ポリネシアン・アウトライアーの住むカピンガマランギ環礁島では女性が従事する（Mahony 1960 : 108）。チューク諸島とその離島のモートロック諸島では，タロイモの栽培は往昔は男性が行なっていたが，チュークの西方にある珊瑚礁島（ナモヌーイトからプルワット）ではもっぱら女性が担当していた。しかし，Hall 島では男女が共同して行なっていた（Mahony 1960 : 72）。これらの珊瑚礁島では島の中央部の窪んだ場所が水田に利用された（Mahony 1960 : 78）。興味深いことに，ヤップの離島のオレアイ環礁島では，「女性のように歩き話しをする」男性もタロイモ栽培を通常行なってもかまわないし，このようなホモセクシャルの男性に世話されたタロイモの方が早く成長し，ずっと美味しいと考えられている（Alkire 1968 : 282）。ミクロネシアでもタロイモの耕作に際しては，いくつかのタブーが課せられていた。たとえば，ロサップとプラップ両島では性交渉を慎むが，他の島にはこの種のタブーはない。なぜなら珊瑚礁島の女性はほとんど毎日，水田に足を運ぶのでこのような制約を遵守することは不可能なことであった。また魚を捕ったり，それを食べた直後に水田に出かけることはタブーであることはどこの島にもみられた。体に臭気が残っているためである（Mahony 1960 : 91）。

7 女性の領域と男性の領域及び神話における「イルカとタロイモ」

　ところで，既述のように近森はプカプカ島民の世界観として水田は湿っていて女性の領域，ヤシの木は乾いているので男性の領域として区分されているとしているが，Bealehole 夫妻の報告書にはこのような習慣についての言及はない[註6]。

　興味深いことには，人間の体は Vari の体のいろいろな部分を引き抜いて創造されたとする神話がマンガイア島にある。Vari はタロイモ水田の泥のことであるので，このことは植物の潜在的成長を暗示していると解釈されている。そして水田で生長する水生植物は男性の生殖力であって，この力は地滑りの時に見られる崩落土の中にある赤い粘土を産む。ここから最初の人間が誕生したのであるとマオリの神話は述べている（Burrows 1938 : 69）。

　これに関連したテーマにつき，オセアニアにおける他の地域の民族学的資料を通観すると，ニューカレドニアではヤムイモは「乾燥した作物」であるのに対して，タロイモはこれに比べて「湿った作物」と見なされいる。そしてヤムイモの塊茎は男根，タロイモの三角形の塊茎は女性の陰部と見なされている。このことから「女性の湿った畑」と「男性の乾いた畑」の観念が生ま

れることになるし (Barrau 1965：337)，これに近い性的区分はメラネシアの他の島々だけでなく，ミクロネシアのポーンペイにもあると Oliver（1989：205-206）は述べている。しかしポーンペイの場合，ヤムイモの植え付けも収穫も男性の仕事である（Bascom 1965：104）が，この仕事に熟練した女性の中にはこれを手伝う人もいる。男性が1人で行なうのは，他の人に栽培方法を見られないためである（Bascom 1965：102）。従って，ポーンペイではヤムイモはニューカレドニアにおけるような性的意味は明白ではないような気がする。ただヤムイモがよく生育するようにと，男性はこれを植える前の10日間とヤムイモの蔓をくくりつける前の10日間は性的交渉を控える（Bascom 1965：89）。しかし，ヤムイモを植えた人は当日だけ性的交渉が禁じられているという報告もある（Mahony and Lawrence 1964：8）。ヤップではこのようなタブーはヤムイモ栽培開始前の2日間にわって課せられている（Defngin 1964：1）。

なお，ヤムイモはサンゴ礁島のサンゴの土壌では生育しないので，理論的にはヤムイモ自体を男性と見なす発想は生まれないことになる。興味深いことにサンゴ礁島では，ヤムイモに取って代わる大切な食料であるタロイモに重要な信仰が付随している。東ミクロネシアのキリバスではタロイモの一種ババイ栽培は女性も手伝うことがあるが，男性が耕作する。キリバスの伝承によれば，イルカは本来はプラーカであったが，イルカに姿を変えてタラワ環礁からアロラエ島に泳ぎ着いて，ここでプラーカに戻った。つまりアロラエ島のババイは女神 Nei Tituaabine が自分を崇拝する人達の1人に，夢でもってイルカが来るがその本来の姿はババイであると教えたいうことになっている（Luomala 1980：553；1977：201-211）。Luomala（1977：201）の研究によれば，キリバス以外にもクジラ目の生き物とタロイモとを結びつける島が2つあるという。その1つは西ミクロネシアのオレアイ環礁島である。ここでは女性はタロイモ栽培，男性は漁撈に従事する。女性は生理が始まると隔離が厳しくなる。ただイルカが捕獲されると，この隔離は一時的に緩和される。理由はイルカは"ある意味で"女性と見なす心理が働くからである。この結果，通常の性的役割は逆になる（Alkire 1968：280-289）。従って，キリバスでイルカと水田で栽培するタロイモを関連づける点ではオレアイと共通している。

なお，キリバスのアロラエ島には本来オレアイで語られているような筋書きの伝承があったが，いつの間にか中途半端な話に変化して残存しているのではなかろうか。キリバスでは，女神 Nei Tituaabine はアカエイの姿をして泳いでいると先に述べた Nei de Tuabine と同意義である。ついでに付言しておくと，キリバスではイルカが捕獲されても僅かな量の時には，老女は別にして若い女性は少しでも口にすることは許されない。これを破ると歯が腐るといわれている。しかし，多量に捕獲された時には腹一杯食べることが許された。これは，イルカのような素晴らしい食べ物が少量の時には分配するうえで制限せざるを得なかったことに起因しているのであろうと Grimble（1933-4：22）は述べている。ただ Luomala（1977：209）は，オレアイの調査で Alkire が観察した男性と女性，漁撈と耕作，海洋と陸地，という二分法（dichotomy）的な概念モデルはキリバスの事例には適用出来ないと述べている。というのはキリバスではオレアイの場合と違って，この種の結び付きは神話の中にみられるだけだからである。

なお，このテーマに関連して西カロリン諸島ベラウの様子を一瞥しておく。田辺悟は，土方久功がベラウで戦前採集した説話を紹介している。すなわち，昔老婆が川で水浴しようと飛び込むとジュゴン，つまり人魚（メセキュー）になってしまった。やがて彼女は海に出て岩山にたどつき人魚の子供を産んだ。そして人魚はタロイモの花を持っている，といわれている話を紹介している（田辺2008：139）。最後になって唐突とも思えるような形でタロイモが登場するのは，他の島で語られている「イルカとタロイモ」の話の筋書きの一部が残片となっているものと解釈出来るかもしれない。なお，田辺自身によるベラウにおける調査では，神聖であるため食べてはいけない木の実をある母子が食べてしまい，それを恥じて海に飛び込み人魚になったと伝説があるという（田辺2008：142）。また，ベラウ人自身が調査して1995年に書いた本によれば，この話の筋書きはかなり違っている。娘は妊娠後，母親から食べないように命じられていた禁忌の魚コバンアジ（keam）を食べてしまったため，叱られて海中に入ってジュゴンとなったという。そこで母親は娘のことを記念するため，パラワン・マネーを製作した（Temengil 1995：32-33）。2004年に刊行されたこの本の増補版では，首都コロールにあるこの話の舞台であるNgerielb村でホテルの建設のため遺跡が清掃された時，パラワン・マネーが発見されたという（Temengil 2004：51）[註7]。

クジラ目の生き物とタロイモとを結びつけるもう1つの島はメラネシアに住むポリネシアン・アウトライアーのティコピア島である。ここではクジラ目のような生き物が海岸に打ち上げられると，Kafika氏族の者はタロイモの一種カペと一緒にこれを埋葬する。これは，この生き物は神の化身であるが，それは同時に精霊と儀礼的関係をもつと考えられているカペでもあるからである（Firth 1967：559）。このように3つの島の間には不一致もある。しかしLuomala（1977：209）は，オレアイとティコピアにおけるタロイモとイルカの結び付きと信仰や伝承や行動様式の確実な補助的要素はキリバスの事例を想起させるので，将来は更なる適切な比較研究が不可欠であると述べている。なお付言しておくと，ババイは海中ではイルカに変身し，陸に上がるとババイに戻るというキリバス人の考えは，人間も神も（それらは生者や死者とは無関係である）陸地から洋上を経て地下にある世界まで旅行が出来ると信じられていることによる。換言すれば，この地下世界ではイルカや他の魚だけでなく人間もババイも他の植物も皆地上と同じような環境のもとに存在していると考えられているのである（Luomala 1977：211）。ティコピアやオレアイの場合と同様キリバスでもイルカを積極的に捕ることはなく，たまたま陸に打ち上げられたものを食用とするだけである（Luomala 1977：211）。しかし，同じ環礁民でもマーシャル諸島民のように，リーフの外側までイルカ漁に出かける場合もあるし（Sabatier 1977：118），またメラネシアのマライタ島のように高い島でも石の音で追い込む漁法もある（秋道1995：95-97）。なおミクロネシアのカピンガマランギ環礁島民（Emory 1967：558）やメラネシアのティコピアなどでは，陸に打ち上げられたイルカは，肉の豪奢なものと見なしている（Luomala 1977：211）。キリバスやツヴァルでは，他の島と同じようにイルカの歯を装身具にすることが普通であって，これは発掘でも出土する（e.g Takayama and Takasugi 1988：Pl. 34, c）。両国の発掘では，イルカの脊椎骨はどこでも

検出されるものであるが，クリア島では1体分に近い量の骨が一カ所から出土した。

更に付言するならば，キリバスのアベママ島の男性とマイアナ島の女性がイルカの文様の入れ墨をしていたが，西カロリン諸島民の男女も同じような文様の入れ墨をしている。これらはイルカのトーテムと結び付いていたかもしれないと想定されている（Luomala 1977：209）。

8　珊瑚礁島のキルトスペルマ（Cyrtosperma）

ここでプカプカで栽培されているタロイモの一種であるキルトスペルマ（Cyrtosperma）について触れておく。

オセアニア人にとって大切な食料の1つに，いわゆるタロイモと呼ばれるサトイモ科の塊茎の農作物がある。一口でタロイモというが，種類は2つに大別される。ポリネシアでは一方のColocasia が重視されるが，ミクロネシアでは他方のキルトスペルマ（Cyrtosperma chamissonis (Schott) Merr.）が重要な食料となっている。もっとも，これはメラネシア（ニューギニアの北部海岸，ソロモン諸島，フィジー）及びポリネシアでも食料となっている。この作物の名称はポリネシアのクック諸島，トケラウ諸島，それにサモアでは pulaka, puraka, pula'a など同一の呼び名である。サモアの北方にあるツヴァルでも pulaka，またポリネシア人が住むポーンペイの離島カピンガマランギでも puraka である（Massal and Barrau 1956：6）。また Bates and Abbott (1958：83) によれば，ヤップの離島イファルク環礁では pulach と呼ばれる（ch は x に近い音に聞こえる）。しかし，ツヴァルの隣島のキリバスでは babai，さらにその北方にあるマーシャル諸島では iaraji ないし iaratz と呼ばれる（Murai, Pen and Miller 1958：91）。参考までに記すと，キリバスとマーシャル諸島の住民はミクロネシア人である。同じくミクロネシア人の住むポーンペイでは muhang である。また更に，メラネシアのマライタ島では kakake，ヴィティ・レヴ島では viakana，ポリネシアのタヒチでは maota である。興味深いことに，通称ジャイアンツ・タロやスワンプ・タロと呼ばれるこのキルトスペルマ（Cyrtosperma chamissonis (Schott) Merr.）はインドネシア起源と考えられている（Sproat 1968：21）。またこれの原郷は東南アジアで，インドネシアからミクロネシア経由で拡散したともいわれている（Pollock 1992：242）。

珊瑚礁島における Cyrtosperma は，島の内陸部の地面に大きな穴を掘って，湧き出る自然の地下水を利用する栽培方法である。従ってこの耕地は「沈んだ畑（sunken garden）」とも呼ばれる（Murai, Pen and Miller 1958：90）[註8]。

既述のように，イファルク環礁島で調査を行なった Bates と Abbott は，これほど珊瑚礁に適応した栽培方法はないと驚嘆し，現代の「文明人」がすべての科学を動員してもこれを改善したり変更することは出来ないと賞賛している。

しかし，水田は太平洋の他の島と同様，ここでも島の中央部にある沼地が利用されている。何世代にもわたって使われてきているので，どこまでが「自然」で，どこまでが「人工」なのか判断できないと述べている（Bates and Abbott 1958：83-84）。

一般に，高い島では自然の沼地が利用されたが，珊瑚礁島では人為的に掘って水田をつくったとする意見もある（Murai, Pen and Miller 1958：91）。マーシャル諸島では，1900年代に掘られた水田が最後であるといわれている（Pacific Science Board 1951：21）。

ツヴァルのヌーイ環礁島で1994年に，先頃1人の男性が1年間かけて掘ってつくったというかなり大きな水田を見たことがあ

ニウタオ島のプラカの水田

る。実際，キリバスのマキン島やツヴァルのヴァツプツ島などの島の中央にある水田は，本来は低平な島であるはずなのに，あたかもかつて丘があったのではなかろうかという錯覚を受けるほど高い場所にしかも広範囲に存在している。

9 ソサエティ諸島

説話（i）

ソサエティ諸島ではライアティア島でこの種の説話が採集されている（Henry 1928：97-98）。

昔，Tii という名のタヒチ出身の男がリーワード諸島（ソサエティ諸島西部の島群）に向かって旅行をした。小さな Ma-pihaa 島の Faatoro-i-manava と呼ばれる泉の中で，彼は1匹の若い鰻を見つけた。彼はこれをペットとして捕まえてシャコガイの中で飼うことにした。彼は，この鰻の他に1本の小さな fara の植物を採って Mau-piti に行った。彼は，鰻を水を入れた竹の節の中に入れてライアティア島に到着するまで旅行を続けた。ライアティアでは彼は鰻と fara 植物を置くための隔離された場所を探した。そしてようやく Te-mehani の水溜まりの中に，それらをしまっておいてもよいという許可を得た。彼は鰻と fara 植物を自分の子供と見なして，前者を息子，後者を娘と呼んだ。ライアティアに彼は1，2年間滞在した。その間，彼はこれらのペットを見るためにここをしばしば訪れた。ペットはどんどん成長して華麗になった。しかし，ついに彼はペットにさようならを言う時がきた。そこで彼は，fara の木に鰻の面倒をみるように言いつけ，また鰻にはいとしい fara の木と一緒にいるように言い渡した。そして彼は鰻と木に強い愛情をもったままタヒチに帰った。

彼は自分のペットを見るためにときどきライアティアに戻ってきた。島に近づく時には，クレーター（凹孔）の上空を舞っている海鳥が見えるので，これによって鰻が無事であることを知った。しかし運の悪い日があった。その日，数人の鰻を捕る漁師が，飛んでいる鳥から見て，

Te-mehaniの水溜まりには魚がいる筈だと注目した。そして彼らが水溜まりの下を見たら，なんとそこにはfaraの木の下から外に向かって頭を出した大きな鰻が横たわっていたのである。そこで彼らは，長い太い紐の先に強靭な貝製の釣り針と餌をつけて水溜まりにおろした。すぐに彼のペットの鰻は釣り針にかかった。しかし，引き上げようとしたが，鰻はfaraの木にべったりとくっついて離れなかった。しかもfaraの木も鰻をつかまえて，保護している自分の脚を長く伸ばした。その結果，faraの木は恐ろしくゆさぶられた。そして鰻と一緒にそっくり引き上げられるような危険な状態になった。妹であるfaraの木を救うために，鰻はつかまえていた手をゆるめたため，木から離れてしまい，ついに2人の漁師に捕まって殺されてしまった。ここに哀れな鰻の幸せな生活は終わってしまったが，faraの木はこの伝承を証明するかのように依然として立っている。

　Tiiがライアティアに戻ってきた時，遠方からペットの鰻が捕まってしまったことを知った。なぜならクレーターの上空に海鳥が舞っていなかったからである。悲しい結末を聞いた彼は涙を流した。そして嘆き暮らした彼はついに悲しみから死んでしまった。今日，クレーターから出た溶岩に沿ってある数個の長い割れ目は釣り糸が押しつけられた跡だといわれている。

　説話（ⅱ）

　往昔，タヒチ島のPapeuririに大変美しい王女がいた。彼女は最高の家柄の娘で，その天上界の保護者である太陽と月は彼女をヒーナと名付けた。彼女は成人に達するや，光を発していっそう美しい女性になった。太陽と月はヒーナがヴァイヒリア湖の王に嫁ぐように決めた。ヒーナは2人の女中を従えて嫁入りすることになった。結婚式の当日，ヒーナは美しく着飾って花婿の許に向かった。花婿が下り坂を降りてくるのが見えた。しかしヒーナが見たものは巨大な鰻で，その長さと大きさは高いヤシの木と同じくらいもあったのだ。鰻の名はFa'arava'aianuで，それはヴァイヒリア湖の王であった。おお，それが美しいヒーナの新郎になろうというのであった！恐怖に打ちひしがれたヒーナは両親を振り返るや「私に人間でなく，化け物と結婚せよと言うのですか。貴方達はなんと残忍なのでしょう。私は自分で自分の助けを求めます」と叫んだ。かくしてヒーナは谷間から家に帰ってしまった。家に着くと，人々はヒーナが帰ってきたことを知って驚き，そのわけを尋ねた。ヒーナの悲嘆と失望のわけを知った人々は，彼女に同情した。ヒーナは皆にさようならを言って，カヌーでここを去った。ヒーナは，信頼のおける家来と一緒にタイアラプのヴァイラオにいる偉大なマウイに援助を求めて旅立ったのである。マウイは太陽を罠で捕まえて，その運行を支配した英雄として知られていた。ヒーナらは丁度夜明け前にそこに到着した。

　マウイの洞窟に入ったヒーナは，彼が外出中であることを知った。しかし，マウイの妻に温かく迎えられた。すぐにマウイは戻ってきた。そしてなぜ自分達の暗い住処に明るい光が輝いているのかそのわけを尋ねた。それはヒーナの光ですと妻は答えた。かくしてヒーナはマウイに歓待されることになった。そしてマウイはヒーナに，ここにきた用向きを尋ねた。ヒーナは，私をこ

こまで追いかけてきて，自分の妻だと主張するヴァイヒリア湖の王である，ぞっとするような化け物からどうか守って下さいと懇願した。このヒーナの話が終わらないうちに，鰻王がサンゴ礁を壊して水路を造り，こちらに向かってくるのがマウイには見えた。驚いたマウイは，直ちに2つの石の神を絶壁の上に置き，また斧を研いで，釣り針を使えるように準備をした。鰻が海岸に近づいて来ると，マウイは魅力的な餌を釣り針の上に置いて，それをヒーナの毛で結び付けた。次にマウイはこれを海中に投げ込んだ。鰻はこの釣り針と餌を飲み込んだので，マウイは鰻を海岸に引き上げた。マウイは鰻の大きな頭を切り取って，樹皮布にくるみ，それをヒーナに差し出した。そしてヒーナに「家に着くまでこれを手にしっかり持っていて，決して途中で下ろしてはいけない。家に着いたらこれを神殿（マラエ）のある場所の中央に植えなさい。この鰻の頭は貴女のためになる大きな宝物を持っているのです。その宝物から貴女は，食べ物や飲料水，それに家を建てる材料を確保出来るのですから」と言った。そして魔法のおかげで軽くなった大きな包みをヒーナに渡した。

しかしヒーナと付き添いの女中は途中でパニと呼ばれる場所まで来ると，そこで素敵な深い水の流れている場所を見つけたので，ヒーナは水を飲みたくなった。そこで，ここに大きな包みを地面においてから，2人は沐浴して水中に潜ったり泳いだりした。やがて大切な包みを地面に置いてしまっていたことにヒーナは気づいて，急いでそこに戻ってみると，なんと樹皮布は取り除かれていて，鰻の頭は真っ直ぐに立っているだけでなく，地面に根を張っていてしかも芽を出していたのである。つまり鰻の頭は若いヤシの木に変身していたのである。ヒーナは，帰ったら神殿のある場所に植えなさいとマウイの妻に言われたことを思い出した。ヒーナは激しく泣いた。すると，この土地で高い身分に属する1人の女性がヒーナに近づき，泣いているわけを尋ねた。ことの次第が分かると，この女性はヒーナに「心配することはありません。ここは私達の土地ですから。貴女の新しい木が成長するのを見届けるために，ここにしばらく滞在していてはどうですか。この木は貴女のものですからね」と言って慰めた。ヒーナはこの申し出を受け入れた。この家でヒーナは，ハンサムな彼女の2人の息子に会った。弟の方は新しく生まれた木を見に出かけて，それに沢山のヤシの実が生っているのを見つけた。ヒーナはそれを採って，外皮を剥いて彼の母親に差し上げた。そして兄を Mahana-e-anapa-te-po'ipoi（朝輝く太陽），弟を Ava'e-e-hiti-te-ahiahi（夕方昇ってくる月）とそれぞれ名付けた。その後，ヒーナは兄と結婚し，生まれた子供を Te-ipo-o-te-marama（月のペット）と名付けた。しかし彼はすぐに死んでしまったため，ヒーナは弟と再婚して娘をもうけた。ヒーナは兄のことがどうしても忘れられず，この娘の名前を Te-ipo-o-te-here（最愛な人のペット）と名付けた。

ある日，2人の姉妹は手に熟したヤシの実を持っていたので，虹の神に捕まり，虹を通ってツアモツ諸島のアナ環礁のタカ・ホロに連れていかれた。そして妹は，自分のヤシの実には液体が入っていないことが分かったので，姉の知らないうちに姉のものと自分のそれを交換した。このことは神々を不愉快にさせた。彼女に芽を出しているヤシの実を落すように言ってから，彼女を雲の中に連れ去ってしまった。以後，彼女の消息は不明である。かくして兄との間に生まれた子

供 Te-ipo-o-te-marama は，アナにおいてはヤシの木の唯一の所有者となった。かくしてツアモツ諸島の各地に見られるヤシの木はここが発祥地となったのである。この元になったヤシの木は，他のヤシの木よりひときわ高くそびえていたが，1906年2月8日のサイクロンで3つに割れて，海上に流れ去ってしまった。

一方，ヒーナは，時には Tai'arapu にいたり，また時には Pape'uriuri にいたりして，ずっと夫と幸せに過ごしたし，また沢山の子孫をもった（Henry 1928：615-619）。

説話（ⅲ）

タイツアはヴァイアリの深い所にあるテオフと呼ばれる小川で水浴をしていた。彼女はそこで1匹の鰻と遊んでいた。しかし鰻が彼女を追いかけだしたので，彼女は逃げだした。鰻を捕まえるために罠が仕掛られ，鰻は捕獲された。夜になると，夢の中に鰻が現われて，彼女に自分の頭を埋葬せよ，そうすればそこからヤシの木が生えてくるであろうと告げた（Beckwith 1971：103）。

10　ツアモツ諸島

説話（ⅰ）

ツアモツ諸島のアナナ島の説話は，ヒーナは鰻のツーナと相思相愛の関係にならない次のような特異なものである。

マウイと彼の家族はハヴァイキに上陸してそこに住むことにした。ある日，マウイはタネ・ヌイ（巨大なタネ）の土地に出かけた。ここはヴァヴァウの近くにあった。ここはカウツ氏族の土地であると同時に，彼らの偉大な戦士ツーナ・テ・ヴァイ・ロア（永遠の沼の偉大な鰻の意。以下，ツーナと記す）の土地でもあった。ツーナは当時，そこに彼の女，ヒーナ・ツアツア・ア・カカイ（物語の中で月光として有名なの意）と一緒に住んでいた。彼女はティキの娘であったが，ツーナが妻として不当に捕まえてきたのであった。つまりヒーナが彼女の義理の両親との口論から，カウツ氏族の土地に逃げてきたところで，ツーナが捕えて自分の女したのである。しかし，ヒーナはツーナに厭きてしまって，新しい恋人を求めてタネ・ヌイの土地から脱出した。ヒーナは自分を愛人にしてくれる者を探したが，ツーナの復讐を恐れて誰もがこれを断った。しかしマウイはツーナを恐れずに，彼女を愛人にした。マウイの父親アタランガと母親フア

ニウタオ島の集会所とヤシの木

ヘガはすぐにこのことを知って，面倒が起こることを心配して，マウイにヒーナをツーナに返すように説得した。なぜならツーナは強力な戦士であったからである。しかしマウイはこれを拒否した。

　ツーナはヒーナが家に帰ってくることを期待していたが，なかなか帰ってこないため探しに出かけることにした。ツーナが出発の支度をすると，すぐに空一面に暗いぞっとするような雨雲がたれこめた。やがてツーナはマウイがヒーナを連れ去ったことを知って，彼と戦う決心をした。ツーナのこの計画を途中で知ったマウイの兄達は，マウイに警告するために彼の許に戻ってきた。このことを知ったマウイはヒーナにツーナとはどんな男か尋ねた。ヒーナはツーナとはとてつもない生き物で，非常に頑丈な体格で計り知れないほど強く，激怒した時には恐ろしいと答えた。そして更に，ツーナにかなうものは誰もいないでしょうとも言った。しかしマウイはこの言葉を問題にしなかった。

　一方，ツーナはタネ・イティの土地に到着した。そこでツーナと出会ったタネ・イティは，どこに行こうとしているのかと彼に尋ねた。自分はマウイと戦うために出かけるのであるが，マウイとはどのような男か，一体大男なのか小さい男なのかと聞いた。マウイは大変頑丈な力強い体格をした男ではないとタネ・イティは答えた。タネ・イティは更に，マウイは大きくなく小さな男であるが，堅固なこぶの多い筋肉をしているだけでなく，大変敏捷でそれは非常に軽い足どりであると付け加えた。これを聞いてツーナは驚いて，マウイとは自分と同じように大男だと思っていたと言った。ツーナは自分はマウイより強いことが今では分かったので，この悪臭を放っているふんどしの臭いを彼にかがせようと叫んだ。そしてこれで彼をやっつけようと言った。

　その後，ツーナはついにタネ・ヌイの土地に到着した。そこでタネ・ヌイに出会った。ツーナはタネ・ヌイにもマウイとは一体どのような男かと同じような質問をした。前に会ったタネ・イティと同じような返事をタネ・ヌイはした。これを聞いたツーナは非常に喜んで，これでマウイを殺すことは容易であると思った。

　ツーナは波の上をすべってハヴァイキに向かった。この時，空全体が真っ暗になった。これは，ツーナが海の巨大な寄せ波に乗ってここに向かっているに違いないとヒーナはマウイに言った。何だってとマウイはヒーナに聞いた。ツーナが接近しているので戦いの準備しなけれらならないとヒーナはマウイに伝えた。そして，暗黒の空が晴れ上がった時には，ツーナはこの土地に来ている筈ですとヒーナは叫んだ。マウイは兄達に援助を求めた。マウイらは海岸に降りて行ってツーナの到着を待った。空が明るくなると，ツーナが海岸に立っているのが見えた。ツーナは海岸の縁に自分を待ち受けているマウイ・ティキティキがいるのを見つけた。

　どこで戦うつもりかとツーナはマウイに怒鳴った。ここだとマウイは叫んだ。次に，ではどちらが先にしかけるのかとツーナはマウイに聞いた。お前の方が先だとマウイは答えた。するとツーナは彼の3つの大きな波に向かって，積み重なって島より高くなるように命じた。最初の波はマウイを流したと思われたが，波が引いた後にはマウイは平然として立っていた。2番目の波は前の波より大きかった。マウイはそれに流されたが，自分の神殿から持ってきていた神聖な石の

板にしっかりとくっついていて助かった。怒り狂ったツーナは3番目の波を呼んだ。これでマウイの悪臭のする腹部を破裂させると考えたのだ。しかし，ツーナの計画を知っていたマウイは，またこの神聖な石の板につかまって助かり，更にこれを波と一緒に乾燥した陸地に向かわせた。これを見たツーナは直ちにこの石の板を追跡して捕まえた。しかし海の水が引くと，ツーナは水のない場所に取り残されてしまっていた。この時，マウイは彼の側に立って，次のように言って彼をあざけった。お前は，マウイ・ティキティキの塊のような形をした頭を見たであろう。それはお前にはなんとも出来ないのである。なぜならそれは，ハヴァイキから持ってきた超自然の力をもった半神半人であるからである。

かくしてマウイはツーナの身体を小片に切断しはじめた。脚や腕を切り取るとツーナはその度に断末魔の叫び声を上げた。次にマウイはツーナの勃起した陰茎をつかまえて切断した。ツーナによって激情の最高潮に達していた時にヒーナは，ツーナの勃起した陰茎を自分の穴に挿入していたのであった。ヒーナ，これはお前のものであるとマウイは叫んで，切断したツーナの陰茎を彼女に与えた。最後にマウイはツーナの頭を切り取った。

そしてマウイの手によってついにツーナは死んだ。ツーナの身体は残っていた。マウイはそれを海に運んで長くなるまで引っ張った。するとそれはアナゴになったといわれている。ツーナの頭はどうなったかといえば，それはマウイ・ティキティキによって切り取られて母親のフアヘガの許に運ばれた。彼女はこれを皆の家の隅に植えた。するとこれは成長して「空までとどく高いヤシの木」になったといわれている（Stimson 1937：37-41）。

説話（ⅱ）
以下の説話も上記のものと同系の説話である。

ツアモツ（パウモツ）諸島のナプカ島（旧名 Te Pukamaruia）民は，彼らの島にヤシの実が導入された経緯について次のような伝承をもっている（Audran 1918：134）。それは鰻（ツーナ[Tuna]）の頭から芽を出したものに他ならない。鰻は半分が人間で半分が魚であった。これを有名なマウイ神が殺して，その身体から頭を切断した。マウイ神は，妻ヒーナに手伝ってもらってこの頭を地中に埋めた。すると，不思議なことにツーナの頭から芽が出てきて，やがてヤシの木に成長した。

なおナプカに最初にヤシの木が導入された歴史は，西方から（多分それはタヒチと想像されるのであるが）ヌヒアという名の娘とカヌーで渡ってきたマヒヌイという名前の男が持ち込んだといわれている。しかしカトリックの宣教師もヤシの木を植林している。

11　ガンビア諸島マンガレヴァ島

マンガレヴァ島では鰻（tuna）は他の地域と違って人間と見なされてきた。その名前は Tuna-mairoiro で，高位の酋長であった。彼は殺される前に，自分の頭を埋めてくれと頼んだ。しか

し，1934年にP. H. バック（Buck 1938：312）が調査した時には，どうして彼が殺されることになったかの理由についての詳細な情報はここでは得られなかった。ただ，ヤシの実がTuna-mairoiroの頭から生じたことを伝える歌だけは伝えられていた。この歌はツーナの頭に関してが始まりである。それからツーナの身体に移り，第4番目の詩句からツーナの身体がヤシの実になるのである。興味深いことに，バックにこの神話を教えた情報提供者は，他の島々ではツーナが魚であることを知っていたのであるが，それでも彼はマンガレヴァではこれを誇りをもって人間と見なしていたという（Buck 1938：312）。

以上のように，恋人である鰻（tuna）の頭からヤシの木が生まれたという，ほぼポリネシア全域に普遍的にみられる神話が，たとえ簡略化された形であるにせよ，マンガレヴァ環礁で認められることは重要である。なぜなら，環礁島には川がないため，このような神話があっては理論的におかしいからである。この点についてバック（Buck 1938：313）は，淡水産の鰻が棲む永続的な淡水の小川のないマンガレヴァにこの種の神話があることは，マンガレヴァ人がヒーナと彼女の恋人鰻ツーナとの間の，より古い神話の正体の確認を時間の経過と共に忘れてしまったことを示していると述べている。

12 ニュージーランド

ニュージーランドではツーナの神話について，変形したものが5～6話報告されている（Craig 1989：300）。

説話（ⅰ）

ツーナはある神話では，天国が干魃のために地上に降りてきたManga-wai-roaの息子で，神と見なされている。別の神話では，ツーナは半神半人の姿をしたマウイ神の妻であるヒーナを犯したので，マウイ神にばらばらに切り刻まれてしまった。そして，ツーナの身体の各部から化け物や色々な植物や鰻の仲間が生じた。別の神話では，ヒーナはツーナとレポの娘であり，またマウイ神の妻にもなっている。ここでは，ツーナが自分の娘に暴行を加えた時，マウイ神は自分の養父を殺害している。すると養父の死体の各部は鰻やある種の陸上の木々や植物になった。

ディクソンによれば，ヤシの実の起源を物語る神話は上記のマンガアの他に，サモア，トケラウ，タヒチ，ニュージーランドにあるという。

説話（ⅱ）

ニュージーランドでは，ツーナはマウイ神話の異説に登場する。マウイは彼の妻の恋人の鰻を殺す。その後，ある日妻は小川に水を汲みに出かけた。川岸で立っていると，ツーナが大きな鰻を装って近づいてきて，尾で彼女を叩いた。そして，彼女を小川の中に落して虐待した。これを怒ったマウイは，ツーナが横断する場所に2本の丸太を横にして置いて隠れていた。そして鰻が

来るとこれを殺した。その後，色々な植物や木や魚や深淵の化け物達がこの鰻の頭と身体から生まれた（Dixon 1964：55）。

ニュージーランドにおけるこの神話で興味深いことは，ポリネシアでも温帯地帯にあるニュージーランドにはヤシの木が生育しないので，話の内容がここの環境に適応したものに変更されていることである（Kirtley 1967：96）。つまり，ここでは鰻は重要な食料資源であるため，マウイがツーナを殺した結果，ツーナの尾は大洋に飛び散ってアナゴになり，その頭は小川に落下して淡水の鰻に変身することになっている。このような観念学的類似はヤシの実，パンの木の実，それにタロイモの間にもみられるものであって，ヤシの実の起源が人間や動物，あるいは神々にあるとする神話はパンの木の実やタロイモにも繰り返えされることでもある（Roosman 1970：225）。

また，ヤシの木が生える熱帯のポリネシアに限定されている筈のこのタイプの神話が，ニュージーランドにあることについてディクソン（Dixon 1964：56）は，次のように解釈している。ニュージーランドにはヤシの木がないので，神話の内容が多少変形する。しかしヤシの木が生えるハワイにはこの起源神話が欠如している。そして，恋人が動物の姿に変装して現われる，いわゆる「美と獣」の出来事の神話は，メラネシアとインドネシアに広がっているが，ポリネシアでは一般的ではないという。また，ヤシの実の起源を，埋葬された動物や人間の頭に求める神話はメラネシアでは大変広く流布しているものであるという。ヤシの実の殻が人面に似ていることには誰でも気づくので，どこでも自然に起こる話だと思われるが，ハワイにこのような話が欠如していることは理解出来ないと指摘している。

ディクソンは更に，1882年にItioによって書かれた「タンガロアとトンガイティの飼いならされた鰻の話」を掲載して，ポリネシアのこの説話では鰻はタンガロア神よりむしろ半神半人であるマウイと関連づけるのが普通であるが，このマオリ人の説話では，本来のものはかなり変形していると述べている。

参考までに次にItioの報告を転載しておく（Gill 1911：125-128）。

説話（ⅲ）

Maoroという名の鰻がTe Puna-i-a-Rueaと呼ばれる泉で飼われていた。ここに2人が来た。彼らは夫婦であった。彼らはタンガロア神とトンガイティ神に属す鰻のMaoroを釣り針で釣る支度をした。これに餌として蟹を結びつけた。そこでMaoroの姉妹は，弟に「それを食べないでね。それは餌だから」と言った。しかし，Maoroはその忠告には従わなかった。Maoroはこのために死んでしまった。Maoroが死んだことを知った，タンガロア神とトンガイティ神は非常に怒って，そこの水を破裂させてしまった。このため流れ出した水は陸地を海に押し流したので，陸も人も1人残らずToora（鯨）に呑み込まれてしまった。鰻を釣った夫婦の子供は，両親を探しに出かけた。Ngana-oaという名の男に偶然会ったところ，両親は鯨の腹の中にいることを教えてくれた。海に出た彼らは大きな鯨の口を見つけて，ここから腹の中に入り込んだ。そこで彼らは両親と陸地を発見した。そこで策略を練った。彼らは鯨の腹を切って苦痛を与えた。痛

みに耐えかねた鯨はリーフに突進して死んだ。かくして両親は救出されて、この島に住むことになった。

なお著者はこの説話に類似した話として「ヨナと鯨」についての聖書の話を引用している。またこれを訳したギルは、この説話の起源については、インドの伝説までたどる必要があると述べている。ここでは Indra が鰻の神であった。しかし一言加えるならば、現在のオセアニア学からいうと、当時人気のあったポリネシア文化をインドに求める仮説は、卑見では成立不可能である。

ここで更にアントニー・アルバーズ（1982：52-53）にみられる説話も紹介しておく。

説話（iv）

ある日、マウイの妻は静かな小川に行って身体を洗っていた。するとツーナ・ラオと呼ばれる鰻の先祖が、彼女にもっとも淫らな触れ方をした。帰宅した彼女は、夫マウイにあの小川の淵にはいやに肌がつるつるした男がいると報告した。これを聞いて嫉妬したマウイは、ツーナを殺すことにした。マウイは小川の淵の傍らに深い溝を掘って、滑材として7本の丸太を横たえた。そしてツーナが泳ぎながら、マウイの妻に近づき、この滑り木の上を滑るや、マウイは魔法をかけた武器でツーナを殺した。するとツーナの体の一部は海中に入ってゴイロという名のアナゴウナギとなり、他の部分は淡水に入って鰻となった。その後、マウイは妻と平穏に暮らして子供達を生んだ。なお、井上英明はこの本の訳注で、異伝ではツーナ・ラオはマウイの妻と実際は性交しているだけでなく、マウイの子供を食うことになっていると述べている（井上 1982：95）。

13 マルケサス諸島

ここではヤシの実の起源についての詳細は欠如している。この神話の残余はマウイ神の物語集成で語られている。ファツ・ヒヴァ島の変形した話は、容易に恍惚とした感情になるマウイ神の妻を誘惑する一連の化け物の1つである鰻が、ヒーナをさらうことを物語っている。マウイ神がこれを追いかけて、鰻のいる水溜まりに熱い石を投じてこれを殺して、ヒーナを取り戻すのである。マウイ神が鰻を沸騰させて殺す話は、マルケサス諸島とハワイ諸島でのみみられるものであるが、これはハワイが最初にマルケサス諸島から植民されたという考古学的証拠と一致するとカートリ（Kirtley 1957：94）は述べている。

なお、ヒヴァ・オア島の神話では、ある日マウイ神が外出している時、ツーナ（虫）はとても美しい女性を捕えた。ツーナは彼女に心を奪われて、人間の腸及び這う動物の身体をもっていた。マウイ神は家に帰ると、ツーナをアマの木の中の家まで追いかけて行った。そしてツーナを殺し、奪われた女性をマウイ神の母の家に連れ戻したことになっている（Luomala 1949：185）。

なお、19世紀にヌク・ヒヴァ島で酋長の姪が話した神話は、興味深いことにポリネシアの神話とキリスト教の神話とが一緒になったものである。というのは、ここでは最初の女のモーイは、鰻の尾でもって誘惑された後に、原始時代の楽園から追放されたことになっているからである。

なおまた，ニュージーランドのツナの神話にも同じようなエデンの園のようなこじつけが与えられている（Kirtely 1967：94-95）。

ウィリアムソンは，鰻や蛇がその尾で女性を強姦するポリネシアの伝承について「神々の創造」と題した見出しで，マルケサス諸島とツヴァル諸島の事例を引用している。それによれば，マルケサス諸島での神についての話としては次のようなものである。昔，少女が1人ぼっち天空に住んでいた。するとプーヒ（puhi，海蛇）が彼女の許に来て，その尾で暴行した。その結果，彼女は息子を生んだ。次に，この息子は幾人かの子供を生んだので，現在のヌクヒヴァ島の人々はこの少女の子孫であると信じている（Williamson 1933[1]：81-82）。なおツヴァルの事例は別の箇所で述べるのでここでは触れない。

14　イースター島（ラパ・ヌイ）

ヤシの実の起源が鰻の頭にあるという神話はここにはない。しかし，かつてはあったことを示唆する状況証拠はある。バック（Buck 1959：231）によれば，Atua-metuaが結婚して，ニウ（niu）をつくった。このニウという言葉は一般にどこでもヤシの実を表わすものである。しかし寒い気候のイースター島にはヤシの木は生えない。そのためニウという言葉は，ミロ（miro）のフルーツを表わす言葉に変わっている。ツーナ（tuna）という言葉はリリ・ツーナ・レイ（riri-tuna-rei）という合成名詞で，鰻を意味する。そしてこの断片は，ヤシの実の起源が鰻の頭にあるという有名な神話の記憶を記録していることは明白であるという。

イースター島の場合についてカートリ（Kirtley 1967：95）は，現代の西ポリネシアからのテキストにはツーナという名前が見当たらないので，失われたイースター島の神話は多分，中央・辺境ポリネシアから伝えられたものであろうと推論している。

15　ハワイ諸島

既述のように，死んだ鰻の恋人の頭からヤシの実が生まれるという説話は南海では広く分布しているが，ハワイにはないといわれている（Beckwith 1971：102）。しかし，アルパーズはイースター島の創世詠唱に，ツアモツ諸島のマウイ物語集成にみられる化け物のテ・ツーナが垣間見られることや，この話がポリネシア人の移動開始以前からその故地にあった筈であることや，更にポリネシアでは蛇と乙女の神話の筋がツアモツ諸島，トンガ諸島，ハワイ諸島から報告されていることなどを勘案すると，ディクソンがハワイにはこの種の神話がないとしているのは誤りであると批判している。

しかし，マルケサス諸島の場合と同様に，ヤシの実の起源についての神話は現在までのところ，欠如しているということになっている。しかし，本来はこの説話が存在していたとも受け取れるような神話がまったくない訳ではない。

説話（ⅰ）

　ヒーナと Ku-ala-ka'i（指導者 Ku の意）の息子の Ni'auepo'o（高い位の酋長）は，Ka-'u の Mani'ani'a で生まれた。Ku-ala-ka'i は「偉大な祝祭のタヒチ」出身であったのでタヒチに帰っていた。息子の Ni'auepo'o はこの父に会いたいと思った。そこでそのことを母親ヒーナにお願いしたので，ヒーナは両親と相談した。その結果，両親はヒーナに祖先の Niu-ola-hiki（生命を与えるヤシの実）を訪問するように告げた。そこでヒーナが詠唱すると，家の戸口のすぐ前の地面からヤシの実が芽を出して，2個のヤシの実をつけた木に成長した。ヒーナは祖先を見つけることが出来た。ヒーナは息子の Ni'auepo'o を起こして，この木の葉の間に座って，ずっとそうしているように告げた。木はどんどん大きくなっていき，ついに葉は空の中の単なる点に見えるようになった。やがて，息子は木から落ちることが恐くなってヒーナを呼んだ。その度にヒーナは詠唱した。ついに，木は曲がりだして，その葉の茂った頂上はだんだんと下に降りてきた。そして葉は父の故地である Kahiki-nui-ale'ale'a の国に達した。Ni'auepo'o はそこに足を踏み入れて，遊戯をしていた少年達の中に入って競争したが，誰よりもずっと優れていた。大きな嵐がすべての少年を海中に流して溺れさせた。そこで Ni'auepo'o は鰻の姿になって皆を救助した。その後，彼はハンサムな青年に変身して海中から現われて，自分の生得権を宣言した。また彼の2人の予言者の祈祷のお陰で，ついに彼の父親は彼を認めた。予言者は父親に向かって祖先の Niu-ola-hiki に海岸でお供え物（長さ6フィート（約 180 cm）の黒い豚1匹，黒い茎から採ったカヴァ酒，赤い魚1匹と白い魚1匹）をするように命じた。彼は海岸でこれらを捧げて祖先を呼んだ。すると，祖先 Niu-ola-hiki が鰻の姿になって海中から浮上してきて，そのお供え物を食べた（Handy and Handy 1972：168-169）。

　さて，このタイプの神話はハワイ島の Waipi'o から Ka'u にかけての海岸部に住む人々の間にだけ伝承されているため，この神話がタヒチからもたらされたのは比較的遅い時期のことではなかったかと推測されている（Handy and Handy 1972：169）。そしてハンディ夫妻は，この神話で重要な点は，ヒーナ（Hina）とクー（Ku）は男とその妻の関係にあるし，漁撈とも関係があると述べ，更にヤシの実と鰻とも関係があると考えることはまったく論理的であるとしている。またタヒチでは，ヤシの実は埋葬された大きな鰻の頭から生まれたと信じられているが，ヤシの実と鰻とを結び付ける説話は太平洋の沢山の島々にみられると述べ，更にこれは外皮を取り去ったヤシの実の姿が鰻の頭を大変連想させることと関係があると指摘している。なお，夫妻によれば，ヤシの実が植えられる時には，その穴の中に蛸が一緒に埋められることがある。これは，蛸の長い触腕にあやかってヤシの木が高く成長することを祈念しているからであるという（Handy and Handy 1972：169-170）。

説話（ⅱ）

　ハワイには別のタイプの神話がある。採集された2つの神話は，ほぼ同じ内容であるが，ヒーナはマウイ神の母親になっていて，彼女はヒロの近くにある「虹の滝」の下の洞窟に住んでいた。

クーナと呼ばれたドラゴンのような蜥蜴（mo-o）が，ヒーナを溺死させようと計画して川に堰を造った。しかしマウイ神が彼女を救出し，クーナのいる水溜まりの中に熱い溶岩を入れて火傷させて殺した（Westervelt 1910：99-100; Kirtely 1967：95）。なお，クーナはツーナのハワイ語的方言であって，ハワイ語では淡水の鰻の種類のことである（Luomala 1961：146）。

註

(註1)オセアニアにおける「半身半人ないし英雄によって島釣り上げられた島」の説話については Lessa（1961：290-321）の詳しい研究がある。

(註2)日本の鳥居のような形をしたトンガのハアモンガマウイとも呼ばれる遺跡は，一説には Maui Kisikisi がウヴェア島から運んだとする伝承がある。しかしウヴェア島の基盤の石は玄武岩であるが，この遺跡の巨石はトンガに普通にみられる石灰岩でできているので，この伝承は考古学的研究からは支持しがたいと McKern（1929：65）は述べている。しかし本来，石のない珊瑚礁島で巨石遺構が発見された場合は，それは明らかにどこかの火山島から持ち込まれたことになる。たとえば，キリバスのマイアナ島や（高山・甲斐山 1993：90-92），マーシャル諸島の2島で確認されている（Spennemann 1992：203）。

かつて松岡静雄（1925：232）は，ポリネシアでは神殿（マラエ）を建立する場合，座席にしていた石を分霊として移すと述べている。確かに，ポリネシアでは酋長がマラエを建造する時には自分の昔の家族の記念物から1個の石を持ってきてこれを礎石にする。理由は，この石には超自然の力（マナ）が宿っていると考えられているからである（Handy 1927：181）。以前，キリバスのベルー環礁島の調査に出かける前にタラワで会った同諸島文化財担当官から，ここの島の最大の集会所の柱の石の中に珊瑚柱ではない，どこかの高い島から運んできた石が一個だけ混じっていると教示されたが，私達が調査に入る少し前に新しい集会所に建て替えられていて，そのような石はなかった。たぶんこの石にはポリネシア人が信仰するマナのような超自然の力が宿っていると考えられていたと想像される。往昔のキリバスやツヴァルにおける神聖な石信仰については文献的記録が残っている。1840年代にキリバスを訪れた米国探検隊の報告によれば，キリバスの男性神 Tabi-erikizou 像は椰子の葉で覆われていて，この葉はひと月に1回は取り替えられ，常に新鮮なものとなっている。その前面には珊瑚板の台が設置され，椰子の実などの食べ物が捧げられると言う（Wilkes 1845：86）。ツヴァルについては，1872年にニウタオ島を訪れたキリスト教の宣教師 Gill（1885：16）が残した記録がある。この島には「偶像神の家」がある。この家の中央の柱は他の柱より頑丈であるだけでなく曲がっている。この神の柱は屋根を支えていて，毎日の崇拝の対象物となっている。また，この木には3個の椰子の実と1個の神聖な小葉が朝晩捧げられる。これとは別の「偶像神の家」では，天井から皿がぶらんこ状に吊り下げられていて，その上に1個のつるつるした丸い小石が神として載せてあった。余談になるが，ツヴァル人の友人故ファノンガ・イサラ氏が，以前私達が発掘したヴァップ島のテメイ遺跡で採集された全面がつるつるした綺麗な色の小石をくれた。たぶん，ニウタウ島で神の石として崇められていたものはこのようなものではないかと私は想像した。この石を Dickinson 博士に同定して頂いた結果，意外にも珊瑚礁島にある石灰岩とのことであった。さらに脱線するならば，神聖な柱から神聖な籠を吊り下げる民族例はフツナ島にもある（Burrows 1936：110）。Burrows（1938：77）は，これは Turner がサモアの神の家として報告しているものと同じ信仰であると考えている。ポーンペイで

は誰かの超自然の力（riyala）によって病気や不幸に見舞われたと考えられる，いわば一種の懲罰をriyalaと呼ぶ。特にタブー（ポーンペイ語 inopwi）を破った時にはmanaman（ポリネシアのマナ信仰に相当する観念）の作用によってriyalaになる。美味しいヤシの実を生らす木や素晴らしいカヌーや魚を捕る梁の所有者は，それらを盗難から避けるためにヤシの木の樹幹やその他の場合は杭を立て，その周囲にヤシの葉を縛り付けてタブーであることを示す（Riesenberg 1948：412）。

　チュークでは精霊の宿る祭壇は存在しない。精霊は垂木の中にいると信じられている。もし精霊用祭壇が製作されることがあれば，それらは彫刻された木製の容器か，あるいは表面がへこんだダブル・カヌーであって，重要な人物が死んだ時はその人の骨をこの中に入れて保存する（Mahony 1970：136）。コシャエでは，一旦土葬した遺骨を掘り起こして蓆に包んで再び元の墳墓に納める。また，マリアナ諸島のチャモロ人がかつてスペイン人との戦争に際して祖先の頭骨を奉じて奮闘したことは（松岡 1943：309），このような信仰の延長線上にあることと解釈されよう。

　しかし，トケラウ諸島では神殿（マラエ）では珊瑚板は蓆で包まれる（Macregor 1937：pl.6）。崇拝物を大切に扱うにはヤシの葉とは必ずしも決まっていなかったようである。なお，キリバスのタビテウエア環礁島では今でも屋根裏から祖先の人骨（カコラビの骨）の入った籠が吊り下げられている。カコラビとは北タビテウエア環礁島の酋長で（Ministry of Educaion, Training and Culture 1979：93），内戦で1878年に死亡した。

　ところで上記のキリバスとマーシャルはマラエのなかったミクロネシアに属すので，上記の神聖な石はポリネシアのマラエとは関係ない。しかし，ミクロネシアでもポリネシア人の住むヌクオロ環礁島（Kubary 1900：39）とカピンガマランギ環礁島にはマラエがあった（Emory 1965：206-207）。ヌクオロ環礁民の起源は，言語学的研究からツヴァルにあると考えられていたが，私達はこの仮説を裏付ける考古学的証拠をツヴァルのヴァップイ島で発見している（Takayama and Saito 1987：29-49）。これに対してカピンガマランギ島の起源は，メラネシアのポリネシアン・アウトライアーの住むどこかの島から来たと考古学調査から想定されている（Leach and Ward 1981：94）。一方，私達はヌクオロ・カピンガマランギに近いチュークの離島ロイヤー・モートロック諸島で調査を行なった。その結果，ここにはチューク的先史文化（たとえば石製投弾）のあることが分かった（Takayama and Intoh 1980）。

　たとえば，ポリネシア人が食人習俗をもっていたことは民族学的に報告されていたが（Hogg 1958：157-166），考古学的にはこれを証明する資料がなかなか発掘されなかった。ところが，遂にクック諸島のマンガイア島における発掘でこれを裏付ける資料が発見されたのである（Steadman, et al. 2000：873-888）。蛇足になるが，マンガイアの隣島のラロトンガ島では，キリスト教の布教が開始されるや最初に帰依したのが，食人で知られていた酋長であった（Maretu 1987：26）。またメラネシアのフィジー諸島では，土産屋に「肉刺し」と日本語で書かれた木製スプーンが売られている。これは人肉を食べる時に使用されていたものの模造品である。これから分かるように，19世紀に白人と接触した当時のフィジー人は食人種として名を馳せていた。たとえば，Brewsterは『食人種の小さな島々の王』と題した書物を1937年に著している。なお，ミクロネシアのチューク国（旧トラック諸島）のトール島のファウバ要塞遺跡では食人習俗のあった可能性を強く示唆する人骨が発掘されている（Takayama and Seki 1973：59）。チューク人が食人種であったという民族学的報告はない。しかし，発掘中これを知った人夫達は大昔，この遺跡の下の海岸に接して小さな島があって，そこに村があったが，戦争で村ごと焼かれてしまったという伝承があるので，食べられたのはこの村の人々であ

ろうと思われると説明してくれた。

それにも拘わらず，チューク人が食人種族であったと私達が述べた，というニュースを外電で知った香港の新聞は，これこそは日本人の南洋人蔑視の戦前の態度が存続している証拠であると大々的に報じた。更にまた，私達の報告書を読んだ日本の人類学者の中には，当時刊行されたアレンズ(1982)の書いた書物に基づき，発掘された人骨を安易に食人と結び付けるのは納得できない，と私に直接口頭で注意した者がいた。考古学者は出土した人骨をいとも簡単に食人の痕跡と見なすべきでない，とするアレンズのこの警告はジャーナリスト Osborne (1977：28-38) によっても取り上げられているし，その後 G. Obeyesekere (2005) もまた，食人習俗についてなされてきたほとんどの報告は信じられない物語か，さもなくば敵を脅したり，敵がもっている人間性を奪うために創り出されたものであると論じている。たとえば，キリバスで語り継がれている食人の話は確かに信憑性に欠けるかもしれない (Sabatier 1977：100-101, 141-142)。しかしその他の島の場合，果たしてそうであろうか。ファウバ要塞遺跡を実際に発掘した私達は，このような事柄を十分に考慮した末の結論であって，訂正の必要性はまったくないと考えている。

なおミクロネシアのポーンペイ (O'Connell 1972：221)，ベラウ，それにヤップの離島プラブに食人習俗のあったことを歴史民族学的記録が伝えている。また，マリアナ諸島に食人習俗のあったことを伝える文献的記録はないが，死者の大腿骨や腕の骨で製作された槍先がしばしば発掘される (e.g. Thompson 1945：19；Spoehr 1957：160；Takayama and Intoh 1976：Pl. X, d)。これらの遺物は，ここにも食人習俗があったことを示唆する十分な傍証となるであろう。

なお，我が国でも縄文時代から歴史時代まで食人の習俗があった (吉岡 1989：278-287)。

(註3) なお，ハワイ島のハワイ火山国立公園のマウナイキに向かう小道に沿って，もっとも異常な考古学的遺構といわれるいくつかの謎の足跡が残されている。伝承では，カメハメハ大王と戦ったケオウア王の軍隊が残したものということになっている (Kirch 1996：114-115)。しかしこれは後に考えられたもので，究極的には「マウイの足跡」と関係があるかもしれない。蛇足になるが，神奈川県大磯の山中には弁慶が残したと伝えられる足跡がある。柳田国男 (1962) などの報告がかつてあるように，弁慶に限らず日本にも巨人伝説の付随した足跡遺跡は各地にある。また，大林太良 (105-115) は房総の「デーデッポ伝説」を調査し，2つの系統があると指摘したことがある。その後，大林は世界中に分布するこのタイプの神話を「天地分離巨人」型と呼び，かつて佐喜真興英が沖縄のアマンチュウーの足跡を報告した際，内地のダイダラボッチの足跡に参照を求めて，更にマウイ神話との関係に注目したことを紹介した後，この神話は北方ユーラシアから中国東海岸を経由してインドネシアやポリネシアへの流れと，中国の越文化の琉球列島への伝播とがあったと想定している (大林 1968：381, 386)。私見では，この伝播論を考古学的に裏付けることは不可能である。更に脱線することになるが，沖縄の久高島ではエラブウナギを神として崇めるだけでなく，燻製にして薬餌・珍味に供している (野本 1991：149)。この信仰はオセアニアと結び付かないが，ただキリバスなどでもアナゴを燻製にして保存食としている。

(註4) オセアニアでは，大抵の島で海岸に石積みの梁が設置される。特に，キリバスのタワラ環礁に飛行機が着陸する寸前に見られる海岸に設置された石積みの美しさは見事である。プカプカ環礁でも例外ではなく，ここを1935年に訪れた Beaglehore が詳しく報告している。オセアニアの梁や養殖池について Dieudonne が先頃編集した文献には，近森らはプカプカ島の考古学調査の予備報告書で Tai-o-Te-au (Te Roto) の大きな養殖池の写真を掲載しているが，説明が何もないと述べたうえで，

これはウィリアム・キクチの調査によれば，礁湖と外海を遮断する土手道をつくったため，石積みの梁があった礁湖が養殖池になってしまったものであると記述している（Dieudonne（ed.）2002：62）。なお，ハワイでは石積みの梁は漁撈の神としてクーないしヒーナが崇拝される。前者は午前に，後者は午後に使われる（Farber 1997：16）。

(註5) なお，Frisbie（1929：463）はプカプカ島民の亀に対する食べ方を報告している。ここでは亀とバショウカジキは550人有余に分配される。亀の頭は捕獲した人に与えられる。他の人達は背中の甲羅も尻尾も食べる。実際，固い骨の多い背甲や腹甲の部分はもっとも美味しいと考えられていて，亀のご馳走が食べ終わった後にはほとんど廃物はなかった。この報告は，オセアニアの他の島々でみられる亀に対する処置の仕方とやや違っている（たとえば，高山・斎藤・高山2006：127-132）。多くの島々では酋長にだけ捧げられる（Pollock 1992：38）。なお，詳しくは，高山・斎藤・高山（2006：127-132）を参照せよ。

(註6) 近森は，プカプカ島ではヤシの木は内陸部の水田を取り巻くように生育していて，水田（女性）対ヤシの木（男性）の対立の構図を強調しているが，ヤシの木は塩分を多く含んだ風の影響を強く受けるオーシャン側に比べて，ラグーン側の方がよく生育する（e. g. Catala 1957：22）。私の印象では，サンゴ礁島ではヤシの木は水田周囲より海岸部により多く生育している気がする。サンゴ礁を海上から遠望すると海岸線に林立するヤシの木はまるで低い丘のように見えて，これが南国の風物詩の1つであることを実感する。実際，ミクロネシアの作物の研究者Sproat（1968：38）は，ヤシは標高の低い場所に適した樹木なので，環礁島のような条件下では良好に繁茂し，特に海岸近くでよく成長すると述べている。これに対して，地下水はリーフ・タイプの島はラグーン・タイプの島より深く掘らないと出てこない。そのため島によっては（たとえばニウタオ島）水田に接した周囲の部分にヤシの木がないことがある。水田をつくるために掘り出された盛り土が，多分高さ5m以上にも達しているので，ヤシの木の生育には地下水が深くなり過ぎてしまったことによるのかもしれない。もっともCatala（1957：34）のように，このような場所もヤシの木の生育に適しているとする専門家もいる。

キリバスやツヴァルでは，早朝の薄明かりの中でトディーを採取するため大きな声で歌を唄いながら高いヤシの木に登る若者の姿をしばしば目撃する。これはまさにサンゴ礁島の風物詩である。ある若者は歌を唄うのは，この労働を癒すためだと言っていた。なお，ツヴァルなどではだいぶ前から高さ数mの矮小なヤシの木が移植され始めている。ツヴァル人の中には，日本からの援助でもらったタイプの木であると誤解している人もいる。なお，ミクロネシアにあるヤシの木の種類について簡単に知りたい読者にははSproat（1965）の文献が参考になるであろう。

ここで付言しておきたいことがある。私達は，チュークのトール島の山頂で後楽園球場に匹敵するくらい広い面積をもつ防塞遺跡を1971年に発見した（Takayama and Seki 1973）。ミクロネシアを信託統治していたアメリカ政府は，この遺跡を国の史跡に指定するための保存計画に乗り出した。この報告書を作成したEdwards夫妻（1978：6, 50-51）は現地の人から，大昔ここは魔法のヤシ油を製造する秘密な場所であったと聞いた，と書いている。私達の調査時にはこのような情報がまったくなく，しかも遺跡の形状も，出土した遺物からみても，私はこれは信用しがたい情報と思っている。なおこの遺跡は，地元の指導者の賛同が得られず，せっかく伐採して全貌を現わした遺跡は残念ながら再びジャングルの中に姿を消した。

(註7) また，このようなイルカとタロイモとの関係の話は，秋道智弥の報告するソロモン諸島で語られている「ジュゴンになった女〈ソロモンの人魚〉」の話を喚起させる。ここでは，意地悪な義理の母が畑

仕事の帰り，一緒にいた嫁に持たせたタロイモの籠の中に沢山のナギと呼ばれる石を入れて彼女を困らせた。その籠の重さに耐えかねた嫁は，タウララと呼ばれるバナナの房を持って小高い丘に登って泣いた。夫が追いかけてくると，彼女はイアテクア（ジュゴンのこと）になりたいと叫んで川に飛び込みイアテクアになった。ここでは，彼女の属している氏族のメンバーはイアテクアやタウララを食べることは禁忌である。秋道は，バナナを食べた女性がジュゴンになる話に注目し，ナギとタロイモが固いものであるのに対して，バナナやジュゴンが軟らかいこと，あるいは丸いものと細長いものとの対比が出来るかもしれないと興味深い解釈をしている（秋道 1980：36）。

　なお，オセアニアにおける「イルカ少女（白鳥の乙女）」説話に関してはLessa（1961：120-167）の研究がある。彼はオセアニアのこの説話の原郷はヒンドゥー＝仏教文化にあり，今から2千年前頃に伝播してきたと想定している（Lessa 1961：163）。このタイプの話は東アジアにおいては「天人女房譚」として広く流布しており（荒木 1986：706），そしていうまでもなく日本の「羽衣伝説」はこの説話から生まれたものである（中田 1941：213）。

(註8) 第2次大戦が終結して，ミクロネシアがアメリカの信託統治領となると，珊瑚礁島の生態学的知識が貧弱なことに気づいたアメリカ政府は1950年から1954年にマーシャル諸島のアーノ環礁，ギルバート（現在キリバス）のオノトア環礁，ポーンペイ離島のカピンガマランギ環礁，ヤップ離島のイファルク環礁，ツアモツ諸島のラロイア環礁に研究者を派遣した（Niering 1963：131）。

　これらの一連の研究成果の文献目録は，ホノルルにあるB. P. ビショップ博物館の「太平洋科学情報センター」から「CIMA BIBLIOGRAPHY」として1963年に刊行されている。ついでに付言しておくと，1943年11月，第2次大戦の初期の段階で，キリバスの日本軍を撃破したアメリカ軍のニミッツ提督は友人の歴史学者Morrison（1954：124-157）に，この島の歴史を知っているかと尋ねた。彼が「残念ですが，知らない」と答えると「今，貴殿はクリスマス休暇で帰国するので，調べてその概要を知らせて頂きたい」と頼んだ。同年Morrisonは帰国するや，セイラムにあるピーボディー博物館にほとんど毎日のように通って，「ギルバート諸島とマーシャル諸島についての歴史的覚え書き」と題した論考を書き上げた。ここで彼がマーシャル諸島を加えたのは，ニミッツ提督はマーシャル諸島の日本軍をやがて攻撃するあろうと予測したからである（これは完全にあたっていた）。

　また今から20年以上の前のことであるが，グアム大学の考古学者が，教え子に米軍基地の司令官の娘がいて，基地内の遺跡の調査の許可を出してくれたとのことで，私もそこの発掘現場に案内されたことがある。

　ところで数年前に私は，オセアニアの中で唯一考古学的調査がなされていない南鳥島について，この島を管轄下におく防衛省に調査の要望をした。しかし，学問的重要性などまったく理解出来ないどころか（電話をいくつかの部署にたらいまわしして），最後に電話に出た人は各省間には互いに協力するという決まりがあり，断われないので，文化庁長官から前もって下書きを提出するようにしてくれとか無理な注文を出して，結局体よく断られた。私の40年間におけるオセアニア各地の発掘では，どこの国でも協力してくれていたし，18世紀ヨーロッパ人に「高貴な野蛮人」と呼ばれた末裔達は調査中，私の研究を尊敬のまなざしをもって助けてくれていた。それに比べて，多分皆高等教育を受けた方々であろうが，私の要望の電話を受けた担当者の中には考古学という語彙さえも知らなかったような印象を与える人もいた。

　第2次大戦当時，サンゴ礁島の生態学的知識のなかった我が国の大本営は，ヤップの離島のメレヨン環礁島（正式名はオレアイ環礁）に7千名近くの兵隊を送り込んだが，ほとんどの人が餓死した

（朝日新聞社編 1966：346）。戦後，ここで人類学的調査を行なった Alkire（1978：36-37）によれば，4つの小島に人が居住しているが，生産物が最高に収穫出来た時でさえ最大の人口許容量が2千人であると報告しているのである。たとえ無知とはいえなんという愚挙であろう。ことほど左様に，基本的な知識の蓄積に無関心な伝統が，我が国の官僚には受け継がれているのである。この件で私は，現在にいたるも日本はこうした点で残念ながら，「文化国家」でないことを身をもって痛感した。

第5章　西ポリネシアにおけるヤシの実の起源説話

1　サモア諸島

説話（ⅰ）

ウポル島のアピアの内陸部にラロアタ（Laloata）という名の村がある。この言葉の意味は「木陰の下」である。この言葉の起源は以下のようである（Turner 1884：242-245）。

　昔，ここにパイが妻と住んでいた。この夫婦にはシーナという名前の娘がいた。ある日，妻は料理用の塩水を汲むために海岸に降りて行った。1匹の小さな鰻が，彼女が持つヤシの実（著者注：ヤシの起源説話でここでヤシの実が出てくるのは論理的に矛盾するのであるが，ここでは説話に従った）の殻の水筒にくっついたが，彼女はシーナの遊び相手によいと思って，それをカップに入れて養育することにした。鰻は大きくなったので，それを入れるための井戸を掘った。ある日，パイと妻が畑から家に帰ると，シーナが鰻に咬まれて泣いているのを見つけた。そこで両親は，この鰻は残酷な神の化身に違いないと思って，その場所から遠ざけることに決めた。

　その後，親子3人で東の離れた場所に出かけた。しかし，周りを見渡すとこの鰻が水中から現われて，彼らの後をついてきた。父親は母親とシーナに向かって「私がここにいて鰻が戻れないような山をつくるので，逃げなさい」と言った。そこでシーナと母親は前方に進んだ。しかし肩越しに見ると，なんと鰻は依然として後を歩いていた。母親はシーナに「私はここにいて山をつくり，この化け物を通さないように遮るので，貴女は逃げなさい」と言った。かくしてシーナは1人で逃げたが，鰻は依然として前と同じように後をついてきた。シーナが村を通過すると，村人達は彼女に家に寄って休んで何かを食べていくように勧めた。しかし彼女は「もし追いかけてくる鰻から私を救ってくれるならばそうしますと」と答えた。これを聞いた村人達は，その生き物を見て「いや，結構です。どうか通り過ぎて下さい。私達も恐いですからと」と言う始末であった。

　シーナは，これから逃げることは不可能だと諦めた。そこで自宅に帰ることにした。彼女がアピアの東のある村を通過していたところ，人々が若い娘が通過中で，しかもそれには1匹の鰻が後についていることを彼らの酋長に知らせた。その酋長は彼女を呼びとめた。そして「家の中に入ってきなさい。貴女の希望を叶えてあげるから」と言った。彼女は彼の家の中に入ったが，鰻は外にいた。酋長は「見知らぬ方々にアワ（カヴァ酒のこと）のカップの用意をするように」と命じた。そしてすばやく若い男に向かって，灌木の林の中に入って手に入るありったけの毒物を集めてきて，アワに混ぜるように囁いた。すぐにアワを入れる容器が持ち込まれた。そしてアワが皆に配られるように準備されたと告げられた。「最初の一杯を客人に差し上げなさい」と酋長は

若い男に言った。彼はカップを持って外に出てそれを鰻に上げた。鰻はそれをすぐに夢中で飲んだ。鰻はすぐにシーナに外に出てくるように言った。シーナが外に出ると，鰻は「私は死につつあります。私達は仲良く別れたいのです。彼らが私を料理していることを聞いたら，私の頭を自分にくれるように彼らに頼んで下さい。そしてそれを石の壁の近くに持って行って埋葬しなさい。そうすれば，貴女用のヤシの木が生えてくるでしょう。この実の中に私の目と口を見るでしょう。これによって，私達は互いに常に顔と顔を合わせることが出来るのです。木の葉は貴女の日陰になるでしょう。また貴女はそれを編んだマットを作れるだけでなく，それで貴女にそよ風を吹き与えてくれる団扇も作ることが出来るのです」と彼女に言った。

(上)コプラ（ヤシの果実の仁）の採取
(下)採取後の殻　薪として利用される　（ともにニウタオ島）

　こう言った後，鰻は死んだ。鰻はすぐにかまどにかけられた。料理された鰻が配られると，シーナは頭をくれるように頼んだ。シーナはそれを持って家に帰り，石の壁の近くの地面に埋葬した。するとそれからヤシの木が生えた。彼女は葉を採ってマットや団扇を編んだ。その実には彼女と別れた鰻の目と口がついていた。彼女は今でもそれにキスすることが出来た。またヤシの木の葉蔭は，彼女が仕事をしたり休息したりする時に役立った。そのためこの村の名前の起源はラロアタ（Laloata）で，それはヤシの実の導入の起源と同じものなのである。ちなみに，サモア語でのヤシの実の総称はniu（Pratt 1984：355）である。

　説話（ⅱ）
　1969年から1971年にかけて，西サモアを訪れたEdithとBranham（1975：53-54）もこのタイプの説話を採集している。
　往昔，アピアの裏側にあるLoloata村に夫婦とシーナと呼ばれる娘が住んでいた。ある日，母親は近くの小川に水を汲みに出かけた。1匹の小さな鰻が母親が持っていた茶碗にくっついた。

母親はこの鰻を家に持ち帰って，シーナに与えて面倒をみるように言った。シーナは可愛いペットが手に入って大喜びであった。シーナは最初，鰻を木製の茶碗に入れて毎日餌を上げた。鰻はどんどん大きくなっていった。遠からずして，鰻はこの容器に入りきれない大きさにまで成長したので，家の近くにあるプールに移した。鰻はどんどん大きくなり，完全に成長し終わるとシーナに恋してしまった。しかし，シーナは鰻の恋心には反応を示さなかった。鰻はシーナにしつこくなったので，両親はこれを避けるためにシーナを連れて逃げ出した。しかし，鰻は彼らのあとを追いかけた。父親は妻に「自分はここに留って，鰻の来る道の山々を転がすので，その間に逃げるように」と言った。これが実行されたが，鰻は山々を乗り越えて執拗に追い続けた。そこで「逃げ続けなさい。私はここに留まって，鰻を撃退するから」と，母親はシーナに言った。シーナは走り続けた。しかし，振り向くと鰻が後ろにいるのが見えた。シーナはサヴァイッイ島まで逃げた。そしてSafuneに到着した。シーナは内陸部にあるSiliafaiと呼ばれるプールまで逃げた。このプールには1本の木が生えていたので，シーナはそれに登って隠れた。しかし，シーナが下をながめると鰻がずっと見つめているのに気づいた。「ぬるぬるしたいやらしい魚よ，どうかお願いですから私をじっと見つめないで下さい」とシーナは叫んだ。それからシーナは，プールのそばにある酋長達が集まっている場所まで逃げた。酋長達は，シーナに何を困っているのだと尋ねた。「どうか私を追いかけている鰻を殺して下さいませんか」とシーナは答えた。鰻はただちに村人達によって殺された。しかし，鰻は息を引き取る前にシーナに別れを告げ，次のよう言葉を残した。

　シーナ，もし貴女が私を愛しているならば，石の塀の近くに私を埋葬して下さい。

(上) ヤシの木陰でひと休み　ヌクラエラエ環礁の小学生達
(下) ヤシの実の飲料水　発掘の休憩時に私達のために必ず採ってくれた。これは貴重なもので彼らはパーティーなどの特別な時以外飲むことは決してない。なお，キリバスには「ヤシの実を飲みたいな」という有名な子供たちの歌がある（ナヌマガ島）

1本の木がそこから生えてきて，成長し，やがて果実を実らせるでしょう。

そこには単一の果実のかたまりや群がるような果実もある。

またこの木には葉もあるだろう。

その葉を編めば白い団扇や莫蓙を作れるでしょう。

私が帰って来たことをシーナが思い出してくれるように。

かくして鰻が死ぬと，人々はこれを食べた。シーナはその頭を自分の家の前に埋めた。数日後，1本の木，つまりヤシの木が生えてきた。ヤシの木が実を生らせると，鰻が別れの間際に言った言葉は確認された。ヤシの実には2つの恨みを含んだ鰻の眼があったし，ヤシの実の中のジュースを飲む時に開けるもう1つの孔は鰻の口である。これら3つの孔の中心部は鰻の鼻に該当する部分である。これ以来，ヤシの実は果肉やジュースが人々によって愛用されてきたし，木の葉は編んで団扇や莫蓙が作られたのである。そして，シーナがヤシの実を飲む時には，いつでも鰻に会えたのである。

説話（ⅲ）

O. F. ネルソン（Nelson 1925：132-133）の報告する説話は上記のものとは多少違った内容のものとなっている。2つの有名であると同時に重要な家族が，何世代にも亘って反目していた。喧嘩は普通であったし，それは非常に激しいものであったため，それぞれの家族の2組のカップルしか生き残れなかった。そこで両方のカップルは住んでいる場所から立ち去ることに決めた。一方のカップルはサヴァイッイ島の南岸に向かい，他方のカップルはフィジー諸島へ向かった。サヴァイッイに行ったカップルはシーナという名前の美しい少女を育てた。一方，フィジーに渡ったカップルは男の子を生んだが，彼は人間というよりは鰻に近い姿をしていた。彼は乾燥した陸地より，海中での生活を好んだ。彼は人間の頭をしていてハンサムであった。しかし身体の他の部分は鰻であった。そこで彼の両親は彼をサモアに派遣して，敵のいる場所に居住させることを試みることにした。両親はサモアまで泳いで行く息子の化け物に，南岸の村に立ち寄って，Asuisui のある岩の上に立って特別のラブソングを唄うのを常としていると伝えられる娘に会うように命じた。鰻男（eel-man）の彼は，すぐに娘を見つけて言い寄った。彼女は彼と恋に落ちた。もし彼女の両親が，人目につかない所で会っている2人に気づかずにいたり，あるいは2人を引き離して家に連れ帰らなかったならば，2人は駆け落ちしていたほどであった。彼女の両親はこの時，この鰻男は親譲りの敵の子孫であることを発見した。そこで両親は村を去って，サヴァイッイを廻って旅した後ウポルに向かった。しかしこの忌まわしい鰻男は，彼女を真から愛していたためと，彼女の愛は戻ってくると知っていたので，どこまでもついてきた。両親が海岸近くの道路に沿って歩いていた時，彼は少し内陸部によった位置にいてついてきた。彼の口からの泡沫は，サモアの2つの島の周りのすべての沼沢地のような土地を生んだ。両親は鰻男を追い払うことが出来なかったので，父親は母親と娘を一緒に先に行かせ，自分は後に留まって，追いかけてくる化け物を防ぐための山や障害物を造ることにした。しかし，鰻男はこれらの障害物を乗

り越えてしまった。そこでついに両親は自分達を彼に差し出して，彼が2人を食べている間に娘を逃がすことを計画した。しかし，彼は両親のことなど顧みないで，娘を追いかけ続けた。そして彼らがMoata'aの近くに到着した時，彼女の親類が鰻男の身体の中に姿を現わしてこれを殺した。鰻男は死ぬ間際に，少女が座っている場所に這うようにゆっくりと進み，最後の別れの挨拶をした。

シーナ，愛し合ったままで別れようね

私が殺された時

私の頭は貴女の分け前になるように頼んで下さい

これを持ってトンガ（あるいは石）の壁の中に植えて下さい

そのフルーツを貴女は飲んで下さい

そしてその実の殻は水を入れて運ぶ容器に利用して下さい。これには単独のものと，2個をペアで使うものとがあります

この木の葉でマットを編んだり，屋根を葺いたりして下さい

またこれで貴女にそよ風を送る団扇も作って下さい

貴女の愛を私に取り次ぐ時には，貴女はその実の中に私の顔を見るでしょうから，貴女はこの中のミルクを飲む時にはいつも私にキスしてくれることになります

シーナは鰻男に哀願された通りにした。彼女によって頭が埋葬された場所は現在でもTanuga-le-iaと呼ばれる。これはVaivaseの牧場監督の家の西方約20ヤード（約18m）の位置にある。1925年より約20年前にはこの場所の周囲にはかなりよく保存された垣根と石の壁があった。

説話（iv）

J. C. アンデルセン（Andersen 1925：142-43）が報告している神話は，上記のものと多少違うタイプなので以下紹介しておく。

昔，Matafagateleに結婚したカップルが住んでいた。2人の名前は共にPaiであった。彼らにはシーナという名前の娘がいた。ある日シーナは，1匹の小さな若い鰻を見つけて，これをヤシの実の殻の中に入れて飼うことにした。鰻が大きくなると，カヴァ酒用のカップに入れ替えてその中で飼うことにした。しかし，鰻が更に成長するにつれてこのカヴァ酒用のカップも小さくなってしまった。そこでシーナは，鰻をMatafagatele村の隣村Moata'aの内陸部にある水溜まりに移した。しかし鰻はもっと大きくなってこれでも小さくなったため，シーナは今度は付近にある別の水溜まりに移した。しかし同じことはこの後も続いた。水溜まりの土手に美しい木があった。その木の実はpuaと呼ばれていた。シーナはそれをもぎ採って水中に投げ入れた。シーナはその中に入って泳ぎながら水面に浮いているその実を集めた。その時，例の鰻がシーナに咬みつき，その尾部の鰭で彼女を刺した。シーナは大変立腹してサヴァイッイに行ってしまった。ところが鰻もシーナの後をついてきた。シーナはサヴァイッイの色々な地区を一巡したが，それでも鰻がついてきた。シーナはウポル島の家族の許に逃げたが，鰻もウポルまで追いかけてきた。

鰻は海岸からウポルの一部に到着しが，その時，太陽は西にあった。鰻はその影を東に投げかけた。そのため Magiagi の南側にある一部は Laloata（影の下の意）と呼ばれるようになった。

そこで，Fuata（Matafagatele 村がその一部となっている地区の酋長達を表わす集合名詞）の人々は鰻を殺すために fono をそろえることにした。数人の者は lalago の木の毒の葉を集めるために出かけた。集めた葉を折って，カバ酒用の茶碗の中で搗き砕かれた後，水と混ぜられた。これを見た鰻は，自分を殺すために毒のある飲み物を用意していることが分かった。そこで鰻はシーナに最後の言葉を伝えた。「彼らが私に毒のある飲み物を与えようとしていることは分かっています。ですから，シーナ，皆が私の死体を食べるために切り割いた時，もし私を愛していらっしゃるならば，どうか私の頭を貴女の分け前にして貰えるように皆に頼んで下さい。そしてそれをトンガの石の壁の側に埋めて下さい。それはやがて貴女のためのヤシの木になるでしょう。そしてその木の葉でマットや団扇を作ることで出来るでしょう。その団扇で貴女は貿易風をつかまえることも出来るでしょう。この方法で私の愛に報いて下さい」。

やがて鰻は毒のある飲み物をあおって死んだ。そしてシーナはどうしたかといえば，鰻に深く感動していたので次のような歌を唄った。

Pai の娘，少女シーナよ
貴女は pua の木の実を採って，水中に投げてくれた
泳ぎながらそれを集めてくれた
そして鰻の尾の技巧で貴女はうっとりしたのだ

説話（v）

サモアの北東 350 m のところにデインジャー島（原住民はプカプカ島と呼ぶ）という島がある。ここの説話によれば，往昔 1 人の男がツーナ（鰻）を捕りに出かけた。それは妊娠中の妻に食べさせるためであった。生まれてくる子供にふりかかる危険を避けるために，妊娠中の妻の要求には従わなければならなかったのだ。彼が鰻を切り分けようとした時「私の頭を切り取って貴方の前の玄関の外側に埋めて下さい」と，鰻が話しかけた。彼がその通りにすると，その頭からヤシの木が生えてきた（Knappert 1992：54）。

説話（vi）

これとは別のタイプのヤシの木の起源説話を紹介しておきたい。なおこれと同じ筋書きの説話は後述のようにメラネシアのパプア人の間にもある。

昔，Toitoiavea と呼ばれる 1 人の若者がいた。彼は毎日，沢山の魚を捕獲していた。彼は海岸に来ると頭を胴体から外して Barringtonia の木の下に置いてから胴体だけになって漁に出かけた。漁が終わると彼は頭を取り付け，沢山の魚を持って帰宅した。このことは村人達を驚かすことであった。ある日，彼がいつものように漁に出かける時，数人の若者が灌木の中に隠れて彼の行動を観察した。彼らは彼の豊漁を妬み，彼の頭を灌木の中に投げ込んでしまった。漁から帰っ

てきた彼は，頭を見つけることが出来ないため海に戻りそこで死んでしまった。この若者達の中にNiuniuと呼ばれる若者がいた。NiuniuはToitoiaveaの頭が投げられた場所が気になってしばしば訪れた。そこで約1年後にその場所を調べていたら，その頭から1本の木が生えてきているのを発見した。そこで彼はこの木に自分の名前niuと名付けた。この言葉はサモア語のヤシの実を表わす言葉となった。彼は毎日，愛情を込めてこの木の世話をした。ある日，彼はこの木に実が生っていることに気づいた。この実は熟すと，木から落下した。彼はこの実を村に持ち帰り，人々にこれはToitoiaveaの頭であることを説明した。もしこの話を信じないならば，ヤシの実の殻を剥げば，そこにToitoiaveaの口と両目を見ることであろう（Edith and Branham 1975：55）

2　トンガ諸島

ここにはいくつかの異説があるようであるが（Gifford 1924：182-183），その中の3つだけを取り上げることにする。

説話（ⅰ）

1組の男と女がヒーナという名前の娘をもっていた。彼らはヒーナを処女として育て，彼女には何人かのお供がいた。山の麓の池の近くに大きな鰻の姿をした精霊が棲んでいた。ある日，この鰻は人間になった。彼はヒーナの恋の虜になって彼女を誘惑した。彼女は彼のために妊娠した。これが分かった彼女は沐浴のためにその池に向かった。彼女がそこに到着すると，鰻が彼女に話しかけてきた。「今夜，大変な大雨と嵐がくる。水は土手を越して町中にあふれるだろう。貴女の家以外はすべて壊れるだろう。水は貴女の家の敷居までくるが，それ以上にはならないだろう。私が来て貴女の家の敷居の上に私の頭を置きます。水が引いた時私の頭を切り取って，埋葬するように男に頼みなさい。身体の部分は好きなように処分して下さい。1本の植物が頭を埋めた場所から生えたならば，その世話をよくして，誰もがその葉や枝に触れないように注意しなさい。3年後，この植物の実を見るだろう。実はたわわになっている筈である。その実には3つの目がある。若い実を穿孔するためにはこの木の葉の中央の葉脈を折り採って，これでもって3つある孔のうちで一番大きな孔を穿孔しなさい。このようにして開いた孔から出る汁を飲みなさい。この実の果肉は美味しいので食べて下さい。この植物の名はヤシの木というのです。この木はそのすべてが役立ちます。実が熟したらこれから油が採れるので，生まれた貴女の小さな少女にこれでもって塗ってあげなさい。また多くの熟した実は植えなさい」。ヒーナは鰻の指示に従った。これによってトンガのヤシの木は生え始めたのである。

説話（ⅱ）

1組の男と女が1人の男の子（それは鰻であった）と2人の娘（名前はテウヒエとカロアフ）をもっていた。この鰻は自分の姉妹を激しく恋してしまい，2人に飛びかかった。2人は逃げたが，

第5章　西ポリネシアにおけるヤシの実の起源説話　87

ニウタオ島のヤシ油の製造　ヤシの実を半分に割る(左上)。ココナッツ・グレイターで削ってコプラ(果実の仁)を取り出す(左下)。ヤシの繊維を束ねたものの中に入れて汁を絞る(右上)。日に晒す(右下)　コプラから絞り出した白い汁にパンダーヌスの花や数種類の植物のほか、芳香を発するヒダの若い葉やミソハギ科のミズガンヒ(右下写真の左側人物の隣の植物)を削りだしたものも混ぜ合わせる。

鰻は追いかけた。2人は海に飛び込み、2つの岩になった。トンガタブ島のヒヒフォのテウヒエとカロアフがそれである。鰻はサモアに行って池の中に棲んでいた。そこで沐浴していた1人の処女が、その鰻のために妊娠してしまった。その結果、人々は鰻を殺すことに決めた。鰻は恋人の彼女に「自分が殺された後、人々に頭を貴女に上げるように頼みなさい」と言った。彼女はその頭を植えた。するとそれは見たこともない新しい木に成長した。これがヤシの木である。

　説話（ⅲ）
　数百年前、王様にようやく美しい娘が授かりました。名前をヒーナとつけた。彼女は天候が悪い時を除き、毎日お手伝い達に連れられて滝壺で泳いで遊んでいた。ある日、小さな鰻と出会い、餌を上げることになった。成人したヒーナの肌はつるつるしていたし、歯は太陽の光線のようにきらきら輝いていた。またほっそりした長身で、黒い髪の毛は足下まで垂れていた。そのうえ、彼女は健康で生き生きとしていた。彼女のように美しい人はトンガにはいなかった。彼女の18歳の誕生祝いを準備していた王の耳に、ヒーナが妊娠していると驚愕するような噂が伝ってきた。王は噂を確かめるためにヒーナを連れてこさせた。王に尋ねられたヒーナは、王のあまりの剣幕に返事が出来なかった。王は犯人を捜すように、予言者達、賢人達、魔法使いに頼んだが無駄で

あった。王は怒り狂って、食事も喉を通らなくなった。お手伝い達は毎日、彼女を滝壺に沐浴に連れて行ったと答えた。「滝の周囲を調べろ。この近くにいる者達をもだ！」と命じた。軍隊は懸命に調べたが、1匹の気味の悪い生き物を以外は何も発見出来なかった。「その生き物は男か鰻か」と王は尋ねた。家来達は、それは鰻であるとすぐに答えた。家来達の手は震えていたが、この鰻の首にロープをかけて宮殿まで引きずってきた。このニュースを聞いたすべての男達や女達、それに子供達までもがそれぞれ手に武器を持って、この鰻を殺すために集まった。1人の男がこの鰻は人間の言葉を使いますと王に教えた。王は鰻に「娘を妊娠させたのはお前か」と尋ねた。「はい。そうです」と鰻は控え目に答えた。王は「お前は死ぬであろう」とわめいた。そして鰻に「その前に望むことがなにかあるか」と尋ねた。鰻は1人だけになって「ヒーナと話がしたい」と答えた。王は「自分のいる前で話せ」と怒鳴った。鰻は「私の言うことを注意深く聞いて下さい。貴女は私の首を安全に保って、貴女の家の外側に埋めて下さい。そこから1本の木が生えてきます。これは私から貴女とこれから貴女が生む赤ん坊への贈り物です。この木の実のミルクを飲む時には私たちがキスしていたことをこれからずっと思い出すでしょう」と言った。首に巻かれていたロープが引っ張られて鰻は死んだ。鰻の目からは大雨のように涙がこぼれ、悲しみは空を覆った。ヒーナは「なんということなのだろう。私の恋人よ！タンガロオア神はどこにいらっしゃるのでしょう」と叫んだが、答える者は1人もいなかった。ヒーナの叫び声はまるで雷のようであった。ヒーナは両親を含むすべての人に裏切られたと感じた。ヒーナは鰻が捨てられた場所をようやく探し出すと、その頭を持って町からもっとも遠い場所に走った。そしてそこに頭を埋めた。その後、ヒーナはそこで食べ物も衣服もろくにない貧しい生活をすることになった。やがて男の子が生まれた。子供にはTinilauという名前をつけた。やがてヒーナが埋めた鰻の頭から木が生えてきて、親子でその果実を飲もうとした時、そこに恋人である鰻の顔を見たのであった（Afuhaamango 1997）。

【追記】

V. Herenikoが文章、J. Schreursが美しいカラーの絵を担当した『シーナとティニラウ』と題された本が刊行された（Hereniko and Schreurs 1997）。この本ではどこの島で語り伝えられていたものか明記されていない。しかしティニラウは上記のTinilauと同義語であると思われるのでトンガで採集された物語と考えられるが、ティニラウの美貌がトンガまで広がっていたということは特定の島を意識せずに書いた本かもしれない。内容的には上記のストリーとはかなり違うので、概略だけ紹介しておきたい。

昔々、太平洋の孤島にシーナと呼ばれる大変美しい王女がいた。その肌はタカラガイのようになめらかであった。成長した時の彼女の美貌は遠くトンガ、サモア、フィジー、パプア・ニューギニアにまで知れわたった。その結果、これら各地から多くの若者が彼女のハートを射止めようとカヌーに乗って殺到したがむなしく帰還して行った（高山注：これらの島々は互いに言葉が通じないので来ても無理であることが面白い。またこの描写は我が国のかぐや姫との結婚に挑戦した5人の貴公子

達の話に似ている〔たとえば，三谷 1988：128-256〕)。シーナの父である大酋長 Telematua は彼女との接見を禁止していたので，シーナは毎日1度だけ海岸に沐浴に出かけるだけであった。シーナが泳いでいると鰻が彼女の周囲をぐるぐる回った。そしてシーナがかつて聞いたこともないような最高にあまい歌を唄った。ある日，シーナは蟹や亀や蛸などの海の仲間と遊ぶのに飽きてしまって，追い払ってしまった。しかし鰻だけは残った。そしてシーナは鰻に心が安まるまで歌を唄っておくれとお願いした。すぐに鰻はシーナを愛してしまい「結婚して下さい」とお願いした。シーナは「私は若いが，あなたは老いているだけでなく姿が醜いので駄目です」と断わって，海岸にやっと泳ぎ着いて家に帰った。鰻はとぐろを巻いてから海底に姿を消した。翌日，いつものように海に出かけたシーナは鰻に会いたくなって，その想いを唄にした。鰻は現われなかったためシーナは落胆して帰宅した。そしてその悲しみからシーナは死にそうになっていた。父親の大酋長 Telematua はこのことを大変心配した。彼はすべての賢人にシーナの病気を治す方法を探させたが無駄であった。そこで父親は，もし娘の病気を治せる者がいたら娘を嫁にやると布告した（なお，この話は東南アジア島嶼部にみられる説話では王は犬に娘を差し出さざるを得なくなっているもの（石田 1984：212-214）と似て面白い）。これを聞いた太平洋の島々（ラロトンガ，サモア，ニウエ，トンガ，キリバス，ソロモン諸島，それにイースター島）の若者達がここに殺到した。しかし誰もがシーナの病状を改善することは出来なかった。ある朝，日の出の直前，島の人達が今まで見たこともないほど最高に醜い人が，シーナがいつも沐浴していた海岸の場所から現われた。彼がどこから来たのか誰も知らなかった。ある人は彼はサモアからだと思ったし，他の人はフィジーの北にあるロツーマ島からと思った。

　この見知らぬ者は歌を唄い，踊りもしてみせた。この男は水から上がった鰻のように地面をずるずると滑った。この奇妙な姿に村人達は笑い出した。しかし大酋長は笑うことはせずに，娘のいる家に向かっている鰻を急いで止めさせようとした。鰻は落ち着いた様子で「貴殿は娘の病気を治癒してもらいたいのではないですか」と言った。この男は死にそうになっているシーナの口を開けて歌がその中に入るようにして唄った。この甘い声を聴いたシーナの顔は微笑に変わった。鰻を打ちのめすために棍棒を振り上げていた大酋長も魔法をかけられたように聞き惚れた。歌が終わるとシーナの体温が下がった。シーナが目を開けて最初に見たのは鰻であった。するとすぐに鰻は素敵な若者の王子 Tilinau に変身した。かくして2人は結婚して末永く暮らすことが出来た。また2人の間には沢山の子供が生まれてその子孫達が現在の島の住民なのである。

【コメント】

　なお，この伝承にはヤシの木の起源物語は付随していない。語り伝えられる途中で省略されてしまったのであろう。ポリネシアの神話では，Tinilau や Tinirau の名前はこれ以外にも Kinilau などいくつかの多少異なった呼び方があり，ポリネシアやミクロネシアに広がっている。東ポリネシアでは大洋と魚の神話であるが，西ポリネシアではハンサムナで魅力的な島の酋長となっていて，美しいヒーナ（あるいはイーナやシーナ）と恋に落ちるストーリーとなって登場する（Craig

1989：115）。

3　ニウエ島

説話（ⅰ）

　兄弟のなかの女が子供を生んだ。子供は成長したが，別の家に住んでいた。しかし，彼女が生んだ子供は本当の子供ではなく鰻であった。兄ないし弟は彼女の子供に会いに出かけた。彼が家に到着した時，鰻は叫び求めた。「どこに行くのか。私はお前を殺して食べるつもりである」と。そこで彼は急いで逃げたが，鰻は追いかけてきた。鰻が彼を正に捕まえようとした時，彼は櫛を下に投げた。そこで鰻は休憩して，その櫛で自分の頭をすいた。それが終わると再び追いかけてきた。彼は捕まりそうになった時，今度は鏡を下に投げた（なおニウエには本来，鏡は存在しなかったので，これはヨーロッパ人との接触後に入った話である。本来の話では彼は櫛と油と腰帯を投げることになっている）。すると，鰻は休憩して鏡で自分の頭と身体をながめた後，また追跡を続けた。鰻が彼を捕まえようとした時，彼は海の中に飛び込み，そこで石になってしまった（Loeb 1926：202）。

　なお『古事記』では黄泉の国に出かけたイザナギノミコトが鬼に追いかけられた時，頭に付けていたカズラや櫛や木に生っていた桃を投げたりして逃げることが出来たという話に似ていて面白い。

説話（ⅱ）

　カリカ（Kalika）は陸鳥であったが，ツーナ（Tuna）は海からきたアナゴであった。カリカと彼女の5人の子供はホウマ（Houma[Alofi]）の木の頂上に住むために出かけた。ツーナもまたホウマに住んでいた。

　ある日，カリカは子供の1人を海から水を汲んでくるようにと下に行かせた。子供が水のある所に到着すると，ツーナは子供を襲って呑み込んでしまった。そこでカリカは2番目の子供を行かせたが，ツーナが同じようにこれも食べてしまった。母親は子供の帰りを待ったが，あまりにも遅いので，3番目の子供を行かせた。またもやツーナはこれも食べ，かくしてその後行かされた4番目の子供も5番目の子供も食べてしまった。ツーナは4番目の子供までは身体全体を呑み込んでしまったが，5番目の子供は頭だけ呑み込んだので，残った足は空中にぶらさがっていた。子供が帰って来ないことを知った母親は，子供を探しに海岸に降りて行った。そこで彼女は子供達がツーナに食べられてしまったことを知った。彼女は泣いてツーナに子供達を生き返らせてくれるように頼んだ。「私は子供達の帰りが遅いのは貝や蟹を捕っていたからだと思っていました。それが貴方が全員を食べてしまったことを知って，本当にショックを受けています。なんということでしょうか」とカリカは嘆いた。カリカは更に「どうか私の子供を返して下さい。そしたら山に戻って，私の土地でご馳走を用意しましょう。そしてそれを貴方と一緒に食べましょう」とお願いした。

するとツーナはまだ生きていた1人の子供を吐き出した。カリカはツーナに感謝し，「私達は今，山に戻りご馳走の支度をします。支度が出来たら貴方がいつ来たらよいかを知らせるために，私はここに戻ってきます」と述べた。ツーナはカリカのこの提案を受け入れた。

カリカと彼女の子供は戻ってご馳走の支度をした。2人はフォウマクラの地面に穴を掘った。穴が出来上がると，カリカは雨が降って，穴を水で一杯にするようにお祈りした。するとすぐにマタホ（アロフィ）の薮から水が流れ出てきて，まっすぐ下のヘアイ（アロフィ）に向かい，フォウマクラに達した。そしてここでカリカと彼女の子供が掘った穴を満たした。

穴が水で一杯になったことを知ったカリカらは食べ物として鳥や色々な昆虫を捕り始めた。これらは水で満たされた穴の中に入れられた。かくしてご馳走の支度が出来上がると，ツーナを招待するためにカリカは山を降りた。やがてカリカとツーナが山に向かった。カリカは早く歩いたが，ツーナはゆっくりと進んだ。断崖に到着した時，ツーナはカリカの土地は遠過ぎると不平をもらした。しかしカリカは「一緒に来なさい。元気を出して。私の所はすぐですから」とツーナに答えた。彼らがようやく到着した時，ツーナはゆっくりと進んでいた。彼のわき腹は皮膚がやぶれてひりひりしていて，体力がなかった。カリカと彼女の子供はツーナにご馳走を出した。ツーナは満足した。ツーナは嬉しくて水溜まりの中に滑り込んだ。しかしカリカは自分の子供達を食べたツーナを殺そうとした。食事が済むと，島に旱魃が襲った。そしてカリカが準備していた穴の中の水が干上がって空になった。ここでカリカは，フォウマクラは海岸から遠いので，ツーナは自然に死ぬであろうと誤算した。穴の中を這いずり廻っていたツーナは，穴の上端に達した。そしてツーナは逃げ出すことに成功して，ツフキアに来た。そこから海に逃げ込んだ。

なお，この説話の最後には鰻の姿の起源についての説明が付加されている。それによると，鰻は本来は丸い魚であったが，このようにカリカに騙されてから，その前方が平らになってしまったのであると（Loeb 1926：198-199）。

4 トケラウ諸島

シーナは夫のティニラウとファカオフォ島に住んでいた。ある日，彼女は1匹の小さな魚を礁（リーフ）の水溜まりの中で見つけて，これをヤシの実の殻の中に入れて飼うことにした。しかし，この魚は非常な速さで大きくなっていった。ヤシの実の殻では間に合わないために，木製のかいば桶に入れ替えた。しかしもっと大きくなったので礁の中の水溜まりの中に入れたが，魚は更に大きくなった。そこで彼女はこれを海の中に入れた。彼女や夫のティニラウが餌を与えるために呼ぶと，魚は必ず水面に出てきた。この魚の名前はナムタイモアと呼ばれた。ティニラウは鰹漁から帰った時は，決まってその数匹をナムタイモアが食べるように上げるようにしていた。

ある時，ラギツアセフル島の数人がファカオフォ島を訪れた。彼らはいかにしてこの魚ナムタイモアを殺して食べようか策略を練った。しかしシーナとティニラウはその名前を他の者には秘密にしていたので，彼らはこの魚の名前がナムタイモアであることを知らなかったため呼び出す

ことが出来なかった。そこである日ティニラウが漁から帰ってきた時，彼らは礁の上に隠れていて，ティニラウがこの魚を呼ぶのを聞いた。彼らはティニラウがいない時，彼の声を真似てナムタイモアを呼ぶことに首尾よく成功し，これを銛でしとめた。彼らは急いでナムタイモアの身体を持って，自分達の島であるラギツアセフルに首尾よく戻ることが出来た。ティニラウは帰宅するや何が起きたかを知った。そこで彼はすぐに追跡に出発した。ここには10島が接して存在している。彼が最初の島に到着した時，逃亡者らは2番目の島に逃げ込んでいた。そこで彼がこの島に着くと，すでに3番目の島に移っていた。そして最後に彼は彼らの島ラギツアセフルに彼らを追い詰めた。彼がこの島に上陸した時は夜で，あたりは真っ暗であった。彼が最初に目撃したものは，大きな火を燃やす寸前であった。その側には1人の老婆がナムタイモアを料理するためにいた。ほどなく，人々はこの老婆に火を付けるように叫んだ。しかしティニラウは「ちがう。ちょっと待て」と言った。老婆はティニラウの言葉に従った。男が「火を付けろ」と叫ぶ度に，ティニラウはその男の側にそっと忍び寄って，次々に殺していった。かくしてすべての男が殺された。ティニラウがこのようなことが出来たのは，非常な暗夜で，しかも彼が大変落ち着いていたからであった。その後，ティニラウはナムタイモアの死体に近づいて行って，これを小片に切り刻んだ。そしてティニラウはこれらの小片を海中にばら撒いた。するとそれらはすぐに魚に変身した。この魚は現在のファカオフォ島の周りには極めて普通にいて，マニニの名で呼ばれているものである（Burrows 1923：158-159）。

ところで，このトケラウ諸島のこの神話についてカートリ（Kirtley 1967：98）は，魚が大きくなる話の筋はソサエティ諸島，サモア，トンガ諸島のヴェーションと同類であると述べ，切断された破片に小さな魚の祖先の起源があるとする筋は，ツアモツ諸島とニュージーランドの物語と関連しているとコメントしている。

なお参考までに述べると，トケラウ語辞典にはツーナ（tuna）とは淡水の鰻を表わす言葉であるが，ここには生息していないと記述されている（Office of Tokelau Affairs 1986：410）。

5　ツヴァル

既述のように，ツヴァルの事例をウィリアムソンが報告している。ナヌメア環礁島では1匹の有毒の海蛇が空を持ち上げたのであるが，この女性である海蛇は，男性である地面と結合して，人類の起源になったと語り伝えられている（Williamson 1933[1]：82）。そしてウィリアムソン（Williamson 1933[1]：82）がいうには，Turner（1884：288）はこのように有毒の海蛇を女性，地面を男性とした報告を残しているが，Turnerが口をすべらせた誤りであろうと正している。

しかし，ポーンペイのように鰻が女性となっている説話があることは，Turnerの報告が間違いであるとはいえないであろう。特にポーンペイの1つの説話では，既述のように最初に洪水の話があって，これから2人の女性がこれを利用して海岸と川の間に魚を捕りに出かけ，鳥が落とした石を拾い上げる話へと発展する。ツヴァルのナヌメアの説話では女性である有毒な海蛇が地

第5章　西ポリネシアにおけるヤシの実の起源説話　93

面の男性と結合した結果，誕生したのが人間であると伝えているだけでなく，Turner（1884：288）は更に，この前文においては太古，天と地が結合していたが，有毒の海蛇がこれを分離させた。その結果，洪水が発生したが，有毒の海蛇が水を去らせたという話を報告しているのである。これはキリスト教の布教活動に従事していたTurnerが残した記録なので，この洪水の話はキリスト教の洪水神話の影響ではないかと私には思われる。

6　洪水伝説

上記の洪水説話は，先述のクック諸島のマンガイア島におけるヒーナとツーナのヤシの木の起源説話を想起させる。しかし，オセアニアにはこれ以外にも洪水説話は以下のように各地に散在している。

(上)ラグーン内にある海鰻の跡と呼ばれる遺構
(下)海鰻の跡近くにあるモソと呼ばれる巨人の足跡
(ともにナヌマガ島)

　東ポリネシアのツアモツ諸島のマンガイア島民がいうには，Hao島の伝承によれば，地面と天を創造したのはVateaと呼ばれる者で，その後，彼は最初の人間であるTikiとその妻Hinaを作り上げた。HinaはTikiの肋骨から作ったのである。次にこの結婚から生まれる子孫達の系譜の話へと発展する。この中にはノアの洪水とバベルの塔の話と思われるものがある。このようなストーリーが聖書の影響によるものかどうか議論が分かれるころである（Williamson 1933 (1)：69）。しかし，キリスト教の宣教師エリスが1822年にハワイ人にノアの大洪水の話をしたところ，彼らは自分達にも同じような話があると彼に語った（フレイザー1973：104）。メラネシアのソロモン諸島のサン・クリストバル島にカヌーで渡来したUmaroaと呼ばれる指導者は，サン・クリストバル島では洪水の伝承の中に出てくる人物である（Fox 1925：285）。ミクロネシアのヤップの離島民がヤップに朝貢するのは，これをしないとヤップ人が呪術でもって彼らの島々に津波がくるようにするからだという。私達はベラウのカヤンゲル環礁島で発掘を行なった時，島の人から島の中央にある大木を伐らないで欲しいと要望された。この木を一部でも伐るとを大きな波が

起きて彼らの島を流してしまうからであるという。これに似たような話は，柚木一朗（1932：814）が戦前報告している。往昔，ガリヤップ島にデラマルコツツクという女神が住んでいた。やがて彼女はギブタル島に移った。彼女の家の庭には1本の大きなパンの木があった。その木の幹には空洞があって，時折，その中から海の汐が吹き上がったが，それと一緒に魚が降ってきた。彼女はそれを食べるので食べ物には不自由しなかった。そこでこれを妬んだ村の者達がこの木を伐ろうとした。これを知った彼女は「このパンの木を伐ったりすると，ギブタルの島が沈んでしまうでしょう」と彼らに言った。しかしこの言葉を信じない村人達がこの木を伐り倒したら，切り口から海の汐が吹き上げ，たちまちのうちにギブタル島は海中に没してしまった。なお余談になるが，私達がベラウの調査をしていた当時，コロールの博物館の前にあったバイ（集会所）に描かれていたストーリーボードの絵の中で語られている話には，妻と子供達をいじめた Aime-lukl の男がカヤンゲル環礁で妻と子供達によって罰として石に化されたといわれているが（Palau Museum Publication 1971），ここでの調査時には残念ながら私達はこの玄武岩について調べる時間がなかった。またその後，このコロールのバイは焼失したが，今では復元されている。

　なおまた，ポーンペイのラグーンの中にある Langar 島の誕生も洪水伝説と結びついている（Ashby 983：33）。これらのことからオセアニアの「洪水説話」は海に接した場所に住むオセアニア人が古くからの体験から考え出したストーリーといえるかもしれない。ついでに付言するならば，大林太良（1979：94）はベトナムの神話や日本の海幸山幸神話にみられる洪水や高潮をポリネシアの洪水神話に近いと見なしているが，これは牽強付会に等しい想定であると私は思っている。

　なお話は戻るが，ツヴァルはサンゴ礁のため小川も池もない。従って，高い島（火山島）では淡水の鰻の話であったものが，このような環境の場所では海蛇に変わるのはごく自然の成り行きであると思っていたが，1996年にツヴァルの調査時，インフォーマントの Isara 氏からヴァイツプ島の沼地には淡水の鰻が棲んでいるという話を聞いた。そしてこれは決して食べることはないという。また別のインフォーマントによれば，ツヴァルの南端にある本来は無人島のニウラキタの湖には沢山の鰻がいて，ここを訪れるニウタウ島のツヴァル人はこれを食するという。ヴァイツプ島の話はツヴァルでも淡水の鰻を神聖視する神話があったことを暗示している。

　なお，私達はナヌマンガ島に鰻（インフォーマントは英語の「eel（鰻）」という言葉を使っていたが，ここには鰻は生息していないのでアナゴかウツボのことであろう）の跡を示す遺跡と，それに付随する足跡遺跡があることを知った（高山・齋藤・高山 2006：289）。

7　ポリネシアにおける鰻を嫌悪する島としない島々

　参考までにポリネシア人が鰻を嫌悪しないことを島毎に簡単に一瞥しておく。

　たとえば，サモアでは淡水産・海水産を問わず鰻は人気のある食べ物である（Gratton 1985：80）。クック諸島では淡水産の鰻はミティアロを除けば，重要視されていない。ミティアロでは

内陸部のラグーンから淡水鰻が大量に捕られる（Buck 1944：245）。ソサエティ諸島では，海産の鰻も淡水の鰻と共に人々の大変好きな食べ物であった。もっとも好きな淡水産の鰻には3種類ある（Oliver 1974[1]：283）。ここではアナゴは大きくなるまで養殖された（Oliver 1974[1]：286）。ただしタヒチには鰻を祖先と見なす1家族がいる（Handy 1927：129）。このような人々は鰻を食べないかもしれない。サンゴ島から構成されているツアモツ諸島のラロイア環礁でも海産の鰻が時折捕獲されて食べられる（Danielsson 1955：182）。同諸島では他の環礁でも海産の鰻は食される（Emory 1975：43）。この場合の鰻というのはアナゴ（Ariosoma bowersi）やウツボ（Gymnothorax pictus や G. hepaticus）などで鑑定不明の4種類の鰻を指す（Emory 1975：245）。イースター島民も，海産の鰻も淡水産の鰻も食べる（Barthel 1978：194）。ニュージーランドでも多くの部族にとって鰻は重要な食べ物の1つである。そしてある地区では鰻を捕るために大きな水路を掘らねばならず大変な労力を必要とした（1973：197）。ハワイの海にはアナゴやウツボや海蛇がいる。ハワイ人はもっとも獰猛なプヒ・パカ（Echidna nebulosa（Ahl））を好む。海産の鰻は普通に食べられるが，淡水産の鰻はなにかの儀式の際に食される。マウイ島のコオラウの首長達はことさら鰻を賞味したので，大切な客はこれでもてなした。なぜなら鰻の方が女房よりも好きなものとして選ばれると考えられていたからである（Titcomb 1977：144-146）。

　マルケサス諸島でも海水産の鰻と同様に淡水産鰻（koee）も食べられた（Handy 1923：177）。

　一方，メラネシアのポリネシアン・アウトライアーのレンネル島民は淡水産の鰻（upo, Anguilla pacifica）をハゼと共にもっとも好む（Birket-Smith 1956：65）。レンネル島の隣島で同じくポリネシアン・アウトライアーのベロナ島民は，蛇は神（Tehanonga）と結び付くと考えているが，この神を崇拝することはない（Monberg 1991：34）。

　その他，メラネシアのポリネシアン・アウトライアーのティコピア島民についてリヴァーズの報告がある。ここでは島民は4つの集団に分かれる。この各集団は祖先の出自に関連した独自の動物や植物と結び付いている。この中の1つ，タフア集団は淡水の鰻（tuna），コウモリ，亀を食べない。またもう1つのタウマコ集団では海産の鰻（toke）と鳩（rupe）を食さないという（Rivers 1968：303）。

　同じポリネシアン・アウトライアーのリーフ諸島民は海産鰻（navanga）も水産鰻（tuna）も食べない（Rivers 1968[1]：229）。

　これに対して，ミクロネシアのポリネシアン・アウトライアーのカピンガマランギ環礁民は海産の鰻を最高の好物にしている（Buck 1950：48）。

8　まとめ

　西ポリネシア諸島でみられる説話の中でもサモアのものは，チュークの説話の起源を探るうえで重要である。

　1）サモアの説話では，鰻と娘シーナは相思相愛になることはなかったし，鰻は嫌悪すべき対象

となった。その結果，当然なことであるが，鰻と女性が性的交渉をもつことはないし，従って，サモアの話には娘が鰻の子供を生むことはない。この点ではチュークのものはサモア的なものではなく，東ポリネシア的なものであるといえる。

2) サモアの説話には東ポリネシアのようなツーナとヒーナの悲恋物語はないが，鰻の頭からヤシの木が生えてくるという筋書きでは東ポリネシアのものと共通している。

3) サモアには東ポリネシアと同様に，鰻をトーテムとしたり，あるは氏族としたり，更には神と見なすことがあるので，これらの点ではチュークを含むミクロネシアの島々と一致する。

4) サモアの説話はマウイ集成物語とは結びつかないと考えられていたが，そうでないことが分かったきた (Kirtley 1967：99)。同じことはチュークにも当てはまる可能性がある。

5) チュークには該当する資料が発見されていないが，コシャエ島ではトーンと呼ばれる鰻の氏族の一部は後世，サモアから渡ってきて合流したと伝えられている (Segal 1989：71)。トーンという名称はポリネシアで鰻を表わすツーナと符号するように思われる。ただ，サモアに鰻自体をトーテムとする習俗がないのは，チューク，ポーンペイ，コシャエという東カロリン諸島とサモアを結びつけるには，その間の媒介物の存在を考えねばならない。それはマウイ神話であるが，この点については後で詳述する。

6) チュークでは鰻が娘を食べたことになっている。これに似たような話は，サモアで娘（シーナ）が飼っていた鰻に咬まれたため，鰻から逃げ出す話や (Turner 1884：243)，あるいは，キリバスの神話にみられるアナゴのリーキが呼びにきたナアバウェに咬みついた話などがある（大林（編）1976：74)。しかしこれらがチュークの物語に影響を与えたとは考えられない。この場合，むしろクリスチャンのポーンペイでの体験談が参考になる。ここでは淡水の鰻は it と呼ばれていたが，現在では kamichik と呼ばれる。その意味は「恐ろしい」ということである。この鰻は，川の浅瀬を渡っている人を時折不意に襲って，非常な激痛となるほど咬みつくという (Christian 1899：365)。同じくポーンペイでは，鰻がカヌーで来る人を食べたという伝承がある。チューク人のいう，娘が鰻に食べられたとする物語には，このような鰻への恐怖感がある程度影響しているような印象を私は受ける。

第6章　メラネシアのポリネシアン・アウトライアーのヤシの実の起源説話

1　レンネル島

　カートリは，虐殺された鰻（ツーナ）と女性ヒーナの性的冒険談と，この死んだ鰻の頭からヤシの実が生える説話は，西はメラネシアに住むポリネシアン・アウトライアーのレンネル及びベロナ両島まで分布していると述べている（Kirtley 1967：89）。そこで，ここではこの両島だけでなくメラネシアのもう1つのポリネシアン・アウトライアーで知られるティコピア島の説話についてもながめておきたい。

　メラネシア地域でも，ポリネシア人が住むレンネル島からは2つの説話が採取されているが（Elbert and Monberg 1965：125-130），両者の間にはほとんど差異がない。この説話で登場するマウティキティキは，いくつかのポリネシアの島々でマウイ，他の島々ではマウイティキティキとして知られている有名な文化英雄のことである（Elbert and Monberg 1965：109）。

　ある日，コツァアコツァ（Kotu'akotu'a）と彼女の孫は魚を捕りに海に降りて行った。この島ではこの2人はカカイと呼ばれる文化英雄であった。彼らは何かに出会った。これはンゴセンゴセ（ngosengose）と呼ばれるも神話に出てくる生き物で，沢山の枝分かれをした足をもった，斑点のある毛だらけの巨大な亀のようなものとする説と，巨大な海蛇のようなものと見なす説とがある。彼らはこれを拾い上げて，ヤシの実の殻で作ったひしゃくの中に入れて飼うことにした。するとこれはすぐに大きくなったので棚に置いたが，更に大きくなったので網の棚に移した。しかしあまりにも大きくなって家を倒した。すると，ンゴセンゴセは自分用に大きな家を建ててくれと彼らに頼んだ。この言葉を聞いた彼らは，ぎょっとして恐怖のあまり逃げだした。彼らがマウティキティキの家に到着すると，マウティキティキは「どうして歩きまわっているのか」と彼らに尋ねた。コツァアコツァは「私達2人は海に行ってンゴセンゴセを捕まえて，飼っていたら，それは大きくなって，私達を追いかけてきたのです。そこで私達はここに逃げてきたのです」と答えた。その後，マウティキティキは「ンゴセンゴセは何が出来るほど力持ちであるのか」と質問した。するとコツァアコツァは「嵐を起こすくらいの力持ちです」と答えた。

　コツァアコツァがマウティキティキにこう言った後，マウティキティキはンゴセンゴセが近づいて来るのが目に入った。マウティキティキはぎょっとして，2人に身を隠す場所を探して，そこに行くように言った。しかし隠れる場所がなかったため，マウティキティキは自分が持っていた木製容器の1つを開けて，2人をその中に入れた。ンゴセンゴセがきて，マウティキティキの家の中に入ってきた。マウティキティキは2人を入れた容器に寄り掛かっていた。ンゴセンゴセ

(左)レンネルの女性達
(右)鮫捕り用の木製の釣り針を持つレンネルの男　この男性は，胸に魚の刺青をしている。これは，ティコピア島から伝えられたという。また，ツヴァルなどではこのような形をした木製の組合わせ釣り針で深海魚のバラムツを捕る

はマウティキティキに話しかけた。そして例の容器がガラガラ鳴るのを耳にした。ンゴセンゴセは「この容器は大変振動するようだが。どうしてか」と尋ねた。マウティキティキは「私の容器は振動する癖があるだけのことだ」と答えた。

　しかし容器の中のコツツアコツツアと孫は非常に恐くて，放屁してしまった。そこで，マウティキティキはンゴセンゴセに「何か食べたいか」と聞いた。ンゴセンゴセは「ああ，食べたいね」と返事した。マウティキティキは「ちょっと，待ってくれ。何か食べ物をこしらえるから」と言った。マウティキティキは出かけると，いくつかのタロイモの若枝を折り採って，ンゴセンゴセのために焼いた葉を作った。マウティキティキは次に2個の火山岩製砥石を取って，これを焼いたタロイモの葉の包みの中に入れた。そしてこれらを料理した。焼いた葉が料理し終わると，マウティキティキはその包みを取って，2つに割った。次にこの焼いた葉の一部を1つの球状にしたのであるが，その中には例の砥石が1個入っていた。そしてマウティキティキはンゴセンゴセに「口を開け」と言った。そしてマウティキティキは焼いた葉の一部を彼の口の中に投げ込んだ。マウティキティキは「熱いか」とンゴセンゴセに聞いた。「ちょっとだけ熱いだけだ」とンゴセンゴセは返事した。そこでマウティキティキはもう1つの焼けた葉を彼の口の中に入れた。それを全部呑み込むとンゴセンゴセはマウティキティキにお礼を言った。話が終わると，ンゴセンゴセはぎょっとして，苦痛にゆがみ死の間際になった。ンゴセンゴセはマウティキティキに「貴方は私達に愛情を示してくれたし，餌を与えてくれた。今，私は臨終の際にある」と言った。

ンゴセンゴセは更に「今や私は死ぬ時です。貴方は私を埋葬するために墓を準備することになっている。そこを見守っていて下さい。1個の黒いヤシの実が私の墓の頭の部分から生まれるでしょう。これは健康を回復するためにイナティの分け前になります（なお，イナティとは地区の神あるいは祖霊テフッアイガベンガに捧げる食べ物の一部のことである）。また1個の赤いヤシの実が足元に生まれます。これにはタブーは課せられていません」と話した。

その後，ンゴセンゴセは死んだ。そしてマウティキティキは彼を埋葬した。そして細心の注意を払っていたら，1個の黒いヤシの実が墓の頭の位置から，また1個の赤いヤシの実が足元から生まれてくるのを見つけた。2つのヤシの実が現われたのだ。マウティキティキはヤシの木からヤシの実をもぎ採って，それを割った。しかしそれは中身が充実してなく，果肉もなかった。そこでマウティキティキはもう1つの実を採って割ったが，それも中はまったく空っぽであった。マウティキティキは怒って，ヤシの木に言った「お前は今1つの花の茎に果実を生んだが，今日はお前は5つの花の茎に果実を生まねばならない」。このヤシの木との約束後，マウティキティキがヤシの木に登って，その上に放尿した。その後，ヤシの木は5つの花の茎に果実を生んだ。マウティキティキは果実をもいでそれらを割った。すべての果実は中身が充実しているだけでなく，果肉もあった（なお，一説によれば，ヤシの実の中身が充実したのはマウティキティキの尿であり，果肉は彼の粘液ともいわれている）。

2 ベロナ島

ヤシの木の起源について，ベロナからは上記の神話とはやや変形した次のようなものが採集されている（Elbert and Monberg 1965：125-130）。

2人の擬人化された文化英雄が1匹のンゴセンゴセと呼ばれる不思議なソーセージのような生き物（多分大きなナマコのこと）をリーフ（礁）の中で見つけた。彼らはそれを家に持って帰り，家まで造ってあげた。しかしこの生き物はどんどん大きくなって，ついにはその家から外に出てきて2人を食べると脅した。2人はマウイティキティキの家に逃げ込んだ。マウイティキティキは，この生き物に焼けた石を食べさせてようやく殺すことが出来た。この生き物は死ぬ前に，埋めてその墓に来て貰いたいとマウイティキティキに告げた。マウイティキティキはそれに従った。すると2本のヤシの木がその墓から生えてきて実も生らした。マウイティキティキはその木に登って実をもぎ採った。しかし実の中は空であった。そこでマウイティキティキはヤシの実に小便をかけたところ，中は液体で一杯になった。実の果肉はマウイティキティキのペニスの粘液である（Monberg 1991：102）。なお，この場合の粘液は粘液分泌腺からの分泌液のことであって，精液ではないともいわれている。つまり皮脂腺の分泌物だというのである。この方が精液よりもっと白っぽくてヤシの実の果実に似ていると考えられている（Monberg 1991：24f）。

なお，ベロナ島からは，前記のレンネル島の話と似たタイプのものが報告されているが多少違う。

シーナは1匹の蛇を子供としてもっていた。ある日，別のシーナが訪ねてきた。このシーナも同じように蛇を子供としてもっていた。2人は火を起こしてbiiと呼ばれるフルーツを石焼きにした。それを食べ終わると，訪ねてきていたシーナはこの家のシーナからbiiフルーツを入れた籠を自分の子供のために持ってくるように頼まれた。訪ねてきていたシーナはこの家のシーナの子供が蛇とは知らなかった。そして籠を見つけることが出来なかった。するとこの家のシーナは，それは柱の根元近くにある自分のぼろぼろになった腰巻きの下にあると教えた。訪ねてきたシーナは柱の根元に，自分に向かってとぐろを巻いている蛇を見つけるや，恐ろしさのあまり，biiフルーツを落として逃げ去った。訪ねてきたシーナが，自分の蛇の子供を恐れたことを知った家のシーナは泣いた。そしてそれを数片に切り裂いて，木製の食器用の瓢箪のお椀に入れて蓋をして家の中に置いた。雨が降ってきたので，彼女は雨を集めるために，そのお椀を家の樋の下に置いて，水がいっぱいになるまで待った。その後，彼女は蓋をした。やがて彼女が蓋を開けると，その中には成長した子供がいた。その子は頭も脚も成長していて非常にハンサムな人間の男性になっていた。この青年が鳴り響く板を叩くため，この音を聞いて，以前にここに訪ねてきたことのあるシーナは怖がった。しかし一体誰が叩いているのか見に来た。そして家の棚でそれを叩いている非常にハンサムな男性を見つけた。彼女は，彼に降りてきて結婚しょうと叫んだ。彼は自分の唾は糞便のような臭いなので駄目だと返事した。そこで彼女は結婚したらそのお礼に自分の櫛を上げると叫んだ。そして遂に2人は結婚した。ある日，彼女が主人の頭髪にいるシラミをとっていた時，どうしても頭の片側（左側）を見せるのを嫌がった。ようやく見せた左側には蛇の模様が付いていた。彼女は以前と同様に驚いて逃げ去ってしまった。悲しみにうちひしがれた彼は，小道を歩き遂に大海原に到達した。そして姿を消した。彼は海蛇になってしまったのである（Kuschel 1975：79-80）。なおこれとは若干違った筋書きの話もある（Kuschel 1975：75-79）。

　ベロナ島にはいわゆる「太平洋ボア」と呼ばれる大型蛇がいるが無毒である。捕獲された最大のものは体長が66.5 cmである。この蛇は，家に入ってくることは希で，島民はこれを見ると吐き気を催すと報告されている（Kuschel 1975：31-32）。従って，このような嫌悪感を抱く蛇の子供をもつ話は，奇妙に映る。鰻ではなく蛇を主人公にする説話が多く語られているメラネシアの島々のメラネシア人からの影響も考えられる。参考までに記すと，ベロナ島民は飢餓の時でも蛇のような形の生き物（蜥蜴，ウツボ，海蛇）は食べない（Kuschel 1975：39）。ベロナ島と同じような隆起サンゴ礁の島であるレンネル島には数種類の蛇がいるといわれているので（Birket-Smith 1956：13），ベロナ島にも「太平洋ボア」以外の種類の蛇がいるかもしれない。一方，レンネル島では嵐の時，湖の河口に逃げてくる鰻を網で捕って食料としている（Elbert and Monberg 1965：17）。

3　ティコピア島

　レンネルとベロナ両島と同様に，メラネシアに住むポリネシア人の島であるティコピアでは上

記の両島のものより，いっそうポリネシアのものに類似した神話が伝えられている。

この島のアリキ・タフアは，著明な人類学者ファースに1929年，次のような情報を提供している。

昔，マトロトロに住んでいた精霊のタンガタ・カトアは本来「鰻神ツーナ (the Eeel-God Tuna)」であると同時に，ティコピアの本来の神格でもあった。しかし，タンガタ・カトアの妻は彼を樹皮布を叩く杵でもって殺した。なぜならタンガタ・カトアの目は女に注がれていたからである。この島には「鰻神ツーナ」については伝説的な話は沢山あるが，その中では彼は肉欲のために殺されてしまうことになっているといわれている（Firth 1961：51）。

なお，カートリ（Kirtley 1967：102）はミクロネシアのポリネシアン・アウトライアーのカピンガマランギ環礁の神話は，これとかすかな類似性を示していると述べている。カピンガマランギ環礁の神話については後述する。

4 ロツーマ島

ロツーマ島はフィジー国に帰属しているが，島民はポリネシア人であって，ポリネシアン・アウトライアーと見なされることがあるため，ここに入れた。

木に登って遠方にある白い物体が見えるか確認することを Sar'efeke から命じられた Mostoto は，彼方のそれが目に入った。2人がそこに行ってみると，それは白子の住む家の上にそびえる不自然な青白いヤシの木であった。そしてヤシの木は人間の白子のように，白子であった。Sar'efeke は頭には人間の頭をもっていたが，下半身は蛸であった。2人はこの白子の家に入って行った。Mostoto は座ったが，Sar'efeke は唄って踊った。これを見た家主の白子は怖くて震えた（Churchward 1939：121）。以下この話は続くのであるが，ヤシの木の起源説話はこれで終わりなので省略する。

第7章　メラネシアのヤシの実の起源説話

　メラネシアにはポリネシアやミクロネシアでみられるようなヤシの実の起源神話はない。ここでは，ヤシの実はそれぞれ自分の住む土地で生まれたという説話が広がっているだけである（Roosman 1970：223）。

1　ニューカレドニア

　たとえば，ニューカレドニアの神話ではヤシの実はここで生まれ，ここから他の地域に広がったことになっている（Roosman 1970：223）。ここの神話から貧弱な自然環境のもとにおかれた環礁のような場所では，ヤシの実が人間の生存にいかに大切な食料であるかを知ることが出来る。つまり，ある時，1人の男が故郷から逃れることになり，水も食料もない，人々に見放された島へ向かった。悪霊が現われて，この男にやがてヤシの木になる石を植えるように命じた。また別の神話はパンダヌースの実以外の食料のない島について物語っている。つまり，ある人が弟にはパンダヌースの実を食べることを禁じていた。そこで弟は軽石を食べるためにラグーン（礁湖）に出かけた。途中で海上にヤシの実が浮いているのを目撃したが，彼は注意を払うことはなかった。翌日彼が戻ってみると，ヤシの実は木に成長し，実を生らしていた。そして，彼はその実の中には甘い味をするものがあることを知った。彼は島の仲間を呼び集め，これを食べた。かくして彼らは飢餓から救済されたのである（Roosman 1970：223）。

2　ニューカレドニア以外のメラネシアの島々

　またニューギニアのマリンド・アニム族の神話は最初のヤシの実は彼らの祖先「デーマ」が変形して生まれたと伝えている。ここではヤシの実が彼らのトーテムとなっている（Roosman 1970：222）。

　ニューギニアのキワイ・パプア人は，ヤシの実は撃たれて死んで埋められた鳥から生まれたという説話をもっている（Landtman 1927：100）。同じ地域に伝わる別の話では，ヤシの実は女性の脚の間から吊り下っている睾丸のような成長物に起源があるという。この話では，後になってこの睾丸は，はずれて海中に落ちることになっていて，彼女の夫がこれを矢で射たところ，後にこれが1本のヤシの木になった（Landtman 1927：100）。アドミラリティ諸島では，ヤシの実は起源的には空中に投げられたものだとする伝承がある（Roosman 1970：222-223）。トーレス・ストレイト諸島では，ヤシの実は文化英雄の精液から生まれたと信じられている。

ダンスのあった夜，シダはペカリキの所に行って一緒に寝た。シダが彼女と性交をしたくなった時，彼女の頭を海の方に向けた。すると，彼女は自分の土地は灌木の中にあるのでその方向に向けてくれとせがんだ。性交中，シダはメンバーを退かせて，彼の精液を地面にこぼしたところ，いくらかのヤシの木がそこから生えた。当時，すべての人は寝ていた。彼らは朝になって目を覚ますと，以前には聞いたことのないような奇妙な音を聞いた。そこで彼らが外に出てみると，驚いてことにはすべての高い木に実を生らしたヤシの木を見たのであった。そしてその音はヤシの木が風でサラサラと音を出していたものであった。彼らは「ヤシの木がそこにある」と叫んだのである（Haddon 1908[6] : 21）。

参考までに，更にメラネシアにおけるこの種の説話についてもう少しながめておく。

メラネシアでは多くの場合，植物に成長する前に頭を埋める物語になっている。そしてこのモティーフでは暴力の要素を含まないことは稀である。1, 2の理由から死体は，すでに首が切り取られていることになっているからである。

ニューブリティン島では，カヌーで両親と漁に出かけた少年が鮫に食べられた。しかし，彼の頭は手がつけられていなかった。後に両親がこの頭を見つけて埋葬したところ，そこからヤシの木が生えてきた（Roosman 1970 : 221）。同じようは話はビスマーク諸島のヴアトム島にもある。ある時，男が鮫に食べられたが，頭だけは残されていた。彼の姉（あるいは妹）が海上を漂っているそれを探して出して埋葬したら，そこからヤシの木が出現した（Roosman 1970 : 221）。ニューギニアのビアク・ヌフフアー地区ではヤシの実は女性の頭から生じたと考えられている。またアラペシュ族の神話でもヤシの実の起源を女性の頭に求めている。

しかし，ガダルカナル島の北東にいる山岳民は，ヤシの実の起源神話では暴力は伴わない。ここでは少年が，自分が埋葬した叔父の死体を掘り出したところ，ヤシの実だけがそこにあったとなっている（Hogbin 1937 : 88）。ニューギニアには，埋葬した死体から成長したヤシの実の中から少女が生まれたという神話がある（Roosman 1970 : 221）。ニューギニアのガゼル半島のパパラタヴァ族の神話では，2つのモティーフが1つの神話の中に含まれている。つまり，ヤシの実は死んだ女性の頭から生まれたが，しかし果実が生ると，その中の1つに1人の小さな少女が発見されたという（Roosman 1970 : 222）。また，この神話の異型がニューギニアから報告されている。漁に出かける前，1人の女性が自分の身体の中に魚が入るように頭を取っておいた。それを見たある人が，それにはなにか特別のことがあると感じ，彼女の後をついて行って，彼女の頭を遠くに投げてしまった。漁から戻った彼女は身体をゆすって中の魚を外に出したが，肝心な頭を見つけることが出来ずに死んでしまった。するとその頭からヤシの木が生じた（Seligman 1910 : 381）。別の同じような話では，女性は男性に変わっている。彼は，自分の頭が見つからないことが分かると，すぐにジャンプして水中に戻って魚になったという筋になっている（Roosman 1970 : 222）。この話の詳しい筋書きについては後述する。

なお，これと類似した話はレンネルとベロナ両島にある（Elbert and Monberg 1965 : 167）。

また，この異型説話はサモアにもある。ここでは，自分の頭を探していた男が死んで，その頭

からヤシの木が生えることになっている（Roosman 1970：222）。

ニューアドミナルティ諸島では，これとは多少違った筋書きとなっている。

ここでは2人の兄弟が，悪魔から盗んだカヌーで漁に出かけたが，悪魔がこれを見つけて泳いで追いかけてきた。2人は捕まえてあった魚を餌として悪魔に向かってばら撒きながら退散したので，悪魔との間に一定の間隔を保つことが出来た。しかし，やがてこの魚の餌がなくなったので，弟は兄を切り刻んでその肉片を追ってくる悪魔に投げた。しかし，頭だけは取っておいた。かくして弟はかろうじて陸まで逃げることが出来た。そこで，その頭を埋葬した。そこからヤシの実が生えてきた（Roosman 1970：221）。

トロブリアンド島では，少年がアカエイを銛で刺した。ところが，アカエイは身体を振って逃げて，その少年を殺して頭を除いて他の部分だけを食べた。後にこの頭からヤシの実が生じた（Riesenfeld 1950：299）。先にも一寸触れたが，ニューギニアのアラペシュ族の神話では，ヤシの実の起源は女性の頭になっている。彼女は主人の前方を歩いていた。彼女は油断なく彼について考えていたのであるが，他の男が彼女を殺してしまった。彼女と旅行していた子供達は彼女の頭からヤシの実が生えてくるのを見た。やがて人々は彼女を殺した男を殺害したところ，野生のヤシの木が彼の頭から生じた（Roosman 1970：221）。ニューギニアのヤシの実の起源説話は，このように一見特異にみえるのであるが，アンデルセンによれば，ここのものはポリネシアのヒーナと鰻の神話が異常なほど変形したものであると指摘している。そして彼は以下のような事例を掲載している。

狩りに出かけたクラワの男達は，1匹の蛇を見つけて殺した。家に帰ると彼らはそれを薫製にした。そして彼らはそれを夕食の食べ物にしようとした。しかし，近くにいた1人の少女がその食べ物の味をみたいので一部を欲しいと彼らに頼んだ。そしてその蛇の尻尾を貰った。その味に違和感がなかったので，彼女はもっとくれと所望した。そこで彼らは彼女に蛇の真ん中を上げたが，更に欲しがるので，彼らは頭を含むすべてを彼女に差し出すことになった。やがて，彼女は息子を生んだが，彼は蛇の姿をしていたので，彼女は息子を恐がった。彼女は息子の許を去って，海を横切ってイリワヴォ島に向かった。雨が降ってきて，雷が鳴ったが，息子の蛇は彼女と一緒にいたいといってその後を追いかけてきたので，彼女はどんどん逃げて，更に遠いボラナイに向かった。しかし，彼女はここでも息子から逃げることは出来ないことを知っていた。そこで彼女は「沢山の鋭利な棒を切って下さい。ほどなく1匹の蛇が村に来るからです。蛇を勘弁して上げるようなことはせずに，細切れに切断して下さい」とボラナイの男達に頼んだ。彼らは言われた通りにし，蛇を切断して，それを煮た。彼女は「この素晴らしい食べ物が姿を消すのは可哀そうなので，記念としてそれを私の畑に植えたいので，その一部を下さい。万が一それが生きていたら，私達はそれを見ることが出来るかもしれないので」と彼らに申し出た。そこで彼らは，老いたこの女性にその肉の一部を上げた。彼女はそれを畑に植えた。何日かすると，それは芽を出して，地上に出てきた。沢山の人がこの不思議な木の若枝を切って，自分達の畑に植えた。そしてその根を食べた。この植物の名前はタロと呼ばれた。ボロナイの人々がタロイモを栽培するよう

になったのはこのような事柄によっているのである。

　ある村で男達は，毎朝魚を捕りに出かけていた。男達は紐に魚を吊るして帰ってきたのであるが，1人だけは1人で出かけて行っては，籠一杯に魚を入れて帰ってきていた。どうして彼は1人で出かけ，しかもこんなに沢山の魚を捕れるのか皆が不思議に思っていた。すると1人の少年が，その秘密をあばくことを申し出て，ひそかに彼の後について行った。その結果，この男は海岸に着くと，籠を下に置いて，両手を頭につけて引っ張って，引き抜き，それを海岸にある籠の側に置いた。それから彼は，海水が彼の胸までくる深さのところまで歩いて行った。そこで彼は腰をかがめた。すると沢山の魚が彼の喉に入ってきた。しばらくして彼は真っ直ぐに立って，海岸をゆっくりと歩いて帰ってきた。そこに着くと，喉から入っていた沢山の魚を外に振り落とした。そして手探りで自分の頭を捜し，それを上に載せた。彼の後をつけていた少年は，この光景をすべて目撃するや，恐くて村に逃げ帰った。夕食の時，皆は彼の捕った魚を食べたが，この少年だけはこれに触れることも食べることも出来なかった。そこで皆は少年にその理由を問いただした。少年は自分の見た一部始終を彼らに話した。皆はこの不思議な男を罰することに決めた。そして翌日，皆は密かにこの男の後について海岸に向かった。そして皆はこの男が頭をはずして，籠の側に置くのを目撃した。魚が頭のなくなった男の喉に入るのを皆が見るや，1人の男が起き上がって，置いてあった頭に向かって走って行ってそれを掴むや，遠くにある灌木の中に投げ込んでしまった。皆はその後，どのようなことが起きるか固唾を飲んで見守っていた。沢山の魚が喉から捕れると，例の男は海岸にゆっくりと戻ってきた。しかし，彼は両手で自分の置いていった頭を捜した見つからなかった。すると，突如彼は立ち上がり，海岸に戻って行った。すると皆が見ている前で，彼は巨大な魚に変身して水中に飛び込み，その姿を消した。何日かして，この男の秘密を明らかにした例の少年は，不思議な男の頭がその後どうなったかを調べるために灌木の中に入って行った。すると，そこには1本の細長いヤシの木が沢山の葉を広げて生えているのを見つけた。当時，この木が何であるかは誰もが知らなかった。そしてこの木は実を生らしたが，男達はそれを食べると害があると思って恐がった。すると，1人の勇敢な女性がそれを食しただけでなく，その中のミルクのような汁を身体に塗った。しかし，彼女は平気であるばかりか，むしろそれは有用なものであると皆には見えた。このようにしてここの男達はヤシの実について知るようになったし，その時からそれは彼らの重要な果実や飲み物となったのである。そして実から包皮がむしり取られると，その表面には，ヤシの木になったこの男の顔を今でも見ることが出来るのである（Andersen 192：253-256）。

　これをほとんど同一の話が Ker（910：92-96）の『パプア人の妖精説話』に掲載されている。ただこの本では，少年がそっと彼のあとをつけて行って，コルク質の材質をした木の後側に身を潜めて様子を窺うことになっている。なお，この説話にはポリネシアの神話に出てくるヒーナが見当たらない。

　なお，ロウスマン（Roosman 1970：222）によれば，興味深いことには，この人間が自分の頭を切り取るモティーフは典型的なメラネシアのものであって，これは最近の移住によって疑いもな

くサモアに移入されたという。既述のように，サモアでは少女シーナ（ヒーナと同意語）に魅了されて彼女を追いかけていた鰻を村人が殺した。シーナがその頭を埋葬したところ，そこからヤシの実の木が芽を出した（Roosman 1970：222）。同様の神話がツアモツ諸島にもあって，ここでは「頭は今やヤシの木に成長しつつある（Te uru e tupu ake hei niu）」といわれている（Stimson 1937：41）。しかし，ヤシの実の起源を鰻と結び付ける物語は太平洋各地にあるとハンディ夫妻は論じている（Handy and Handy 1972：169-170）。そして夫妻は，これはヤシの実の殻皮を剥ぐと，中から現われる果実が大変鰻の頭を連想させることに起因しているのではないかと推測している。

ディクソン（Dixon 1964：56）は，このタイプの神話は熱帯ポリネシアのヤシの実が生える島々にのみあるが，寒くてヤシの実が生えないニュージーランドにも違った形になって伝わっていると述べ，更にヤシの実が豊富にあるハワイにこの神話がないことに注目している。ベックウィッズ（Beckwith 1971：102）も，ヤシの実の起源が鰻の恋人に由来する神話は南海中では普遍的にみられるのに，ハワイだけはヤシの実が豊富にあるのに神話の筋においては欠如している述べている。

またカートリ（Kirtley 1967：95）は，マルケサス諸島でも同じようにこの神話は見当たらないと指摘している。

ハワイでは，ヒーナはマウイ神の母親になっていて，彼女はヒロの近くの「虹の滝」の下の洞窟に住んでいた。クーナ呼ばれる龍に似た蜥蜴（ハワイ語ではmo-o）がヒーナを溺れさせようとして川をダムで堰き止めた。しかし，マウイ神が彼女を救出した後，クーナの池に熱い溶岩を入れて，その熱でクーナを死亡させた（Kirtley 1967：95）。ハワイには別の話として，1隻のカヌーがヤシの木に変化して地面と天空の間の橋として機能したという伝承もある（Beckwith 1940：104）。

一方ディクソンは，ヤシの実が埋葬された動物や人間の頭蓋から生じるという起源説話は，メラネシアでは広い範囲にみられるし，インドネシアにもある。これはヤシの実と人間の頭が似ていることから生じた説話であると想定している。そしてこの観点からいえば，ハワイにこの神話がないのは興味深いと指摘している（Dixon 1964[9]：56）。

なお，頭から生えるのはヤシの木ではない場合もある。ニューギニアのマリンド・アニム族の神話では，ゲブという名の男の頭からはバナナの木が生えてきたことになっている（吉田 1993：79）。

3　メラネシア人と鰻

では，メラネシアでは鰻はどのように取り扱われていたのであろうか。

先ず，フィジー諸島からながめてみよう。ここでは川の鰻は巨大な大きさに成長する。そして内陸部では女性達は土手の鰻の巣の穴に印をしておいて蔓植物の幹や煙草植物から抽出された毒でもって鰻を麻痺させて捕る。捕った鰻は新鮮な水の中に入れて毒を吐かせる（Thomson 1968：324）。フィジーの淡水産の鰻はミクロネシアの河川や湖地に棲息する大鰻（Muraena[Anguilla] mauritiana) や Murae celebesensis M. australis である (Fowler 1959：45)。無足動物目 (Apodes) の中の鰻には深海に棲むだけでなく川など淡水に入ってくるものがいる。これらは大きさには色々あって小さなミミズくらいのものから体長が 10 フィートから 12 フィート (約 3 m から 3.6 m) もある海蛇と同じくらい大きなものまである (Fowler 1959：44)。

　ポリネシア文化の影響を受けたり，与えたりしてきたフィジーには鰻と女性とが親密な関係になるという神話はないようである (Reed and Hames 1967：155-157)。ここには，娘が蛇を生んでしまった神話はある。しかし，この蛇というのが本来は鰻であったものがこれに変わってしまったものかどうか判断しがたい。

　フィジーでは，ギリシャ神話のハーデース (死者の国の支配者) に相当するのが Ratumaibulu と呼ばれる鰻であるが，これはまた作物の神としても知られている。12 月になると，彼はブルにある住処から出てくる。そして地上に居を構えて，果実に花を咲かせ実を生らせてくれるので，この月は神聖な月である。この間，人々は騒音をたてないようにしたり不必要な労働は避けるように努める。太鼓を叩くこと，法螺貝のトランペットを吹くこと，ダンスをすること，戦争をすること，海上で歌を唄うこともタブーであった。彼の神殿は大きくて有毒な蛇であった。この神殿はバウ (Bau) から 1 マイル (約 1.6 km) 離れたナマラ (Namara) 近くにある大変小さな洞窟ないし穴である。年 1 回，この神聖な場所の神に食べ物が供えられる。この神は他の神々と違ってカヴァ酒を飲まない。それに代わって人々が法螺貝を吹くと，そのトランペットから出る風と騒音を食べるといわれている (Waterhouse 1978：365)。

　なお，フィジーには蛇は沢山いて食べ物として大変な好物となっている。かつて酋長達は，今日亀にするように蛇を自分の食べ物にするため確保していた。しかしマングースの導入で蛇は激減してしまった (Thurn and Wharton 1922：38 n. 1.)。

　太平洋の島々では蛇が棲息していないため，古い信仰形態である男根を表わす蛇は化け物の鰻と入れ替わるとする説もある。このような鰻は，主要な植物食料の発生のために儀式的に殺害される物語に登場するとアルパーズは述べている (Alpers 1970：371)。

　なお，洞窟の中でとぐろをまいている蛇は，フィジーのラキラキの Kauvandra では，蛇の姿をした Kalou-Vu (本来の神々) の中の至高神 Ndengei となっている。そして最古の伝承から彼の名は登場している。彼は Lutu-na-somaba-somba と共に最初の移民であったが，彼は仲間の名声をはるかに凌いでいた。フィジーに最初にきたキリスト教の宣教師には，彼はギリシャ神話のゼウスに匹敵するほどのものであった。洞窟にいる彼が身体を回すと地震が起きるといわれている。このためラキラキの人々は彼に膨大な量の供え物を捧げる。数百頭の豚と亀が洞窟の入り口に運ばれた。すると司祭達は膝と肘でもって這って行ってこれに近づく。司祭の 1 人が洞窟の中に入って願い事を申し出る。もし，願い事が良好なヤムイモの収穫に対してならば，司祭は神が授けてくれたヤムイモの 1 片を持って再び現われる。もし，願い事が雨の時には，司祭は水が滴るほど濡れてくる。またもし，それが戦争の勝利の時には，火の焼えさしが焼き尽くされた敵の印として外に投げ出されるか，棍棒のぶつかる音が聞こえる。その 1 つの音は 1 人の敵を殺害

した音である。ある翻案では，Ndengei は頭と頸が蛇の姿をしていて，その他の身体の部分は石から出来ている。彼は人類の創造者であるが，感情も感覚もなく，空腹感以外の本能的欲望はない。彼はまた，人々に火の起こし方を教えたともいわれている（Thomson 1968：133-134）。この Ndengei は真にメラネシアの神であって，アブラハム・フォルナンダーがこの神をポリネシア起源としたのは間違った推論であるとトンプソンは批判し，Ndengei が蛇の姿をとって，蛇の崇拝がなされるのは，現代のこじつけに過ぎないと訂正している。またトムソンは，もし蛇崇拝信仰が古代に遡るものであったとしたならば，そのことは蛇崇拝信仰がポリネシア人とは無関係であることを示しているといえると述べている。なぜかといえば，蛇の迷信はメラネシア全域にわたって普通のことであるからであるという（Thomson 1968：154）。

ヴァヌアツには，鰻は豊富に棲息しているのであるが，ところによっては食べない。バンクス諸島のサンタ・マリア（ガウア）の中央にあるスイミング・ヒル湖の Tas では水が退くと人々は湖の縁の側に穴を掘る。そして水が上昇してくると鰻がそこに入る。水が退くと鰻がそこに残されるので，人々は槍で突いたりして捕まえる。もっとも大きな鰻は等級づけがなされている。胴周りが 30 インチ（約 90 cm）のものでさえも最高の等級に達しない（Codrington 1969：319）。また Baker（1929：148-149））によれば，体長が 35 インチ（約 105 cm）もあるものも捕獲されたという。

サンタ・クルーズ諸島のサンタ・クルーズ島では 9 つの動物の名前をつけた社会集団があるが，その中には海水産の鰻と淡水産の鰻が含まれている（Rivers 1968(1)：219）。

ガダルカナル島では 6 つの外婚集団があり，それらは神聖な対象物をもっている。その集団の 1 つの Lakwili の対象物の中に鰻（mauvo）があって，それは決して食されることはない（Rivers 1968(1)：243）。なおここの淡水産のオオウナギ（Anguilla marmorata）は，何マイルも遡った内陸部にまで棲んでいる。また海水産のウツボ（Gymnothorax polyuranodon）は，インド・太平洋では最大にしてもっとも豊富な種類であるが，もっとも攻撃的で危険な生き物でもある。大抵はサンゴと岩の間の浅い水溜りにいるが，淡水の小川や潮のさす広い河口にも棲息している（Gray 1974：34-35）。

イサベル・トーレス諸島では，イサベル・トーレス島に 3 つの外婚集団がある。その中には，鰻（oloi）や蛇を神聖な対象物としていて食べない集団がある（Rivers 1968(1)：245）。

トーレス諸島では沢山の種類の動物が食されない。その中には鮫や蛸と並んで海産の生き物が含まれている。それぞれにはその理由づけがなされている。たとえば，鮫を食べると海中で鮫に捕まるとか，鮫は有毒であるとする考えもある（Rivers 1968(1)：177）。

他のメラネシアの 5，6 カ所では死後，人は死後は動物になるとか，その一部になるとか，あるいは動物の中に組み込まれるとか色々な考え方が付加されている。このような信仰はソロモン諸島ではきわめて一般的である。フロリダ，イサベル，それにサヴォでは鮫は死霊の住処と信じられている。また死霊は鰻や鰐や蜥蜴や軍艦鳥を住処にすると考えられることもある（Rivers 1968(2)：361）。

第8章　ミクロネシアにおけるヤシの実の起源説話

1　キリバス

　キリバスのヤシの実の起源神話では鰻に代わって人間が登場する。この物語は，ポリネシアのヤシの実の起源を鰻ツーナに求める，ポリネシア神話の発祥地がここではなかったかと考えたくなるほど興味深い筋書きと内容になっている。

　太古，ネイ・ティツアビネは西方のマタングの住人であった。また，マタングには彼女の兄弟のアウリアウリが妻ネイ・テウェネイと一緒に住んでいた。彼らは皆高位の酋長であった。アウリアウリは非常に美しい姿をしていた。彼は赤い肌をした巨人のような体格をしていた。そして彼はこの土地の女性達から愛されていた。ある日，彼は散歩に出かけた。そしてネイ・ティツアビネに出会った。彼女は比類がないほど美しい女性であった。なぜなら彼女も赤い肌をしていたからである。彼女の瞳は天空の稲妻のように輝いていた。彼は彼女に近づくや「私はたとえようがないくらい貴女を愛しております」と言った。すると，彼女は「私も同じ位深く貴男を愛しています」と返事した。そして何と彼は，自分の姉妹と近親相姦を犯してしまったのである。これを知ったアウリアウリの妻ネイ・テウェネイは激怒した。なぜなら，彼女は嫉妬深い女性であったからである。そこで彼女はアウリアウリの許を去ることにした。彼女はカヌーに乗って東方に向かい，タラワ環礁に達した。彼女はそこにしばらく滞在していたが，やがてマイアナ環礁に渡った。彼女はここに住むことになった。今日，彼女の住んだ場所はアリンナノナと呼ばれる。

　一方，アウリアウリはネイ・ティツアビネをずっと愛していた。しかし，2人の間には子供が生まれなかった。そしてなんということか，彼女は病に倒れてしまったのだ。彼女は自分が助からないことを悟っていた。自分の死が近づいてくると，彼女はアウリアウリに「正に死ぬということはなんと悲しいことでしょう。私には貴男に残していく子供や貴男の悲しみを慰めるものもおりません。しかし貴男の心を癒すものを残します。それは貴男にとって私の思い出となるものです。そのためには私が死んだら，私を埋葬して，死体から生えてくる木を見守って下さい。そしてその木が成長したら，どうか面倒をみて下さい」と頼んだ。その後，彼女が死ぬとアウリアウリは彼女を埋葬した。しばらくすると，彼女の頭のてっぺんから1本の木が生えてきた。それはヤシの木であった。彼女の臍の部分からは2番目の木のアーモンドが生えてきた。3番目の木は彼女の足の部分から生えてきた。それはパンダーヌスの木であった。これらの木は彼女が死んだ後でもアウリアウリの悲しみを慰めるものとなった。つまり，アウリアウリはヤシの実を飲んだ時には，彼女の鼻をこすることが出来たし，パンダーヌスの葉を編んで作られたゴザにくるまって寝る時には，彼女の身体のことを感じたし，彼が食べ物にしたパンダーヌスとアーモンドの

最初の実は，また彼女の身体でもあったのだ。これらの木は，アウリアウリが航海する度に各島々に運ばれて行ったのであるが，それはまた彼女の身体でもあったのである（Maude and Maude [eds.] 1994：55-56）。なお，キリバスではヤシの実の「顔」はティツアビネの顔だといわれている。また互いに鼻をこすり合わせることは，ポリネシアやミクロネシアの他の地域と同様に親愛の情を表わす正式な挨拶の方法であった（Maude and Maude [eds.] 1994：58）。

2　マーシャル諸島

説話（ⅰ）

マーシャル諸島のヤシの実の起源説話は単純なものである。ここでは妊娠した女性が男の子とヤシの実を生んだ話になっている。

息子は成長しきちんと座ったりた歩けるようになったので，母親は彼にこれで遊ぶようにとヤシの実を上げた。しかし息子は大きくなった時，これを割って食べたがったので，母親はそれを隠してしまっただけでなく植えた。息子はそれを絶えず探しては泣いた。母親はヤシの木が大きくなるまで彼には教えなかった。やがて彼は大きくなったヤシの木を知ってその葉を味わったり食べてみたが，不味いので捨ててしまった。その後ヤシの木はさらに大きく成長して果実を生らした。母親は息子に若い実と熟した実とを採ってくるように頼んだ。これらの実を味わうために島中の人々が皆集まってきた。人々はこの実が甘いことを知った。人々はこのような素晴らしいものが手に入ったことがとても嬉しくて彼女と彼女の息子を酋長に選んだ（Erdland 1914：227-228）。なおエボン島からこれとほぼ同じ内容の説話が報告されている（Erdland：228-229）。

説話（ⅱ）

また一説によれば，往昔，Ailinglaplap 環礁の小島 Woja に人の良い女性が住んでいた。彼女には数人の子供がいた。2番目に生まれた子供はヤシの実で，小さな利口そうな両目と鼻と口の顔だけをもっていた。当時は誰もがヤシの実について知らなかった。彼女はこの子を籠に入れて吊して育てた。この子はどんどん大きくなると人の話が分かるし，自分でも話せるようになった。ある日，この弟を大嫌いな兄が母親に，こんなものは追い払ってくれと頼んでいることを知った。そこでこの子は「自分は醜いが，お母さんをきっと幸せにするからね」と母親に言った。また，「私は食べられたり，色々なことで役立つためにこの世に生まれてきたんだよ」と言った。やがてこの子は「おかあさんの家の窓の下に埋めて頂きたい時がきました」と母親に告げた。母親はこの子に「どうか死なないで」とお願いした。すると子供は「どうか私を生きたままで埋めて下さい。私は死ぬことはありません」と答えた。「どうやって戻ってくるの」と母親は尋ねた。子供は「私は木です。最初は小さいですが，お母さんが世話をしてくれれば，私は大きくなります。私は沢山の部分をもっています。それらはどれも利用価値がありますし，それに私は沢山の子供だけでなく，孫ももっています」と答えた。信じられないことであったが，母親はこの子を窓の

下に埋めてから，毎日何度も見ていた。村人達は彼女の話を信じなかった。ある日，母親は1本の木の芽が出ていることに気づいた。その葉は内側に折り重なっていてまるでトビウオの羽のようであった。そこで，この芽を drirjojo（drir は芽，jojo はトビウオの意味）と名付けた。村人達はこの不思議な木を見るために集まってきた。人々はこのヤシの木を ni と呼ぶことにした。彼女は皆にヤシの木の利用方法を説明した。彼を嫌いであった兄は弟を自慢するようになった（Grey 1951(1)：82-85）。

3　チューク離島ロサップ環礁

　さて，チューク諸島にはオセアニア全域に分布している，ヤシの実が人間ないし超自然のものを起源とする説話があるとミッチェルは述べたうえで，次のようなチュークの離島のロサップ環礁の説話を掲載している。ここには飲料水の入手に悩まされるサンゴ島や環礁に住む人々が，ヤシの実の中の汁を飲料水にしている話が最初に描かれていて興味深い。

　大昔，ロサップ島の人々は現在のような貯水タンクがなかったためにうまく飲料水を確保することが出来なかった。そのため彼らは地面を約20フィート（約6m）も深く掘った井戸から飲料水を得ていた。井戸水の水位は，海水の潮汐によって左右されていたので苦労がつきまとっていた。夏には潮位が一日中低かったので，十分な飲料水を入手することが出来なかった。

　ある日のこと，神々が島のある場所にいた。それを島民は天空と呼んでいた。神々は集まって相談していた。なぜなら神々の長はこの島の人々が飲料水の欠乏の問題で苦しんでいるのを見たからである。神々の長はこの島の人々のことが本当に好きだったので，神々にその問題の解決を頼んだ。神々は彼が喜ぶことなら何でもしますと答えた。彼はこれらの神々をある特定の場所に集めてこの問題について説明した。すると3人の神が地上に降りてこの問題を解決してきますと申し出た。

　最初の神は「嵐」であった。彼は，地上に降りて行ってこの島の人々に十分水を与えましょう，と仕事を買って出たのだ。しかし，神々の長は嵐を起こして水を与えるという貴方のやり方は，ものを破壊し作物を台無しにすることになると反対した。

　次に「台風」の神が買って出たが，これも，ものを破壊するので駄目だと神々の長に拒否された。

　最後に登場したのは「ヤシの実」の神であった。彼は自分は島に降りたら女性の子宮の中に入り込むつもりだと言った。それも島の端にいる大変貧しい女性の子宮の中に入る予定であると言った。これを聞いた神々の長はこの提案に同意した。もし，ヤシの実が直接地上に降りたならば，ヤシの実を見たこともない島民は，この重要性を知らないので，捨てるか破壊してしまうと心配されたが，これなら大丈夫と考えられた。それから，この「ヤシの実」の神に対してさようならパーティーが1週間にわたり催された。というのは「ヤシの実」の神は，島に降りたらそこに永遠に留まって，再び天空の神々の許には戻ってくることがないようになっていたからである。

「ヤシの実」の神は、ロサップ島のこの貧しい女性の子宮に入った。2日後にはこの女性は妊娠したことに気づいたので、夫にそれを伝えた。子供を非常に欲しがっていた夫はこれを聞いて大喜びであった。

その後、約8カ月ほど経って彼女は赤ん坊を出産した。しかし赤ん坊は2つの目と1つの口はあったが、脚も腕もなくて人間のようには見えなかった。夫は大変怒って、この赤ん坊を捨てることに決めた。すると赤ん坊は、大声で「どうか捨てないで下さい」と彼に言った。そこで夫は「ではどうしたらよいというのか」と尋ねた。すると赤ん坊は「私を持っていって貴方の家の外に埋めて下さい。そして3カ月ほど待って下されば、貴方は何が起こっているのかを見るでしょう」と答えた。

そこでその赤ん坊を持って、家に接した場所に埋めた。約3カ月後、この夫婦は新しい種類の木が生えてきているのを見つけた。それから約数年後、この木は実を生らした。つまりこれはヤシの実のことである。ヤシの木は実を生らせ始めるや、「この実を食べなさい。そしてそこから出てくる汁を飲みなさい。それは素晴らしい飲み物ですから」と夫か妻かどちらか、片方に向かって言った。

夫婦がヤシの実の汁を飲み始めた時から、もはや飲料水のための井戸を掘る面倒がなくなった。ヤシの実から飲み物を得るようになった夫婦は、島の他の人々にこのヤシの木の実から採れた種を持って行って島の周りに植えるように言った。これは、どのようにしてロサップ島にヤシの木がもたらされるようになったかを説明する話である（Mitchell 1973：30-32）。

ミッチェルはこの説話の注釈で、最初に女性がヤシの実を生んだとする民話はミクロネシアでは広く分布し、ラモチューク、フラーラップ、マーシャル諸島から採集されていると述べている。またミッチェルは、他の異伝はポリネシアの伝承とよく似ているとも述べ、ヤップではヤシの実は殺害された鰻の子供から生じたというし、ポーンペイでは殺害された鰻の恋人か無視された少年の死体から生じたということになっている。またキリバスではヤシの実は踏みつけられた恋人から生じたことになっていると解説している（Mitchell 1973：246）。

また、このロサップの説話を紹介した川村湊（1996：179-181）が指摘しているように、これは戦前ベラウから来日したベラウ人から北村信昭が採集した「椰子の木の伝説」と題した説話と同一系統のものである。

【補遺】

なお、前記のロサップの民話で興味深いのは3柱の神々が登場することである。これは後述のように東ポリネシアだけでなく、ミクロネシアのポリネシアン・アウトライアーのカピンガマランギ環礁（Grey 1951[2]：68-72）やヌクオロ環礁（Fischer 1958：15）、それに西ポリネシアのトケラウ諸島（Burrows 1923：154-157）にみられるものと同一タイプのものである。J. L. フィシャー（Fischer 1958：11-36）は、ミクロネシアのこの2つの環礁のポリネシアン・アウトライアーの間にみられるこのタイプの説話だけでなく、他のタイプの説話にみられる差異を社会構造や環境な

第8章 ミクロネシアにおけるヤシの実の起源説話　113

どに起因しているかどうかを検証する興味深い研究を行なっている（Fischer 1958：11-36）。

またエルバート（Elbert 1949：244）は，このタイプの説話を自らもカピンガマランギ環礁で採集したうえで，次のようなコメントを加えている。ヒーナは多くのポリネシア地域でみられる普通の女性の名前である。ティニラウもまた他のどこでもみられる名前である。兄弟・姉妹の親愛の情と相互の援助はしばしばハワイの伝承にみられる，と。

実は究極的に，これらはポリネシアを中心にミクロネシアにも分布している同一系統の神話に基づくものなのである。つまり，ヒーナという若い娘が，留守中に両親に頼まれた仕事を忘れてしまったため，帰宅した両親に叱られた。そこで家出することにして海岸に出かけて，自分をどこかの島に連れて行ってくれる魚などを呼んだ。その時，彼女の希望に沿わない行動をしたものたちには，罰として色を着けたり，小便をして悪臭を付けたりした。このような神話はポリネシアではクック諸島，ニウエ島，チャザム諸島，ツアモツ諸島，ツヴァル諸島，ウヴェアに，メラネシアではフィジー，ミクロネシアのポリネシアン・アウトライアーのカピンガマランギ環礁などにみられる（Kirtley 1976：230-231）。上記の，両親に叱られて家出した娘の話に，弟が人工の鳥を製作しこれを使って誘拐された姉を救助する話が，これまたミクロネシアのカピンガマランギ環礁の神話には付加されている（Grey 1951[2]：68-72）。これとほぼ同じ話が，同じポリネシアン・アウトライアーのヌクオロ環礁にもある（Fishcer 1958：15）。ミッチェルによれば，誘拐された妻を飛行する木製の鳥で救出する男の話は，ミクロネシア全域にあるという（Mitchell 1973：257）。

ここで参考までに東ポリネシアのロウアー・クック諸島中のマンガイア島の説話を掲載しておきたい。

ある日，イーナ（あるいはヒーナ）は1人で留守番をするように両親から頼まれた。そして家族の貴重な装身具を注意深く見守っているように頼まれた。有名な泥棒Nangaは，この貴重な装身具に羨望の気持ちを抱いた。泥棒は太陽の明るい光線が雲に包まれた時を利用して，彼女に忍び寄ってイーナを騙し，その装身具を奪った。そして，イーナが閉じ込めたと思った家から，策略を使ってそれらを持って逃走した。両親は帰宅するとイーナを怒り，ついに彼女が家を逃げ出す決心をするまでぶった。苦しんだイーナは，助けてくれるよう次々と魚に頼んだ。魚達は，イーナを魚の王であるTinirauの自宅のある島に海を横切って連れて行こうと企てた。しかし，これらの魚はイーナを乗せるには体が小さ過ぎて弱かった。そこに現われた鮫はこの大任を引き受けることが可能であった。イーナは，航海中の自分の食べ物と飲み物用に2個のヤシの実を携えて出かけた。しかし，イーナがその実の1つを魚のような臭気のする馬のような鮫の頭の上で割ると，鮫は怒ってイーナを置き去りにして水中深く潜って行ってしまった。イーナは海上でもがいた。するとすべての鮫の中で最高の地位にいる者が彼女を救助に現われた。そして彼はイーナを目的地まで運んだ上げた。しかし彼女がTinirauの家を見つけた時，彼自身は留守であった。そこで彼女は，そこにあった大きな太鼓を叩いたところ，急いで戻ったTinirauは彼の家に無断で侵入していたイーナを見つけたが，彼女を妻にした。イーナの弟のRupeは，彼女がいなくな

ったのが寂しくて彼女を探す決心をした。そこで Rupe は，小さな鳥の中に入ってイーナのいる家に向かって飛んで行った。ここで弟は姿を現わして，イーナが無事である知らせをもって戻った。そしてイーナに会って，彼女の子供を祝した祭りのために彼女の許に両親を連れて戻った（Dixon 1964[ix]：71）。

ディクソンによれば，他の異伝はニウエとチャタムから知られているが，ポリネシアではこれら以外の地域からは報告されていないという（1964[ix]：71）。しかしディクソン（Dixson 1964[ix]：72）は，鳥にみせかけて女性を探す話はハワイでは，マウイの大したことはない行為として語られている。これとは多少違った異伝が，メラネシアのニューブリテンとアドミラリティ諸島の説話にみられるとも述べている。また彼によれば，鮫の背中に乗って旅するイーナの旅行談は，魚や海の怪物が同じような行ないをする同類の数話の説話がみられるという。なおヤシの実を鮫の頭の上で割る特別な挿話はニューブリテンから報告されている。

繰り返して述べることになるが，これらの民話は明らかにポリネシアの神話のタイプと同一のものである。

すなわち，カートリ（Kirtley 1976：231）によれば，このタイプの神話はその筋書きがかなり一致していて，若い女性のヒーナ（もっとも人気のある女神であるし，ポリネシア神話の原型的な女性である）は，両親になにかの貴重品か干している衣服をよくみているように頼まれたのであるが，ヒーナはそのことをすっかり忘れてしまったために，帰宅した両親に叱られて罰せられることになっている。そこでヒーナは，家出することに決めて航海に出た。ヒーナは色々な魚に頼んで乗せてもらい大洋を渡ることになった。ヒーナは彼女の願いを断る魚には，永遠に消えないようなその種類の印をつけて罰した。最後に亀か鮫が彼女に近づいて，その背中に乗せて出発した。しかし航海中にヒーナはそれらに独特の特徴をつけた。つまり，亀は首が引っ込むようにしたのである。なぜならヒーナがその上でヤシの実を割ったからである。また，ヒーナが上で小便をしたので，鮫はアンモニアの臭いがするようになった。

なお，ミッチェル（Mitchell 1973：257）によれば，誘拐された妻を木製の鳥に乗って助ける話は，ミクロネシアではポーンペイ，カピンガマランギ，ヌクオロ，コシャエ，マーシャル，ナウル，ングール，ベラウ，プルワッタ，プル・アナから採集されているという。

一方 Luomala は，このタイプの説話はナウルにもあるが，インドネシアから太平洋に伝播したものであると述べている（Luomala 1950b：719）。しかし私は，インドネシアから太平洋に伝播したとは考え難いと思っている。

参考までに付言すると，カートリ（Kirtley 1976：231）によれば，通常ヒーナという若い女性は，もっとも人気のある女神であるだけでなく，ポリネシア神話では原型ともいえる女性でもあって，この説話はほぼ同じような内容の話として広く分布しているという。そしてこれと同じような説話はインドにもあって，ここでは亀ないし鰐が「米の女神」か他の神聖な人間の身体を，水を横切って運び，そこで褒美として，あるいは逆に罰として，肉体的に変えられることになっている。同じような説話はヨーロッパにもある。ここでは大部分の翻案は，キリストを馬で運んでいた動

物がその失敗から罰せられる話になっている。ただし，バルト海沿岸のリトアニアの翻案でヒーナのようにイエスは，野卑あるいは欠点があったという理由から色々な魚を罰しているという (Kirtley 1976：231)。

　かなり脇道に逸れたが更に脱線するならば，私にとって想起されるのがポリネシアに広くみられる「蛸の仇うち」の説話である。この説話では鼠が亀の背中に乗って海を渡ることになっている (Beasley 1921：100-114, 石毛 1971：81-99)。このタイプの説話は，マーシャル諸島 (Davenport 1953：222) やチューク (高山 1978：25-65) やグアム (Mitchell 1973：45-48) だけでなく，ミクロネシアでは各地に分布している (Lessa 1961：245-264)。Luomala 女史はポリネシアにみられるこのタイプの神話はインドネシア起源で，最初にミクロネシアに伝播したものであろうと推定している (Luomala 1950a：719)。

4　ヤップ本島

説話（ⅰ）

　この説話はヤシの木だけでなく，他の重要な食料植物及び人間の起源について説明している。
　往昔，ヤップ本島に人はいなかったし，タロイモもヤシの木もバナナもなかった。ある日，幽霊（ヤップ語では ken）が人間の姿をして現われた。そして彼女は現在の Weeloay 地区の Keng 村を訪れた。彼女はそこに居を構えることにした。そして，ここで結婚して沢山の子供と1匹の鰻 (gafiy) を生んだ。この子供達は現在のヤップ人の祖先と考えられている。大きくなると子供達は，この鰻が棲む沼地で遊ぶようになった。子供達がここで遊ぶ時には，いつも鰻は彼らを咬んで非常に驚かせた。そこで子供達は鰻を追い払うことに決めただけでなく，捕まえて殺してしまった。その夜，子供達は母親に自分達がしたことを報告した。これを聞いた彼女は大変怒った。なぜなら鰻は子供達の兄弟の1人であったからである。彼女は子供達に鰻を4つに切断し，このうちの2つは牧草地，他の2つは湿地帯に埋葬するように指図した。子供達がこのようにすると，しばらくして鰻の頭から1つの植物が芽を出してきた。この植物は1本のヤシの木に成長した。そして今日，この実は「3つの目」をもっている。このうちの2つは鰻の目に似ており，残り1つは鰻の口に似ている。牧草地に埋めた鰻の他の部分からはバナナの木が生えた。湿地帯に埋めた鰻の破片からは2種類のタロイモ (mal と lak) が生まれた。以上が，これらの植物と人間がヤップに生まれたことを伝える神話である (Kim and Defngin 1959：53-54)。なおヤムイモの起源説話についてはデフィンギン (Defngin 1964：62-65) の報告がある。

説話（ⅱ）

　これから述べるヤップの説話は，前記のものよりチュークのものにずっと似ている。チュークの昔話はヤップのこれが簡略化し，変形したものであるようにさえみえる。
　往昔，ヤップのマキにシシオル (Sisior) という名の女性が住んでいた。彼女の母親は夫から逃

げ出してきていた。シシオルの家の竹の塀の側に水溜まりがあった。彼女は夕方になるとよくそこで沐浴していた。彼女が腰簑をぬいで水浴びをしている時には彼女の入れ墨が見えた。1匹の鰻（悪霊）がこれに気づいて，彼女の恋の虜になってしまい，彼女に近づいた。しかし彼女は恐くて水浴場から急いで逃げた。

　ある晩，彼女が寝ていると夢の中に1人の素敵な男性が来て「私が淡水の水浴場で貴女の所に行くと，貴女はどうして急いで逃げたのですか」と尋ねた。彼女は「どこで貴方は私に会ったのですか」と返事をした。すると鰻は「貴女は私を見なかったのですか。私は鰻ですよ」と言った。「ああ，お会いしたわ」と彼女は言った。そして「でも私は貴方が恐かったので，急いで逃げだしたの」と言った。彼は「お願いですから，明日来て下さい。そして逃げないで下さい」と言った。翌日の夕方，彼が再び沐浴中の彼女に近づいて触ると，彼女はまた恐がって逃げ去ってしまった。その晩，彼は彼女の所に来て，どうして逃げたのか尋ねた。彼は翌日また来るので，どうかそこにずっといて下さいと懇願した。もし彼女が彼を愛しているならば，急いで逃げ出すことはない筈だと彼は言った。その夕方，彼女は再び沐浴をしていた。鰻は彼女に近づいて来て，彼女に触れたが，彼女は鰻が去るまで目を閉じていた。

　その晩，彼が彼女の所に来て「逃げないでいてくれてありがとう。今や貴女は私を愛しているのです」と言った。彼女は答えた「私は今の姿の貴方が好きなのです。私は鰻の姿の貴方は好きではありません」。「よく分かりました。私はいつも夜になったら来るようにしましょう。というのは，私は昼間は人間の姿で現われることは出来ないからです。結婚はしないが，私は貴女の旦那になるでしょう」と彼は言った。その晩，2人は一緒に夜を過ごした。「貴女は男の子を生むだろう」と彼は言った。やがて彼女は男の子を生んだ。この子は母親と同じ名のシシオルと呼ばれた。この子は人間の姿をしていたが，背中には鰻の皮にあるのと同じような皮が1片ついていた。

　ところでマキの人々は，ビンロウ噛み用にするためある種の葉をガチャバルによく持って行った。ある時，子供のシシオルは皆と一緒に出かけた。他の人々が友達の所に集まっている間，友達がいない彼は途中のろのろ歩いていた。すると1人の女性が彼を家に招いて，彼が彼女に上げたビンロウ噛み用の葉のお礼にとヤシの実を2個くれた。彼は彼女の家にもう一度出かけたところ，そこに別の女性が入ってきて「この男は貴女の家の中で何をしているの」と彼女に尋ねた。「彼は私に小さなビンロウ樹の葉を持ってきてくれたのよ」と彼女は答えた。「あらそう。それなら私は彼に亀の甲羅を持っているかどうか聞きたいわ」と言った。「彼は少しは持っているわよ」と彼女は答えた。すると「それなら私にも1片持ってきて貰いたいわ」と言った。そこで彼を家に招いてくれた優しい女性は，彼に亀の甲羅を持っているか尋ねた。しかし彼は持っていないと返事した。

　やがて彼はマキに帰るや，母親に一部始終を話した。母親が「貴方の背中には父親と同じような鰻の印があるので茶化したのよ」と言った。これを聞いた彼は泣きながら，父親はどこに住んでいるのか尋ねた。母親が答えなかったため，彼はいっそう泣いた。その夜，母親が目を覚ます

と，彼は寝ている時も泣き続けていた。夜が明ける頃になると鰻が来て，母親にどうして若者がこんなに悲しんでいるのか尋ねた。その訳を聞くと鰻は「どうしてこの若者を私の所によこさないのか」と言った。そして，翌日若者に2本の竿をもって水溜まりにくるようにと母親に言った。母親はまだ泣いていた子供にその話を伝えた。「元気を出して，2本の竿を持ってあの水溜まりに行き，それを中に投げ込みなさい。そこで貴方は大きく口を開いた1匹の鰻を見るでしょう。その口が一番大きく開かれた時，その中に入りなさい。そして2本の竿をその顎の中に押し込むのです。そして何が起きるか見ていなさい」と言った。さっそく彼はそうした。そして鰻の口の中で，1匹の鮫がどうやって泳いでくるのかを観察することが出来た。彼は鮫の口の中に踏み込んだ。そして一緒に泳いで海岸の砂浜に到着した。そこは常に亀が甲羅を脱ぐ場所であった。彼は鮫の口から外に出て亀の甲羅を集めて，鮫の口が一杯になるまで詰め込んだ。そして鮫の口に入って帰ることにした。そしてガチャパル村の海岸に上陸した。そして，前に亀の甲羅をほしがっていた女性を探した。彼は彼女にその一部を差し上げた。そして集まってきた酋長達に残りを分配した。しかし，自分用に一部は残しておいて鮫の口の中に入り，鰻のいる場所に向かった。そこに着くと鰻の口の中を通って淡水に再び戻った。その後，彼は結婚して，1人の小さな娘をもうけた。彼は前から保存していた亀の甲羅で腕輪を作って上げた。しかし大きな家にいた他の人々が明るい火の光りで彼女の腕輪に気づいた。そこで人々は怒ってシシオルが不誠実であることを酋長達に訴えた。そこで酋長達は彼が最高の亀の甲羅を差し出さなかったという罪で彼を殺した。しかし亀の甲羅をヤップに運んできたのは彼であったのだ。この亀の甲羅の一部はヤップからヤップ離島のウルシー環礁にもたらされた。そこでは人々はこれでもって釣り針を製作した。そしてまたこの釣り針を用いてウルシーの隣島のファイス島を海底から釣り上げたのであった (Frazer 1968[3]194-196)。

　この説話で興味を惹かれるのは，鰻と交わってシシオルが生んだ子供の背中に鰻の皮と同じものが残っていたが，それは蛇と交わって生まれたハンサムな青年の頭に蛇の皮が残っていたベロナ島の話と似ていることである。

　このタイプの説話については，R. E. ミッチェル（Mitchell）がその著『ミクロネシアの民話』の中で「鰻の恋人」と題して1973年に論述している。これは民話の筋書きが，場所が違うといかに変形するかを知るうえで参考になる。

　ヤップでは，女性の大半が耕作の仕事をするのに対して，男性は男子小屋で多くの時間を費やす。従って，これから述べるヤップの鰻の恋人の説話は，旦那を首尾よく排除出来た話なので，「異常」ともいえるような内容の話であるとミッチェルは指摘している（Mitchell 1973：75-77）。

　未開社会では，民話は勧善懲悪のスタイルをとるのが一般的であって，この民話はすでに本来のものから変形した断片的なものと私には思われる。

5 亀の甲羅の説話の類例

　この説話（ⅱ）の話の筋にみられる亀の甲羅は，マーシャル諸島の創世神話を想起させる。この創世神話によれば，イムロジ島ではロワの脛の腫物からウルレブとリムズナニジが生まれた。ウルレブの腓の腫物からジェマリウト（虹）とエダオという兄弟が生まれた。ウルレブは，両人にピカルの島に行ってレジェバゲ（鼈甲夫人）から魔術用の鼈甲を貰ってくるように言いつけた。この女性はその孫娘と共にジリバート（ギルバート）島から来たのであった。兄弟はピカルに着いてからは，先ず兄がジェバゲのいるところに泳いで渡ろうとしたが，岸の近くで大波に押し流された。再度挑戦したが，失敗したので弟エダオと交替した。エダオは首尾よくジェバゲのところにたどり着くことが出来た。彼女は食べ残したパンダーヌスの実を嚙めと差し出したが，それには彼女の傷ついた口から出た蛆がたかっていた。しかしエダオはこれを嚙んだ。そこでジェバゲはエダオに頸の甲を与え，またこれとは別に尻の甲も渡して，これで兄ジェマリウトの足の先を突き刺せと命じた。エダオの得た鼈甲は，食べ物でもなんでも望むものは与える魔力をもっていた。エダオはこの魔術で勇士となり，各環礁を征服して，兄ジェマリウトも追放した（松岡1925：181-182）。

　マーシャル諸島のこの説話は上記のヤップの話が簡略化したものであろう。

　なお戦後，ウルシー環礁で精緻な民族誌的調査を行なったW. A. レッサ（Lessa 1961：265-267）は，隣島ファイスで「姉妹と亀の甲羅」の神話を採集しているのであるが，内容的にかなり違っている。ここでは鰻の話は欠如している。彼は，この話の筋は専ら亀の甲羅のヤップあるいはファイスへの導入に関するものであって，これによって製作された魔術的な釣り針の説明は必要のないことであるのが分かるいう。

　なおまた，この釣り針に関して触れなければならないのが「島釣り神話」である。大林太良（1964：74, 80）によれば，このような神話はポリネシアではマルケサス諸島，ソサエティ諸島，ニュージーランド，トンガ諸島，パウモツ，サモア，マンガレヴァに，メラネシアではニューブリテン，ニューヘブリディーズ諸島に，ミクロネシアではキリバスとウルシーのポリネシア的影響の濃厚な地帯にみられるという。そして日本のオノコロジマの場合，釣り針ではなくアメノヌボコが使用されているが，矛は魚を突くのに使用されるので，釣り針で島を釣り上げたと同じ内容の神話と思われるとしている。そしてこの神話は，本来中国の南部あたりにあって，一方は日本に，他方はポリネシアに伝播したと想定されていると述べている。しかし，この想定を裏付ける考古学的証拠は皆無であると私は思っている。少なくともミクロネシアの神話がポリネシアやメラネシアの一部のものと脈絡があることは間違いないといえる。

6　ヤップ離島オレアイ環礁

　このオレアイ環礁から採集された説話は，ヤップ本島のものより後述の西ポリネシアのトケラウ諸島のものに，より類似している。

　現在のオレアイ環礁はヤシの木で覆われているが，往昔何もなかったことがあった。当時，ここには1人の少女が母親と一緒に住んでいた。彼女らは非常に貧乏であったため，他のオレアイ人から退けられていて，島の遠いはずれの辺鄙な所に住んでいた。2人は大変愛し合っていた。母親は娘の面倒を大変よくみていて，心配のあまり家から離れた場所で遊ぶことを決してさせなかった。ある日，母親が食べ物を集めに家を離れた時，娘は好奇心から家を出て，思い切って海岸に出かけた。娘は1匹の小さな鰻が海岸で助けもなく横たわっているのを見つけた。娘は急いでこれを湿った葉で包み，家に持ち帰った。娘は鰻を小さな池に入れて世話をした。しかし，娘は母親にこのことは言わなかった。ある晩，母親はその池に沐浴に行った。鰻が泳いでいるのを見つけた母親は驚いて卒倒してしまった。その後，娘がすぐに池に来て母親が気を失っているのを発見した。娘は母親の意識を回復させようとした。しかしそれが出来ないと分かると娘は途方にくれてしまって，座って泣いた。その時のことである。例の鰻が娘に「母親を家まで運びなさい。そして休息させなさい。そしてまた翌朝，池に戻って来なさい」と言った。

　翌朝，娘が池に戻ってみると，鰻が待っていた。鰻は「私の命を助けてくれた親切のお礼に，母親を回復するようにしてあげましょう」と彼女に言った。しかし，貴女は私の指示を完全に守る約束をしなさいと命じた。彼女はこれに同意した。そこで鰻は，晩に自分（鰻）の首を切るための鋭い刃をつけたナイフを持ってここに戻るように言った。娘はこれを聞いて，びっくりして恐かったが約束通りにした。それから娘は，鰻の頭を葉に包んで島の中央の一番高い場所に運ぶように指示された。ここは彼女が鰻の頭を埋めるのを見られることはなかったからである。数週間で見慣れない木がこの場所から生えてくると言われた。しかし，他の人々にはこのことを言わないように命じられた。木が実を生らせ始めると，その実を突付いて外側の皮を剥いたら，中に固い殻があった。彼女はこの殻の表面に鰻の2つの目と1つの口をはっきりと見ることが出来た。この殻を開けてから中の液体を母親に上げるように言われていた。このお蔭で母親は長い眠りから覚めることが出来た。素直な少女は鰻に指示された通りに行動したので，母親はすぐに元気になった。

　この話はどうして最初のヤシの木がオレアイ環礁で生えるようになったかを説明するものである。またこの話は，今でも犠牲になった鰻の頭の2つの目と1つの口が，なぜどのヤシの実にも見られるのかという秘密を説明しているのである（Ashby 1978：57-59）。

　この話は正に私が捜し求めていた，ポリネシアの鰻ツーナとヤシの実の起源説話に他ならないものである。つまり，このオレアイ環礁の説話で注目すべきことは，最後にヤシの実の殻に人間

の目と口が付いているという筋書きがみられることである。これは，マウイが退治した鰻の頭からヤシの実が生えるとする神話に必ず付随している部分である。しかし，ミクロネシアや西ポリネシア，それにメラネシアの類話にはマウイとの結び付きは欠如している。

なお，ここで魚がどんどん大きくなって飼い主を困らせる話の類例について触れておくならば，カートリ（Kirtley 1967：98）は，魚が大きくなる話の筋をもつ神話はソサエティ諸島，サモア，トンガ諸島にもみられるという。

7　ベラウ

北村信昭はベラウのヤシの実に関連した以下のような2つの説話を紹介している。

説話（i）

昔，ある女が子供を生んだが，それは赤ん坊ではなく，大人の頭のように大きな1個の果実であった。卵が孵るように，この実からどのような赤ん坊が生まれるか家の人々は楽しみに待っていたが，なにも起きなかった。女はこの実がつまらなくなって，ある日家の人には内緒で海に投げ込んでしまった。この実は潮に流されて沖合に出て行った。丁度そこで魚を捕っていた1人の漁師が拾った。漁師はこれを家に持ち帰り，雑草を敷いてその中に埋めた。果実はやがて芽を出した。漁師は手塩をかけて世話をした。芽は見上げるばかりの大きな木に成長した。花が咲き実が生った。実は生育するとポトリポトリと地面に落ちてきた。漁師はそれらを丹念に集めた。やがてそれらは芽を吹き，前と同じような大木になって沢山の実を結んだ。漁師がこの1個を割って食べてみると非常に美味しいものであるこが分かった。漁師はこの実の話を人々に教えた結果，皆が貰いにきた。やがてこの話はこの実を生んだ女の耳に入った。彼女は漁師の許を訪ねて，この実は自分が生んだが海に投げた話をした。漁師はこの話に納得して，2人は親類の縁を結んだ。彼女は漁師から幾個かの実を貰い受けて家に持って帰った。そして木を育てて実を食べたら美味しいので，彼女の家の人々はこれこそ神様からの授かりものと思った。人々はこの実を貰いにきて銘々が自分の家に植えた。ここで人々はこの木を「リウス」と名付けた。ヤシはその実，葉，木材などすべてが人々の生活に有用なものである。人々はこれは神から授かったものとして神聖視し，ヤシの葉を「アヅイ」と呼ぶことにした。これは酋長の職位を意味していて，酋長の神聖さをこれによって表わしている（北村 1933：22-24）。

なお北村信昭はこの説話に次のような解説をつけている。

ヤシはその実，葉，材などすべてが生活上有用な資で，人々はこれを神から授かったものとして神聖視している。ヤシの葉を「アズイ」というが，この語はまた酋長の神聖さをこれによって象徴しているのである（北村 1933：24）。

説話（ⅱ）

誰かがヤシの実を生んで捨てた。ある貧しい家の息子がそれを拾って，母と2人で大切に育てると見事なヤシの木になった。やがて花が咲くようになったある日の夜明け，ツタオ鳥が鳴いたので，母が目を覚ますと，赤ん坊の泣き声が聞こえた。不思議に思って戸を開けると，ヤシの花に1人の可愛い子供が泣いていた。母と息子はこの子を大切に育てた。やがてこの子は一人前の若者に成長した。息子と2人で励んだ投槍は他の人より優れていた。ある時，村と村との間に戦争が起きた。息子は戦闘に参加したいと申し出たが，貧乏人であるため拒否された。しかし1人の酋長だけはそれを適えて上げた。味方の旗色が悪くなった時，息子が葉の付いたヤシの枝を採って，敵の投げる槍を受け止めたので，敵は槍がなくなり敗走した。酋長はこの息子の武勇を褒め，自分の酋長の位を譲った（北村 1933：24-26）。

私見では，説話（i）の内容は後述のポーンペイの説話にみられる。ポーンペイではムクドリがヤップまで出かけてバナナを持ち帰り，キティ地区の川に1つを落とした。これは珍しい石となったので，結婚したカップルが拾って家に持ち帰り育てた。ポーンペイにみられるこの奇妙な筋書きの話はベラウの海のヤシの実の話と無関係とは思えないような気がする。

ところで，以上のベラウの説話には，鰻の死体からヤシの実が生えてきたという筋書きは見当たらない。多分，往昔にはあったが今では忘れられてしまったと推定される。

ここには「ワギナ・デンタータ（歯のある膣）」伝承に類似した話がある。女性が夫を殺すことを企てることはなかったが，彼の問題は鰻が餌に騙された時に解決した（Temengil 2004：55-56）。この物語はしばしばストーリー・ボードに描かれている（Mitchell 1979：260）。これは膣の中にシャコガイを入れていたり，鰻を入れている女性の話の変形である。既述のように，この翻案はミクロネシアではチュークからベラウまで分布しているし（Mitchell 1973：260），キリバスにもある（Maude 1963：55）。キリバスのニクナウ島では，氏族の義務と特権は通常ある種の神話か伝承に基づいている。「鰻のリーキ」は自分の娘の膣の中に入っていて彼女と接交する者は誰でも咬んだ。そのため2つの村の大部分の男性が死んだ。そこでタブリトンゴウンの助けを得てエテタブリマイが，彼を罠で捕らえて島から追い出した。この時の闘争で彼はニクナウ島にはネイン・リキ，カバンガキ，ベクベク，タバケアと呼ぶ池と，ベルー環礁にはネイン・タブアリキとネイニマンと呼ぶ池をつくった。そして彼はアラヌーカ島を襲った（Maude 1963：55）。

8　ワギナ・デンタータ（デンティト・ヴァジャイナ）説話の比較

別の報告者によれば，キリバスから採集されている説話は次のようである。

ある時，凶暴で手に負えない奇怪な鰻のリーキ（鰻の意）神は，他の神々と一緒にカヌーでタモアからニクナウ島に移住した。そこでリーキは，自分の娘の膣の中に隠れて彼女と同棲しようとするすべての男を殺そうとしたので，村人達はリーキを誘惑して殺害することにした。その遂行のため，村人達は魚を養殖するための池を構築した。なおこの説話ではリーキが男性の性的シ

ンボルであることは明白であると説明されている（Luomala 1981：229）。他のいくつかの神々と違って，もっとも重要な神々であるタブアリキ，アウリアリア，テウェイア，そしてリーキは特別な場合に呼び出される。たとえば，これらの4柱は降雨や多産を願う時，それに戦争や航海や漁撈に好運をもたらすことを祈願する時に崇拝者が利用する万能神なのである。そしてリーキの信奉者は鰻を殺さないし食べない（Luomala 1981：229）。

　キリバスの別の神話に登場するリーキについても触れておきたい。天の川に取り残されて「タモアの祖先の樹」の居住者として再現されたリーキは，キリバス人が2つの異なった起源神話から生じる矛盾の1つを例示している。リーキは口論から「祖先の樹」を折って燃やしてしまったため，他の居住者達と同様に，仲間の幹の居住者であるタブリマイとタブリトンゴウンと一緒になって新しい住処を探さねばならなくなった。そこでカヌー「テ・カバンガキ」で北方に針路を取って出帆した。ナ・アレアウは，この一団に今や鰻の姿になっているリーキを同行させないように注意した。なぜならリーキは乗組員に害を与えると危惧されたからである。しかしタブリマイと他の連中達はリーキをカヌーの中央において監視出来ると答えた。そこでナ・アレアウは，彼らにもしリーキが面倒を起こしたら取り押さえられる細長い1片の縄の輪の仕掛を与えた。しかし航海中彼らはそれを使用する必要はなかった。最初彼らはニクナウ島に上陸して居住することにした。ここでリーキはMwemweri（or Momori）と結婚した。彼らの美しい娘の1人が彼女の両親に対して怒って灌木の中に入ってしまった時，沢山の若い男達が彼女の許を訪れた。そこでこれを聞いたリーキは，彼女と性交しようとした男達のペニスを咬んで殺そうと彼女の身体の中に入った。最終的には，タブリマイとタブリトンゴウンに率いられた村人達はカボボとカエナエナとマタメア（これらは鰻を捕まえる網の輪の各部の名称）を持って，リーキを殺すことにした。彼らは彼を誘惑して外におびき出して罠にかけ，地面の上を引きずった。そこでもがいた彼は4つの池を掘った。その後，タブリマイはリーキをいきよいよく振り回したので，リーキはベルー環礁に飛び込んだ。そしてここに2つの池を作った。そしてアラヌーカ島かアベママ環礁にあるカウアケに落下した。モードがニクナウ島の池に関連して起きた氏族の義務と特権から生じた論争を1931年に調停した時，タブリトンゴウンはこの中にサバヒー（baneawa, Chanos chanos）を放流していて，原告達はこの神話を聴衆の前で暗唱した（Luomala 1981：231）。

　Luomalaによれば，鰻が女性の体内に棲んでいたという物語と，女性が鰻と情交があるとする信仰は東ポリネシアでもみられることという（Luomala 1981：231）。たとえばツアモツ諸島の人々は，鰻を捕らえる時や釣り上げようとした時に，小路の真ん中の小屋の近くに小さな祭壇として地面に固定されたパンダーヌスの木の幹の前に設置された梯子段に食べ物を捧げる。しかし，女性とこれらの海の鰻との間には一種の情交があるので，彼らは骨を折ってそれらを少し離すことにしている（Emory 1944：94）。またツアモツ諸島とマルケサス諸島では，タンガロア神が細長い1片の網の輪の仕掛で鰻を引き出す。なぜなら鰻が女性と性交する男を殺していたからである。たとえばマルケサス諸島では鰻の性器をもった女性がいたが，鰻捕り用の網の罠と餌で巧く捕らえたという説話がある（Handy 1930：100）。

マンガレヴァ島の事例は，ここで問題にしている説話の範疇には直接入らないかもしれないが参考までに付言しておく。

マンガレヴァでは，最高の食用魚の中に海産鰻（pu'i）が含まれている。昔は海産の鰻は食されなかった。なぜなら海産の鰻はテ・マラウトロと呼ばれる男で，彼はメトという女性の中に入って膣の分泌物を塗り付けていたといわれているからである。しかし，今では考え方が変わって，このような鰻を食べることについての嫌悪感はなくなった（Buck 1938：197）。

ミクロネシアでポリネシアと地理的に隣接する東ミクロネシアのキリバスの民話の中には，鰻と女性が性交することを伝えるものはあるが（Lumala 1981：232），これに類似した筋書きの話はない。しかし膣に鰻やシャコガイが入っているタイプの神話は西ミクロネシアには広く分布している。

たとえば，ベラウの昔話によれば，昔カイシャル村で綺麗な女の子が行方不明になった。彼女は海の神によって海中に連れて行かれてしまったのだ。ある男が上陸してきた彼女を捕まえて結婚した。しかし夫婦の契りを結ぶ度に彼のペニスは激しい痛みを感じた。友人が彼女の膣を調べたら中に1匹の小さな鰻（キテレル）が覗いているのを発見した。そこで盥に水を張り小さな鰻を1尾取ってきてその中に放して，彼女をその上を跨がせた。すると彼女の腹の中にいた2尾の鰻が盥の中の仲間につられて外に飛び出してきた。かくしては彼は，痛みなしで性交が可能になった（北村 1936：58-61）。最近，これの異伝を Temenigil（2004：55-56）が詳しく報告している。

パラウ諸島中のある島の酋長 Rechosech は，結婚したのに家に帰らず毎晩集会所で寝ていた。ある晩，この集会所に泊まったカヤンゲル環礁の男がそのわけを尋ねたら，彼のペニスが獰猛な動物に咬まれたように傷ついていることが分かった。そこで男は一対の魚を用意するように酋長 Rechosech にお願いした。一対の魚が目の前にくるとこの男はこの死んだ魚の上に手を振りかざして詠唱歌を唄った。酋長がながめていると一対の魚の周りには美しい光と色彩が見えた。その後男は酋長にこの魚を手渡し，これから与える指示に従って行動して下さいと言って，どこかに行ってしまった。家に帰った酋長は，死んでいるこれらの魚を水を満たした大きな木製の鉢に入れてから，妻にこの中で沐浴するように，そして特に陰部を洗うように言った。彼女がしゃがんで水を打ち鳴らすと，長く鋭い歯をもった2匹の大きな醜い鰻が陰部から出てきて，一対の魚を追いかけた。生き返った一対の魚は2匹の鰻をそれぞれが呑み込んだ。その後，魚は魔法のように姿を消した。酋長は急いで集会所に戻って，この時の様子を男に伝えようとしたが，そこに彼はいなかった。酋長は村々に出かけては彼を捜し求めたが無駄であった。その後，酋長は沢山の子供を生んで幸福な生活をおくることが出来たのである。

同じような話がウルシー環礁近くのオレアイ環礁にあることことをミッチェルが報告している（Mitchell 1973：187-189）。ここでは，膣の中にあるのは「clam shell」と記述されている。古橋政次はこれを「蛤貝」と訳しているが（ミッチェル著，古橋訳 1979：315-318），オセアニアでは「clam shell」は「蛤など食用になる二枚貝」ではなく，「シャコガイ」を意味することが普通である。シャコガイはその大きな形から人間を挟むことがあると恐れられているので，この場合は

シャコガイのことと思われる。ミッチェルはオレアイのこの民話について次のような註を書いている。

「この民話には2つの主要な部分に分類が出来る。1つは咬むシャコガイを入れていること，他の1つは鰻を入れていることである。私の印刷された参照文献にはキリバス（Maude 1963：55）からの鰻の異型があるだけであるが，しかしチュークからベラウまでこの説話のあることを見つけている。ベラウの説話では女性は自分の夫を殺す試みはしない。鰻が餌で誘惑されて出たきた時に，彼の問題は解決するようになっている。この物語はしばしば物語絵画（ストーリー・ボード）に描かれている」と述べ，更に次のように付言している。「これについてはミッチェル・コレクション，モティーフ F547.1.1. のウルシーの歯をつけた膣の異型説話2と，鰻が膣の内部にいる異型説話3を参照せよ。そしてまたミッチェル・コレクション，モティーフ B612.1. の"鰻の情人"と題した異型説話2のトラック（チューク）の説話を参照せよ。この説話では鰻の情人が少女の体内に這い込み，彼女を破裂させることになっている」と（Mitchell 1973：260）。

以上のことから，ミクロネシアの民話では膣の中にあるのはシャコガイか鰻が本来の姿であると思われる。

さて，ここでオセアニアにおける「ワギナ・デンタータ（デンティト・ヴァジャイナ）」説話についてもう少し触れておきたい。

ヤップ離島のウルシー環礁のモグモグ島で，このタイプの説話を1977年に採集した小松和彦は，ここでは膣に「鉄の歯」をもつ娘が3人兄弟のうちの長男と次男を殺したが，末弟によって仇を討たれた筋書きになっていると以下のような内容の説話を紹介している。

昔，モグモグ島に3人の兄弟が住んでいた。ある時，長男が魚捕りに出かけた。日が傾いたのでモグモグ近くの無人島に上陸した。すると老婆が現われてこの島には化物が出るので早く帰るように忠告してくれたが，今まで見たこともないような美人が現われて，彼を家に来るように誘った。2階で戯れている間に彼は興奮してきた。彼女は彼に向かって自分の腰巻の下に隠されている入れ墨を見たくないかと誘惑した。そこで彼が性交を試みると，彼の男根は彼女の膣の中にある鉄の歯で切り取られて殺され，死体は料理鍋の中に投げ込まれた。

数日後，行方不明になった兄を探しにこの島に上陸した次男も同じような目にあって殺されて食べられた。

数日後，末の弟が2人の兄を探しにこの化物島を訪れた。彼は彼女の女陰めがけて男根を突き刺すふりをしてブッシュ・ナイフを差し込んで彼女を殺した（小松 1985：96-99）。

小松は，この説話は「ワギナ・デンタータ」に属する話で，この種の説話が豊富な台湾を中心として東南アジア海岸部から伝播したということになるだろうと考えた。そしてこのウルシーの事例は，これまで「ワギナ・デンタータ」の説話が報告されていなかったミクロネシア地域からの事例であり，従って，ミクロネシアへのこのモティーフの伝播を示す重要な証拠となるわけであると結論づけている（小松 1985：100）。

しかし私は，このウルシーの説話は台湾の高砂族などの間にみられる「ワギナ・デンタータ」

とは系統的に無関係のものと考えている。その理由は次の通りである。

ウルシーで採集されたこの説話は、ミッチェルがオレアイ（ウォレアイ）環礁で採集したものと同一タイプのものである（Mitchell 1973：187-189）。小松が採集した説話にみられる「鉄の歯」は、鉄は白人との接触までなかったので、本来「シャコガイ」か「鰻」であったものから変形したものであろうと思われる。

なおポリネシアにおいても、カートリ（Kirtley 1976：233）によれば「歯膣説話のモティーフ」、つまり野蛮人の恋人の膣の中に歯か牙がある説話はマルケサス諸島からサモアまで分布しているという。たとえば、サモアの話はこうである。パパ（岩）がマルアパパ（中空の岩）と結婚した。彼らの娘はアナナの丘と結婚したが、性器に欠陥があって床入りが出来なかった。そこでこれと別れた彼女はファフタフフォッフェの岩と結婚したが、この時には彼が彼女の膣の中に鮫の歯を打ち込んで、まずい箇所を治療したので、2人は娘を生むことが出来たといわれている（Dixon 1964[9]：17）。カートリはこの空想的作品といえるポリネシアの事例は、そのモティーフが台湾のアミ族に存在することから東アジアの母地から伝播してきたものと推定しているが（Kirtley 1976：233）、先述のように、ミクロネシアのものとポリネシアのものとは同一系統の説話に帰せられるが、東アジアのものとは系統的結び付きはないと私は考えている。

なお、ナマ島の酋長の息子は妻が浮気をしていることに気づくと、男子小屋に出かける前に、妻の陰部に入ったものがあると動けなくなるように呪文をかけた。帰宅した彼は、ペニスが入ったままで動けなくなっている妻とその愛人を発見した（Mitchell 1973：141-144）。この話は前記の話と関係があるかどうか分からない。

なおまた、小松和彦（1985：108）はウルシーの事例に基づき、かつて金関丈夫（1976：238-278）が唱えた、東アジアの抜歯文化が歯のある膣の話を生んだとする仮説を否定した。つまり、小松によればウルシーには以前成人儀礼の一環としての抜歯の慣習があったことを聞いていないし、それに台湾とウルシーの説話を比較すると、前者では結末が幸福な結婚で終わるのに対して、後者では妖怪として退治されてしまう点で大いに異なるという。従って、ウルシーのこの「鉄の歯」の話を、単純に東アジアの抜歯文化で生じた「ワギナ・デンタータ」説話がウルシーに伝播したものとするだけでは満足出来ないとして、日本で広く見出される「三人兄弟・化物退治」型の昔話（関 1973[第2部の3]：1240-1241）と驚くほど類似した形態論的構造があることを指摘した（小松 1985：102-103）。小松はこの龍（大蛇）退治譚に着目し、ウルシーの「鉄の歯」の昔話は説話上から「三人兄弟・化物退治」型を示しており、これに「ワギナ・デンタータ」のモティーフをも考え合わせると、これも台湾・東南アジアを中継地として、南アジアから古代オリエントあたりまで源をたどれるに違いないと論じた（小松 1985：103, 106）。

なお、このテーマに関連して大和岩雄（1996：183）は、この話の中心は「無人島」であることが大切であり、換言すれば歯のある膣をもつ女性は異境にいることに注目すべきであると説いているのであるが、オセアニアに限っていえば、別段「無人島」を重視する筋書きの話になっているわけではないようである。

既述のように，要するにウルシーの説話は他のミクロネシア地域のみならず，ポリネシアの島々に広く流布しているタイプの説話の一部であって，東南アジアや日本などの類似説話とは系統的に無関係であると私は思いたいのである。

ここで想起されるのが，ニュージーランドのマオリ人のマウイの死の起源神話である。マウイは人間が死ぬ運命にあることを解消するために，夜の女神，偉大なヒーネの胎内を通り抜けて彼女の口から出ようと企てた。しかし，マウイが寝ている彼女の入り口（女陰）を通過したとたん，マウイの滑稽な姿を見た仲間の鳥達が彼の命令に従わず，迂闊にも笑ってしまったので，彼は目を覚ました彼女に殺されて目的は達成されなかった（アルパーズ 1982：88-91）。これではマウイは入った場所がはっきりしないのであるが，井上英明は一般にはマウイは女神の口から入ることになっているが，ここでは女陰を暗示し，歯は「ワギナ・デンタータ」を象徴していると解説している（アルパーズ著，木村訳 1982：97）。アルパーズは別の著書で，ヒーネは脚を広げて寝ていたので，マウイとその仲間達は彼女の腿の間に備え付けられていた火打ち石を見ることが出来たと記述している（Alpers 1964：68）。なお一説によると，マウイは彼女の鋭い黒曜石の歯で身体を切断されたことになっている（Westervelt 1910：137）。いずれにせよ，「ワギナ・デンタータ」がこのように女神の陰部にある，鋭い歯で殺されたという話は，他の地域のマウイ物語集成中に見たらないことは，ミクロネシアの話とは直接結び付かないように思われるのであえるが，ハワイのマウイの「火の起源説話」がマリアナ諸島まで分布していたし（高山 1997：72），マオリ人のこの神話に鳥達が出てくる筋書きなどは，互いに無関係とは思えないような印象を受ける。

なお話は戻り，若干の追記を加えておきたい。

金関丈夫は，この話のモティーフはオラル・コイタスと関係があるとして，台湾と中央セレベスの事例を指摘した（金関 1976：254-255）。つまり金関によれば，この説話がある所には必ず抜歯があるとはいえないが，抜歯の風習のある所にはこの説話があるという。しかし抜歯は，オセアニアではメラネシアのヴァヌアツ（Speiser 1990：162,271）やポリネシアのハワイなどでなされたが（島・鈴木 1968：41-60），これらの地域に「ワギナ・デンタータ」説話は存在しない。

つまり，世界に分布するいわゆる「ワギナ・デンタータ」説話は単一の起源に由来するものではなく，同じような説話が各地で独立的に生まれたと考えた方が適切ではないかと私は思っている。繰り返すようであるが，少なくともオセアニアと東アジアのものとは系統的に無関係であろう。

民俗学者堀田吉雄は金関丈夫の提出した「ワギナ・デンタータ」の説話がオラル・セックスから生じたという仮説を以下のような根拠から否定した。処女のワギナ（ヴァジャイナ）には毒素があって，これと交合すればその毒素を受けて男性は生命を失ったり不運になったりするという信仰が日本や東南アジアにあった（堀田 1981：233）。だから結婚に先だってその毒性を祓い除くために神様（実際には"ワリ爺"）に破瓜して貰わねばならなかった。つまり女性に歯牙があるわけはなく，これは単なる陰牙と見なす幻想であって，その発想は子安貝とか宝貝と呼ばれる貝にあったと想定した。この貝は女陰に似ているし，歯牙のような形態をしている。そして更に，こ

の貝に大地母神の信仰が重なって，農耕民の間にワギナ・デンタータ譚が発生する原因であると論じている（堀田1981：238-239）。

ただ堀田の仮説に対して抱く疑問は，いわば初夜権に通ずるこの種の習俗は古今東西世界各地にみられたことは確かであるが（原1967：50-58），日本では古い風習であったどうかである。縄文女性は性に対して慎みの気持ちを非常にもっていたと思われる（高山2007：印刷中）。しかし，1513年に執筆されたフロイスの文献には日本女性の処女の純潔を重んじる観念の薄いことが指摘されている（フロイス1991：39）。そしてオーストラリアン・アボリジニーのように初潮の開始前から性交を行なう民族誌的事例をながめてみると（ライツェンシュタイン・フェーリンガー1973：270），歴史時代の日本でも果たして処女膜が結婚当日まで保持されていたかどうか検討の余地があるのではないかと考えたくなるのである。

日本の縄文時代の土偶の目には子安貝を象眼しているもののあったことを連想させるものがあるが，残念ながら現在までの所，陰部にこれをつけた状態を表わしたものはない。しかし，オセアニアの民族誌的資料などからながめると，将来このような土偶が発見される可能性が高い。これが発見された時に，堀田の仮説は現実味を帯びてくるであろう。

一方，形質人類学者吉岡郁夫（1989：230-232）は，「ワギナ・デンタータ」説話の起源は抜歯を説明するために作られたとする説，去勢願望あるいは去勢恐怖による説，膣収縮運動や膣痙攣に由来するとする説，破瓜の習俗に基づく説に要約できると述べ，これらの説を単独で説明することは不十分であって，互いに相反する説と考える必要はないと述べていることを紹介しておく。

第9章　ミクロネシアにおけるヤシ以外の植物食料の起源説話

1　ポーンペイ・カピンガマランギ・コシャエ

　ミクロネシアではポーンペイとコシャエにだけある，コショウ科の植物の根を搗いて出てきた汁，これをシャカオと呼ぶ。フィジーなどは一般にカヴァと呼ばれる。以下はその起源に関連した物語である。
　ポーンペイには次のようなカヴァの起源説話がある。
　昔，ウイタンナル（Uitannar）は長い間，常にルク（Luhk）と呼ばれる神に奉仕し崇拝してきた老人であった。ウイタンナルは身体が疲れて弱くなり，目も老いからほとんど見えなくなった。ルクがウイタンナルの前に現われ，旅に連れて行って上げることを申し出た。しかし，ウイタンナルは老齢と病身のために疲労していて，床の敷物から動くことが出来なかった。しかしルクがウイタンナルの手を取ると，彼は自分の身体に力が戻ってきたことを感じた。また，見えなかった目も再び見えるようになった。ウイタンナルとルクは，小道を踏み分けカヌーを操り，ナ島に出かけた。それから彼らは更にマドェニム（Madolenihmw）に入った。途中で彼らは1人の既婚の女性に会ったが，彼女はルクが気に入って，愛の贈り物としてネックレスを彼に上げた。ルクは彼女の親切な贈り物のお礼に，ウイタンナルの踵から採った皮を差し上げた。そして彼女に，この皮を埋めるとその場所からびっくりするような植物が生えてきて，そこから人々の生活を変えるような汁が出てくるでしょうと言った。そしてこの通りのことが起きたのだ。かくして最初のサカウ（sakau）の植物が生え，その汁が飲めるようになったのである。この時，人々はこの植物の根を齧っていた鼠が動かなくなって病気のように酔ってしまったのを見て驚いたのであった。人々はこの植物をジョコ（joko）と名付けた。これは，キティ地区の方言ではソアコア（soakoa），北部地区の方言ではサカウ（sakau）と呼ばれている。
　その同じ時，天上では2人の天の神が地上の人間がサカウを楽しんでいるのに好奇心をそそられていた。そこで2人は地上に降りてきて，この植物の根を盗み，これを天上に持ち帰った。そこで2人はそれを2匹の「鰻の神」に贈った。それを「鰻の神」は「天の庭園」に植えた。これはすぐに成長したので，神々はサカウの植物を搗いた。するとその破片が杵から飛び散った。かくして天上から散ったそれはウイタンナルの家まで浮遊していって，そこで根を下し発芽した。この話は今日見られるサカウの植物がいかにしてポーンペイ中に広がったかを説明しているのである（Ashby 1993：251-253）。
　なお，カヴァは彼の捨てられた足の皮から生まれたため悪臭がするという（Hambruch 1936：193-194）。

第9章 ミクロネシアにおけるヤシ以外の植物食料の起源説　129

　コシャエとポーンペイのカヴァはコシャエが起源地であると伝えられている。また一説にはカヴァは盗まれたので，その悪臭は泥棒の膣の中で分泌されるものから生じるともいわれている（Mitchell 1973：246）。

　ポーンペイには次のようなパンの木の起源説話がある。

　ある時，Roi-en-Kiti の1つの地区の土壌は大変貧弱なためか，皮の柔らかい種類のパンの木は存在しなかった。1人の女性が魚捕りに行って，Salapuk と呼ばれる場所に帰ってきた。そこで彼女は Saum という名前の神官に魚を上げた。神官はお礼に食べ物を上げようとしたが，それはがさばって彼女には持ち運ぶことが出来なかった。そこで神官は，Pohn-malaue と呼ばれる場所から持ってきた1個の小さくて軽い石を彼女に上げることにした。そしてその石にある種の魔法をかけた。彼女はそれをもらって帰り，Roi-en-Kiti と呼ばれる場所に置いた。すると肥沃な土地がその石から生まれた。その結果，柔らかい皮をもったパンの木（meiniwe）が育つようになった（Lawrence, et al. 1964：57-58）。

　以上の話には鰻が登場しなかったが，バナナの起源説話「天空の鰻についての物語」には鰻が出てくる。

　空中に Niwe と呼ばれる場所があって，そこには1組の夫婦が住んでいた。この夫婦には1人の娘がいた。両親は毎日，彼女に魚を与えたがどうしたわけか，彼女は普通の女性のように大きく成長しなかった。理由は，鰻が近くに棲んでいて，しばしばこの家に来ていたし，また娘と恋に落ちていたからであった。これを知らない両親は，最高の食べ物を上げているのにどうして大きくならないのかと彼女を問いつめた。娘は，最初返事をしなかったがやがて鰻について白状した。事情を聞いて驚いた両親は，鰻を捕まえるために丈夫な紐を用意した。両親が鰻を捕まえる前に鰻は娘に会って「もし私が貴女の両親に捕まって，食べられることが決まったら，どうか両親に頭だけは食べないようにお願いして下さい。そして貴女は私の頭を埋葬して下さい。きっとそこから何かが生えてきますからね」と言った。両親によって鰻が捕まって，調理されようとした時，娘はその頭を貰い受けて埋葬した。やがて埋葬した頭の場所から3個の芽が生えてきた。1個は皮の柔らかいパンの木であり，他の2個は種類の違うバナナであった。これらはポーンペイでは見たことのないものであった。このパンの実は，この物語が生まれた Niwe と呼ばれた地名にちなんで meiniwe と名付けられた。また2種類のバナナは，一方は「ヤップのバナナ（ut-en-iap）」，他方は「樹幹の短いバナナ（ut-mwot）と名付けられた（Lawrence, et al. 1964：58-59）。

　ポーンペイの離島のカピンガマランギ環礁は，ポリネシアン・アウトライアーが住む島である。ここで採集されたパンの木の起源伝承は他の島のものとはかなり違っている。

　昔，Touhonu から離れた場所にある沐浴所に胎児が女性によって置かれた。Hauapi がこれを見つけて育てた。彼はこの子供にカヌーをつくって上げた。そして子供に「女性がいる島の側には近づかないように」と言った。しかし彼はこの命令に背いた。女性は彼をつかまえて交接した。彼は彼女の頬を引っ掻いて痕をつけた。彼女は司祭の妻であった。全員の手を調べた司祭は，犯

人を見つけ出して父親と息子の彼を追放した。2人は不毛の小島に行った。ある日，人々は魚を捕る罠で1人の少年をつかまえた。その少年の父親である1匹の大きな鰻が現われて，何でも困っていることを助けたいと申し出た。そしてこの大きな鰻が葬られると，そこから1本のパンの木が生え，成長して実を生らした。ホシムクドリがこのパンの木の一部を Touhonu まで運んで，そこに落とした。司祭は，これは国外追放者達からのものであると気づくと，すぐにカヌー船団を出して彼らを見つけるように命じた。巨大な鰻は，このカヌー船団の前方にいたカヌーを沈めた。そして後方にいたカヌーだけが Touhonu に帰帆した（Elbert 1949：245）。

2　チューク離島モートロック諸島

　チュークの離島のモートロック諸島からも植物の起源神話が報告されている。
　ここでは，すべての地上の果実は神々から得られると信じられている。それ故，これらの目に見えない力に感謝し好意を得るために，人間は神々に地上の農作物を捧げる。人々は，これらの供え物の精霊（nenin）はその外形だけは地上に残って，「偉大な精霊（anulap）」は昇っていくと考えていた。ヤシの木はこの「偉大な精霊」の贈り物で，それはずっと昔，地上に投げ落されたものと信じられている。パンの木の実もまた同一の精霊によって人間に恵み与えられた贈り物と考えられている。この精霊は，使者の鳥を使って地上にそれを落としたのである。するとこの木はいたるところで成長した。しかし，どうしたわけか実が生らなかった。そこで南に住んでいる精霊の Saueor と風の吹かない場所に住む精霊の Saumolor が南から風を送った。そしてこの風はパンの木に魂を挿入した。するとパンの木は実を生らせ始めたのである。このような行動は毎年改めて繰り返しなされた。かくして毎年，精霊は木々に魂を挿入することになり，その結果，木々は実を生らせるようになったのである（Frazer 1968[3]：128-129）。
　またパンの木の実が生る時期には，多くの精霊が木の中に住んでいると信じられている。精霊の中で一番位の高いのは Saueor で，彼は南からきたといわれている。人々は彼に良い収穫を祈る。予言者には祈祷を暗唱する権限が委任される。この目的のために予言者は，食べ物のお供えなどをすべての住民から集める。それから予言者は森におもむき，そこで魔法の薬草をえり分け，それをホラガイの中に入れる。その後，予言者は国を通過して旅をする。その時には時折，ホラガイのうえに一陣の風が吹く。そしてその肥沃な内容物をすべてのパンの木の上に撒く。その結果，豊富な生産量の収穫が期待されるのである。パンの木の実の時期は大体2月中頃から9月末であって，その終わりには Soropwel と呼ばれる月がくる。これは偉大な神ルクにとって神聖な月である。この時にはいかなる仕事もしてはならないことになっている。漁撈も海上でのカヌーによる帆走も許されない。人々はお祈りしたり毎晩ダンスの祭りを開催したりするだけである（Frazer 1968[3]：131）。
　なお，このような祭りのあり方は，ハワイのマカヒキの祭りを想起させる。
　タロイモの起源神話は次のようなものである。沼地の水田の中でのタロイモ栽培の技術を往昔

の人々は知らなかった。かつてモツ島では魚がひどく欠乏した時があった。人々は網を張って，沢山の魚がその中に入るのを見ているにも拘らず，網を陸地に引き上げてみると，そこには空っぽの網しかなかったのだ。そこで人々は，モートロック諸島の首島の1つであるルクノール島の人々に助けを懇願した。そこでルクノールの数人の経験豊富な漁師がモツにきて，原因究明に乗り出すことにした。その中の1人の漁師はヤシの木に登って，どのようにして魚の群れが網に入り，その後網が沈み，それから魚がいなくなってしまうかをそこから調べた。一心に見つめていた彼は，時折，人間のような白い手が暗い褐色の海に出現するのを目撃した。今や彼は何が起こっているかが分かった。海の精霊が，人々が捕った魚を盗んでいたのである。そこで彼は人々に，翌日網を張る時には，それに大きな石を繋ぎ，また網を1回ぐいとしっかり引っ張ると縛れるように結ばれた輪もつけるよう命じた。彼は再びヤシの木にまたがり，精霊達が再度古いごまかしをしたのを目撃するや，人々に「よく見て，網を引け！」と叫んだ。人々は彼の命令に従った。中に魚が詰まった網が集会所に運ばれて，下に置かれた。次に，人々はヤシの実をこすり，祝宴の準備をした。そして，ヤシ油とウコンで木製の容器をどれも一杯にした。それから彼らは網を開けて，その中に沢山の魚と以前からずっと魚を盗み続けていた2人の精霊を見つけた。彼らは精霊に飛びかかり苦もなく2人をウコンで一杯になっているかいば桶の中に投げ込んだ。それから人々は2人の名誉を祝してダンスの祭りの準備をした。2人の精霊は，MenonuとMenanaという名の海の神であった。人々によって示された優しい思いやりに触れた2人は，自分達が犯した泥棒の償いをするために，ルクノール島の漁師らと一緒にルクノールに出かけて，彼らにタロイモの栽培方法を伝授した。またモツ島の人々に対しては，人々が魚を捕っている時には2人が再び迷惑をかけることのないようにした（Frazer 1968[3]：129-30）。

3　マーシャル諸島

　昔々，ミリ環礁のBokorobban島に1人の女性が住んでいた。彼女には7人の子供がいたが皆，男であった。1番年下の1人は目が2つであったが，六人の子供は目が1つであった。このため6番目の兄を除き，皆は最年少のこの弟のことを「気違い（Bwe Bwe）」と呼んで虐待した。当時，彼らの住んでいるBokorobban島にはパンの木は生育していなかった。しかし，母親はパンの木がラグーンを横切った所にあるJelbon島には生育していることを知っていた。そこのLojit（海水の意味）と呼ばれるwetoには，パンの木だけが生えていたのである。当時，マーシャル諸島では，ここにしかパンの木はなかったのだ。これはMa en an Kiru etoと呼ばれるのであるが，その意味は「犬のパンの木」である。

　ある日のこと，母親は息子達にそこに行ってパンの木を採ってくるように頼むことにした。そこで彼女は，彼らにその場所を教えると同時に，このことはBwe Bweにだけは隠しておくように告げた。また彼女は，彼らにパンの実を採っている時にはいかなる種類の騒ぎも起こさないこと，特に大声で話をしないことを命じた。

早朝，彼らはBwe Bweをおいて出かけることにした。そこでこれを知ったBwe Bweは彼らが来る前に，カヌーの中に隠れていて寝入ってしまった。彼らは彼がいることには気づかずに出発した。しかしJelbon島に到着する前に彼は目を覚ました。そして「ロープを下さい。それでカヌーをリーフに縛り付けますから」と叫んだ。彼らは大変怒って，彼に静かにするように命じた。皆は静かに海岸に上陸して，パンの木に向かって這って進んだ。最年長の兄がパンの木に登って，実を下の弟達に落とした。そこで彼は皆は遅い。もっと早く採って自分に渡すようにと怒鳴った。この叫び声は木の所有者を起こしてしまった。所有者は，子供達がパンの実を盗んでいることを見つけると追いかけた。しかし彼らは，カヌーで自分達の島に逃げ帰ることが出来た。
　島に着くと，Bwe Bweは急いで母親の許に駆けて行って，一部始終を話した。その時，彼は大きな1匹の犬が彼らの家に向かって走って来るのを見た。彼はすぐにカヌーの所に走りより，帆柱を鷲づかみにした。兄達は，この化け物が近づいて来るのを見ると気絶した。Bwe Bweはこの巨大な犬を帆柱でもって殺した。そして周りを見ると，恐怖から死んでしまった彼らを発見した。そこで彼は彼らを埋葬したが，彼に親切であった6番目の兄の脚は手元においた。そしてそれを島に埋めると，それからパンの木が生じた。また，彼はその木の枝を採って植えた所，これは別のパンの木になった。これは他のパンの木とは違っているだけでなく，味は最高に美味であった。またこのタイプの木はそれほど大きくならなくて，常に同じ高さに成長することになっていた。以上はミリ環礁にパンの木が生えるようになったことを伝える説話である（Mackenzie 1964：12-14）。
　なお，マーシャル諸島では，ある女性が妊娠して少年とヤシの実を出産したという説話が伝えられている。ここではその後，少年は成長したので，母親は彼にこれで遊ぶようにとヤシの実を上げた。しかし彼はこれを食べたがったので，母親はこれを隠してしまった。少年が泣くと，ヤシの実は木に変身した（Roosman 1970：223）。

4　キリバス

　キリバスには人間の夫をもたない妻が，1匹の鰻の子供と暮らしている話が伝えられている。すなわち，ここでは鰻の子供は沐浴中の2人の女に捕まってしまい，食べられているところを幸いにも母親が発見して，彼女らからその骨を取り上げた。やがてこの骨から昔の鰻の子供が再生されたという話である（Tiroba 1989：48-49）。
　このように，ここのこの説話には鰻の頭からのヤシの実の起源伝承は欠如している。しかし，1996年にツヴァル諸島のニウタウ島の調査中，私のインフォーマントであったツヴァル人は，若い頃キリバスのアバヤーン環礁に住んでいたが，ここでは鰻をツーナと呼んでいたと教えてくれた。キリバス語の辞書をひもとくと，淡水の鰻はテ・タボーノ（te tabono）であってツーナという語彙はない。アバヤーンにツーナという名称があるということは，かつてここにヤシの実の鰻起源説話が存在した可能性のあることを示しているような気がする。

一般にヤシの実の鰻起源神話は，淡水産の鰻が棲める川や湖がある，高い島で語られても，小川や池もないような環境のサンゴ島では生まれないような印象を受ける。従って，キリバスのようなサンゴ島に，この神話があるのは本来的なものではなく，高い島から比較的新しい時代に二次的に伝えられたものであろうと推測される。たとえば，ポリネシアの北部クック諸島中のプカプカ環礁におけるヤシの実の起源説話では，夫の捕ってくるどの魚も嫌いになって食べなくなった妻が，ようやく夫が捕ってきた魚の中の鰻，ツーナ（Tuna）だけを食べた。これは淡水産の鰻ではなく，海の鰻（アナゴ）である。これを料理しようとした時，鰻ツーナは自分の身体の切り方と埋葬方法を指示した。そしてそこからヤシの木が出てきたという物語になっていて，ここでは単にヤシの木の起源が鰻（アナゴ）の死体から生まれたという骨子を伝えるための簡略化した筋書きになっているに過ぎない（Gill 1912a：127-128）。しかし，キリバスの神話で天を高く持ち上げる鰻は，サモアの神話で淡水産の鰻が大きな岩を移動させる話（Sabatier 1977：46-47）と関係があるように思える。キリバスに淡水の鰻はいないので，もしサモア起源の説話であるならば，それはあくまでも話として伝えられた可能性を考えねばならないと私は思っている。

5 ベラウ

ベラウでは主食であるタロイモ（クカウ）の起源について，その繁殖に関して伝承がある。

クカウ（kukau）は，南方からの漂着民によってもたらされたと伝えられている。南方とはニューギニアと目されている。このような漂着は数回にわたりなされたと思われている。そして彼らは，当時ベラウで高い地位にあった2つの氏族，つまりバベルダオブ本島の南部のNgulitelとベラウの南端に浮かぶアンガウル島のNgelelkauによって受け入れられた。前者の場合，現在Ngulitelの周囲にある丘に「神の村」と称される場所があるが，ここは神代にクカウのための乾燥した畑として使用されていたと伝えられている。アンガウル島のクカウの場合は，すぐに湿地用のタロイモ（メセイ）が伴うことになったといわれている。しかし，このようなタロイモの移植がどのくらい昔まで遡るのかは伝承からは判断出来ない（McKnight 1959：7）。

第10章　メラネシア及びポリネシアにおけるヤシ以外の植物食料の起源説話

1　メラネシア

　メラネシアのポリネシアン・アウトライアーのレンネルとベロナ両島では，黒色タロイモは死んで蘇生した女性によって地上にもたらされた。地下界で彼女が彼女の死んだ両親に会ったところ，両親が彼女にタロイモを持たせたのである (Elbert and Monberg 1965：355)。

　また一説によるとこの両島では，タロイモを与えることに不賛成の「空の人」を，マウイ神が騙して地上に投げ落としたともいわれている (Elbert and Monberg 1965：124)。同じような神話はサモアとニュージーランドにみられる (Luomala 1949：119)。またフィジーの離島でポリネシア人の住むロツーマ島の神話では，ある男が天界に誘拐された。この男はそこにタロイモが生えているのを知ると，それを地上に投げ落とした (Churchward 1937-1938：276)。また，以下に紹介するロツーマにおけるサトウキビの起源譚は，天空の神が与えてくれることになっていて，上記のレンネルとベロナのものにやや似ている。

　ロツーマ島の近くに小さな Uea 島がある。ここに仲の良い兄と妹が住んでいた。Uea 島は土地が肥沃でないため，ヤムイモやバナナを栽培する時にはカヌーでロツーマに出かけていた。Uea 島には，女性はこのような栽培に参加が許されない習慣がある。ある時，兄は1人でロツーマに出かけた。ここで彼は耕作用の農地をつくるため野草などを燃やした。しかし，この大掛かりなたき火の煙は天にまで昇って，そこにいる精霊達の目をひりひりさせて悩ました。困った精霊達は大きな網を地上に降ろし，その中に兄を入れて天に連れてきた。Uea 島にいた妹は，兄が網に入れられて天に連れて行かれるところを目撃した。しかし，兄は精霊達の虜になってしまった。彼女は兄を助けようと山の頂上に登ったが，天に達することが出来なかったため悲嘆にくれ，踵を上下に叩いた。この結果，山には2つの窪みが出来た。後に，ここに水が溜まって池になった。今でもこれは見られる。家に帰りたがっている兄に対して精霊達は，いかなることをしようとも決して彼が住む精霊の家の窓を開けてはならないと命じた。しかし，彼は精霊達の命令に背いて，サトウキビの数片を窓の外に投げ捨てた。それは Uea 島の妹がいた山頂の近くに落下した。しかし，目に涙が一杯であった彼女は，後ろに落ちたサトウキビには気づかなかった。一方，天にいる兄があまりにも激しく泣くので，精霊達はうるさくて困り，地上に返すことにした。網の中に入れられて妹のいる山頂に降ろされた彼は，彼女をしっかりと抱きしめた。しかし彼が見たものは塵に化していた妹であった。そして彼もまた塵の土となってしまった。後に山に登った Uea 島の人々は2つの塵の山を発見した。そして，その後ろ側に天上から投げられたサ

トウキビの破片があるのを知った。人々はこれを肥沃な土壌のあるロツーマ島に持って行って植えた。サトウキビは人々が嚙むと甘い汁を出してくれた (Reed and Hames 1967：217-219)。

これと同一の筋書きの説話を，Churchward (1939：109-126) が「山の泉の起源」と題して報告している。ここでは兄が天から地上に投げたものは赤い mairo の灌木と竹とパンダーヌスと papai となっている。

2　ポリネシア

ハワイでは，色々な種類のタロイモは逃げている豚の神カマプアッアに帰せられている。カマプアッアは火の神ペレをかわすために色々なタロイモの示唆行為を経たのである (Handy 1940：13)。

またハワイのある神話では，タロイモは天界の父ワケアが人に与えたことになっている (Beckwith 1940：297)。また他のヴァージョンでは，ワケアによるホオオホクカラニの最初の子供は，根のような形をして生まれたので捨てられてしまった。まもなくこの場所からタロイモが生えてきた。ラウロア (lauloa) タロイモはパパとワケアの胎児の子供から生まれた (Beckwith 1940：98)。

なお，タヒチではタロイモは1人の男の両脚から生まれたことになっている。そして彼の肺はタロイモの葉になった (Henry 1928：420-421)。またタヒチには，パンの木は男の一部から生じたという神話がある。パンの木の実は彼の頭であり，フルーツの中心は彼の舌であり，幹は彼の身体であり，枝は彼の四肢であり，葉は彼の手であった (Henry 1928：420-421)。

スペイン人と接触時のミクロネシアのマリアナ諸島のチャモロ人の間には，このタイプの神話に系統的に結びつく話があった。それによれば，世界の創造は，Putan と呼ばれる非常に思いつきの良い男によってなされた。彼は何年もの間，地と天が創造される以前の空想上の場所に住んでいた。彼は死ぬ間際になると，住む場所がなく，食べ物もない状態で人々を残しておくのは可愛そうだと考えた結果，彼と同じように両親がなくて生まれた妹（あるいは姉）を呼んで，彼のすべての力を彼女に与えるので，もし彼が死んだら，彼女が彼の胸と背中から地面と天を創造するように言った。また彼の両目からは太陽と月が出来るし，更に彼の眉毛からは虹が創造出来るであろうと述べた (Thompson 1943：24)。これらは死体から植物が生まれるいわば「死体化生神話」を連想させる。

またハワイの神話には，パンの木の実は死んだ男の睾丸から生まれたというものがある。

ある日，人々はフルーツを料理したが，それは大変美味しいものであった。しかし彼らは，これが睾丸であることが分かると吐いてしまった。この結果，パンの木がハワイのコナの周囲に広がったという (Beckwith 1940：68)。またハワイの別の神話では，昔飢饉になった時クー神は，彼の地上の妻を彼の頭の上に立たせることによって彼女の命を助けた。彼の頭はパンの木になったのである (Beckwith 1940：100-101)。また別のハワイの神話では，ウルと呼ばれた男が飢餓のた

めに亡くなった。司祭（カフナ）の指示で，彼の死体は泉の側に埋葬された。その後，そこからパンの木が生えてきたので，家族は飢えから救われたという（Beckwith 1940：100-101）。これとやや似た次のような説話もある。

　ハワイでは偉大な神々が，時折男の姿に変身して島の中を歩くことがあった。クー神もそうであった。彼はハワイの女性と結婚して普通の男としてここに定住して，土地を耕し家族を養った。何年かが経過した後，飢饉が襲った。隅から隅まで，すべての土地の人々が空腹から病気になった。クー神の子供達も食べ物の施しを請い求めたし，母親は涙を流した。父は，「自分は子供達のために食べ物を手に入れることが出来る」と言った。「しかしそれは長い長い旅を意味する」と付け加えた。
　「貴方は帰ってくるでしょうか」と彼女は心配して言った。
　「もし私は出かけたら，戻ることは絶対にないであろう」と彼は返事した。
　彼女は彼にしがみつき「ああ！どうか出かけないで下さい」と言った。しかし子供達が声をあげて泣いて食べ物を欲しがった時，彼女は彼の所に再び来た。そして「私は子供達が苦しむのを見ると耐えられない」とだけ言った。彼はこの言葉を理解した。
　その晩，彼は彼女に庭に出てくるように告げた。彼は悲しい別れの言葉を言って，彼女が見守っている中で逆立ちして地面の中に潜ってしまった。彼女は激しく涙を流した。彼女の涙は，毎日その場所に降り注いだ。
　遂に，その場所から1本の若枝が芽を出した。それは成長して，すぐに葉と蕾をつけた木になった。蕾はすぐに大きくなり，実は成長して熟した。「これは貴方達の父親からの贈り物です」と母親は子供達に述べた。石焼き料理の支度がなされ，熟した実は料理された。それは素晴らしい食べ物であった。今やこの家には沢山の食べ物があるようになった。多くの食べ物は隣人にも分け与えられた。しかし，クー神の家族だけがこの実をもぐことが出来た。もし他の家族の人がこの実に近づくと，木はたじろいで，縮んで地面の中に入ってしまった。そこでクー神の家族は新芽が現われた時，それを折って友人達や隣人達のもとに運んで「どうかこれらを植えて下さい。そうすれば貴方もきっと食べ物を持つことが出来るでしょう」と言った。このようにしてパンの木はハワイ中に広がっていったのである（Pukui[campiled]：176）。

　ミクロネシアのポリネシアン・アウトライアーのカピンガマランギ環礁にはヤシの実ではなく，パンの木の実が鰻が殺害された場所から生えてきたという神話がある。これについては先述した（Elbert 1949：245）。
　このようにヤシの実ではなく，他の重要な植物食料であるパンの木やタロイモの起源が人間や動物や神から生まれるとする神話は各地にあるが，これは同一の観念形態に基づくものであるとロウスマン（Roosman 1970：225）は述べている。

第 10 章　メラネシア及びポリネシアにおけるヤシ以外の植物食料の起源説話　137

3　まとめ

　ミクロネシアの高い島々とフィジーを除くメラネシアの島々では，少なくとも淡水産の鰻（多分海産の鰻にもいえることと思われるが）は食さないがことが分かった。ただ，低平なサンゴ礁島から構成されるキリバス諸島には海産の鰻しかいない。マーシャル諸島では通常リーフにいる海産の drep（Echidna leucotaenia）と呼ばれるものか，Echidna nebulosa か，数種類の Gymnothorax である。Gymnothorax の中で，もっとも普通にいるのが G. pictus で maj と呼ばれている。これらは狭く深い割れ目や潮が退いた後の潮溜まりなどにいる。水泳中の人間の脚にこれらが近づいてくることがあるが，これは隠れる場所を探しているのであって，脚を咬むためではない。なおウツボ以外に大きなアナゴも棲息している（Bryan 1972：86）。

　さて，ミクロネシアとメラネシアに対してポリネシアでは淡水産の鰻（それに多分海水産の鰻）を一般的に食べることが分かった。このことについて，メラネシアのポリネシアン・アウトライアーのティコピア人の調査をしたファースは，マオリ人や他のいくつかのポリネシア人は鰻を美味なものと見なして食べるが，これと対象的にポリネシアン・アウトライアーのティコピア人は，鰻を吐き気を催すものだといって嫌悪しているだけでなく，これを食べると死ぬと信じていると述べている。ティコピア島では鰻は鮫と同様に精霊と結び付いているが，鮫より高い位の人格化を示しているとも考えられている。鰻神は鮫や他の魚が釣り針に掛かるようにして，人間に食べ物をもたらしてくれるといわれている。またティコピアでは，起源神話において色々なタイプの鰻は，生殖力のある神の細長い男根の先端を連続的に切ったものとして表わされている。これと結び付くのが，鰻は精神的に好色であるという観念である。つまり鰻は常に男性として見なされているだけでなく，女性にとっては危険な存在と考えられている（Firth 1967：555-556）。鰻とセックスとの関係は後に言及するが，その前に触れておかねばならないことは，ティコピアでは，先史時代には鰻がタブー視されずに食べ物となっていたことが発掘調査で明らかになっていることである。

　つまり興味深いことに考古学的調査では，タブーである筈の海産の鰻であるウツボとネズミフグの骨が出土しているのである（Kirch and Yen 1982：292）。発掘者達は，「リーフの神格」と見なされて食べ物としてタブーであるウツボが，今から約 1700 年以前の文化層から出土するが，これ以後の文化層から検出されないのは，多分この頃，ネズミフグとウツボがもつ動物性の滲出毒で死亡した者がいて，これらの食べ物がタブーとなったのではないかと推定している（Kirch and Yen 1982：292）。

　しかしこの解釈以外に，鰻を食さない他の文化からの影響についても考える必要があるように私には思える。なお，メラネシアの中に位置しているが，地理的位置からポリネシア文化の影響をもっとも強く受けているフィジーから，鰻と女性が親密な関係になるという神話が採集されていないことは不思議である（Reed and Hames 1967：155-157）。

しかし，フィジーには娘が蛇を生んだという神話はある。鰻が蛇に代わっている神話は他の地域に時折みられるので，ここでも蛇は本来は鰻であった可能性もある。しかしこのことは別にして，ポリネシアン・アウトライアーの間にみられる鰻を神と見なす信仰はポリネシアから伝わったものかもしれない。ただし，鰻をトーテムと見なす信仰はメラネシアでは顕著である。しかし，ポリネシアとミクロネシアでは，メラネシアほど盛んではなかったが散見する。

　既述のようにティコピアには，精霊のタンガタ・カトアは本来は「鰻神（ツーナ）」であると共に，この島の元来の神でもあった。しかし神話では，ツーナはその肉欲のために殺されてしまうことになっている（Firth 1961：51）。この神話がポリネシアに普遍的にみられる，ヒーナとその恋人である鰻ツーナ，それに付随して顔を出すマウイ神の神話と同一系統のものであることは，たとえばティコピアと同様にメラネシアのポリネシアン・アウトライアーのレンネル島民の間にマウイティキティキが，死んだ巨大な海蛇（ngosengose）を埋葬して上げた結果，そこから黒いヤシの実と赤いヤシの実が生じたという話の存在すること（Elbert and Monberg 1965：126-127）から類推出来る。なぜなら，マウイティキティキはマウイの異称であるからである。またカートリによれば，ミクロネシアのポリネシアン・アウトライアーのカピンガマランギ環礁民もこれとかすかではあるが類似した神話をもっているという（Kirtley 1967：102）。　Luomala（1949：224）は，ポリネシアのマウイ神話自体はミクロネシアのカロリン諸島まで認められると述べている。

第11章　性の対象としての鰻

1　ヒーナと恋人ツーナ

　鰻が少女と交わる話はポリネシアでは一般的なものである。
　たとえば東ポリネシアのマンガイアでは，イーナ（ヒーナの同意語）が沢山の鰻が棲んでいる断崖の下の水溜まりで沐浴していると，1匹の大きな鰻が近づいてきて，ここちよい触れ方で彼女に刺激を与えた。そして鰻は，彼女の下の快感のある箇所にすべり込んだ。同じことは何度もなされたが，ヒーナはそれを許していた。そしてある日，ヒーナが見ている前でこの鰻は素敵な若いマンガイア人に変身した。彼はヒーナに向かって「私はツーナです。すべての鰻の神です。貴女のあまりの美さに私は家を捨て，貴女に会いにここにきたのです。ヒーナ，どうか私を迎えて下さい」と言った。ヒーナはその希望を受け入れて，2人は彼女の家の中に入った。しかしやがてある日，ツーナはヒーナに向かって「私はいとまごいをしなければなりません。私は今から永遠に貴方から去らねばなりません。明日，洪水になるでしょう。その時には私は貴女の家の敷居の所に泳いで来ています。貴女はすばやく貴女の祖先伝来の手斧を持ち出して，敷居の上で私の頭を切断しなさい。そしてその頭は，ここの高い地面に埋めなさい。そこで彼女は，それを自分の家の裏に埋めた。するとそこからヤシの木が生えた。また熟した果実から採られたすべての殻はヒーナの恋人の顔を示していた。つまり彼の2つの小さな目と1つの口をした鰻のツーナ神（Tuna-god-of-eels）の顔をしているのである（Gill 1876：77-80）。
　また，鰻の軟らかい肌に少女が魅了されるチュークの話にもっとも類似したものは，たとえばニュージーランドにある。ここでは，マウイ神は鰻ツーナとレポ（沼の意）の娘のヒーナを娶った。ヒーナが小川の近くに行った時，ツーナは彼の尾の粘液を彼女に塗った。家に帰った彼女は，マウイに「触れるととても滑らかな肌をした男が小川にいる」と話した。そこでマウイは復讐を決意した。マウイは川の側に10個の滑り枕木を設置した。餌としてヒーナがそこに座らされた。ツーナがヒーナに会いに来るまでマウイは身を隠していた。ツーナが滑り枕木の上を滑走したので，マウイはツーナを殺した。その結果，ツーナの尾は海洋に飛んでアナゴとなり，頭は小川の中に落下して淡水の鰻となった（Kirtley 1967：96）。

2　鰻が娘に暴行

　一方，鰻が娘に暴行する話はサモアにある。ポーイとその妻には，シーナ（ヒーナの同意語）と呼ぶ娘がいた。夫人は，自分が見つけた小さな鰻をペットしてシーナに持ってきた。鰻は急激に

大きく成長してしまい，すぐに井戸の中に移さなければならなくなった。ある日，鰻はシーナを咬んだ。そこで家族はこの鰻から逃げることにしたが，鰻は執拗に追いかけてきた。父親は，ばったりと後ろに倒れて鰻を防ぐ山を造った。しかし，鰻はすぐにその1組に追いつき始めた。そこで母親は，後に留まって山を造ることにし，シーナは避難所を求め続けた（Turner 1884：243-245）。これ以後のストーリーの展開については他のテキストの内容を既述したのでここでは省略する。

サモアにある他の1つの異形説話では，何世代にも亘って争っていた2つの家族が互いに遠くに移動することに決めた。片方の家族はシーナという名の娘を連れてサヴァイッイ島に移り，別の家族は鰻の身体で人間の頭をもった1人の息子を連れてフィジーに移住した。融和を回復するために，フィジーに渡った家族はシーナに言い寄るようにと息子をサヴァイッイに出かけさせた。鰻は，恋歌でもってシーナを口説き落とした。彼らの関係を知った両親はシーナを連れて逃げた。鰻が追いかけてくると，両親は後に残って障害物を構築した。しかし，鰻は両親にはかまわずシーナを追跡し続けた。この有名な追跡は多くの地名を生んだ。ついにシーナの両親は，鰻を攻撃して殺すことが出来た。鰻は死ぬにあたり，歌を唄ったのであるが，それは自分の頭の埋葬を指示し，ヤシの木の利用方法を説明したものであった（Nelson 1925：132-134）。

3 ミクロネシアの説話におけるヒーナの名前の欠落と鰻と女性との交接

ミクロネシアでは，ポリネシアでみられるヒーナとツーナという名称も欠落している。たとえばミッチェルによれば，ポーンペイと同じように，鰻の恋人はしばしば植物起源神話の一部となっているという。またマーシャル諸島の説話はこの異型である。同じような異型はミクロネシアのプル・アナ，ベラウ，ヤップ，ロサップにもみられるという。また更にミッチェルによれば，チュークのある説話では鰻が少女の体内に這い込んだ。そして彼女は腫れてきてやがて破裂した。これは，彼女が自分の住む島の若者達の求愛を拒否していたために起きた罰であったという（Mitchell 1973：250）。この話はまた，鰻自体が女性によって自慰具として使用されたのではないかという男性側からのいやらしい推測も付加されていたような印象を受ける。

なお，ヤシの実と鰻との結びつきについて，ハンディ夫妻はヤシの実の殻皮を剥ぐと，中から現われる果実は非常に鰻の頭を連想させるので，ヤシの実を鰻に結びつける多くの物語が太平洋各地にあると説いている（Handy and Handy 1972：169）。そして，ここでは穴を掘ってヤシの実を植える時には，その穴の底に蛸を埋めるための穴が掘られた。蛸はその長い触手がヤシの木の高さに影響を与えると信じられているからであるという（Handy and Handy 1972：169-170）。

ポリネシアでは，この神話のために鰻を嫌悪し食さないことはない。従って，チュークで鰻を嫌悪する理由がポリネシアからの直接の影響によるものとは考えにくい。ただ，ポリネシアのタヒチやメラネシアのポリネシアン・アウトライアーのティコピアなどで，この神話の影響で鰻が

第11章　性の対象としての鰻

神と見なされることがある。このような観念が，チュークになんらかの影響を与えたことを否定することは出来ないかもしれない。これに加えて考えねばならないことは，鰻をクランと見なす習俗である。私はチュークには考古学的調査で7回足を運び，いくつもの島々を訪れたにも拘らず，トール島以外の場所で鰻を嫌悪するかどうか確かめることをしなかった。しかし幸い，河合利光（2001：115-116）は鰻とトーテムが関係のある可能性を見出したのである。

　ヒーナの恋人であった鰻神ツーナが殺されて，その埋葬された頭からヤシの実が生まれたというポリネシアのヤシの実の起源説話を研究したカートリは，この神話の分布は現在のポリネシア人の居住範囲と一致すると発表した（Kirtley 1967：89）。

　しかし，この神話は変形した説話となってミクロネシアにもみられるのである。ロサップ島では「ヤシの実」の神が女性の子宮に入って妊娠したが，このヤシの実のような形をした赤ん坊を埋めたらヤシの木が生えてきたことになっている（Mitchell 1973：32-32）。ミッチェルは，女性が最初に生んだ子供がヤシの実であったとする民話は，ミクロネシアでは広く分布していて，ラモチューク，フラーラップ，マーシャル諸島からも採集されているという（Mitchell 1973：246）。チュークの説話もこの範疇に入るものであろう。また，ヤップではヤシの実は殺された鰻の子供の死体から生じたといわれているし，ポーンペイでは殺害された鰻の恋人か無視された少年の死体から生えてきたと伝えられている。そしてキリバスでは，ヤシの実は踏みつけられた恋人から生まれたといわれている（Mitchell 1973：246）。これらの事例は，ミッチェルのポリネシアの伝承とよく似ているとの指摘を待つまでもなく（Mitchell 1973：246），ポリネシアの鰻ツーナとその恋人ヒーナの話の変形であることは疑いない。

　カートリは，鰻神ツーナと恋人ヒーナとの間には性的冒険譚が付随していると指摘している（Kirtley 1967：89）。

　ミクロネシアの説話にはマウイが登場しないこともあって，冒険譚とはいかないまでもこのような話の筋も一応は認められる。

　ポリネシアのサモアの神話では，鰻が娘シーナを追いかけるが暴行する内容にはなっていない。しかし，トンガでは娘ヒーナは，人間に変身した鰻の精霊のために妊娠させられている（Gifford 1924：182-183）。また，1997年に祖母から聞いていた話として発表した Afuhaamango の本によれば，トンガでは毎日王女が滝壺で沐浴をしていた時，人間の話が出来る小さな鰻と交わって子供を生む物語となっている（Afuhaamango 1977：38）。マンガイア島では娘ヒーナは，鰻ツーナから何回も性的な快感を与えられている。ウィリアムソンは，鰻か蛇がその尾で女性を強姦する話はマルケサス諸島とツヴァル諸島から伝えられていると記述している（Williamson [1]81-82）。ニュージーランドのマオリ人の神話では，鰻ツーナ・ロアはマウイの妻にもっとも淫らな触り方をしたことになっているし（アルパーズ著，井上訳 1982：52-53）。更にツーナ・ロアでは，マウイの妻と実際に性交したという異伝もある（アルパーズ著，井上訳 1982：95）。マンガレヴァ島では，海産の鰻がメトという女性の中に入って膣の分泌物を塗り付けたといわれているが（Buck 1938：197），これは鰻と女性との交接の変形であろう。キリバスには，鰻と女性が性交する民話がある

(Luomala 1981：232)。またキリバスでは，人間の夫をもたない妻が1匹の鰻の息子と暮らしていた話がある（Tiroba 1989：48-49)。これは鰻と人間の女性との間に交接のあったことを前提にして作られた話であろう。

マルケサス諸島民の性について研究したSuggs（1966：103）は，Handy（1930：79, 99-102）が民話における鰻と女性とが性的に交わる話を報告しているが，これは実際にあった話ではなく，たぶん象徴的な神話の要素を示しているのであろうと解釈している。

フィジーには，鰻と女性が交わったという神話がないが，娘が蛇を生んだというものはある（Reed and Hames 1967：155-157)。

次に，ポーンペイで注目すべきことの1つに，鰻を神と見なすことがあることである。同じような信仰はポリネシアやメラネシアにもある。

たとえば，ポリネシアのマンガイア島では，鰻の神が素敵な青年に変身した時恋人のヒーナに，自分はすべての淡水の「鰻の神であるし保護者」であると告げているし（Gill 1876：77），タヒチでは鰻は神の使いとしての役割を演じている（Henry 1928：358)。また，フィジーのヴィティレヴ島の山地民は彼らの祖先を淡水の鰻と信じて，これを神聖な生き物と見なしているし（Rivers 1909：158)，メラネシアのポリネシアン・アウトライアーのティコピアなどからも同じ話が報告されている。

ポーンペイで鰻の神が出てくる説話は，なんといってもキリバスの神話との密接な結びつきを想起させるのである。

ここで指摘しておかなければならないことは，トーテムが時には神にまで昇格することがあることである。

チュークの離島のサタワン環礁では，昔鰻が天から降りてきて木の洞に入ってサタワンと呼ぶ小島を生み，更に1人の女を生んだ。女は後にタックという男を婿に取り，多くの子供を生んだ。かくして祖先は鰻から生まれたので，自分達も鰻の子であると考え，これをトーテムにしているという（三吉 1933a：32)。Luomalaは，ミクロネシア人は鰻を厳しいタブーの下に保護していて，彼らにとって鰻は悪意があるものか，友好的かのどちらかである。そして鰻は，神話では重要な位置を占めていて，特に氏族（クラン）起源の鰻がそうであるという（Luomala 1950：719)。ポーンペイやコシャエでは鰻の氏族が存在する。

以上のようなことから，チュークの鰻嫌悪の起源には，ポリネシアのように鰻を神と見なすことの影響や，更にサモアのように鰻に咬まれたシーナが泣いているのを見た両親が，鰻は残酷な神の化身かもしれないと思って，その場所からシーナを連れて逃げ出した。このような残酷な神の化身として鰻を見なすような話が伝わったかもしれない。しかしこれに加えて，トーテム信仰もまた無視できないかもしれない。たとえば，ポリネシアでも，タヒチでは自分達は鰻の子孫であると見なす家族がいる。ここでは鰻が祖先でなければ崇拝されないのである（Handy 1927：129)。

チュークのソウエフェン氏族の伝承では，この氏族の女性が鰻を生んだ。今の自分達はその子

孫であるので鰻を祀る（河合 2001：116）。コシャエではポリネシアの鰻（ツーナ）とその恋人（ヒーナ）の神話が伝わってきたため，ツーナの発音の転化したトーン（鰻）氏族の起源説話が生まれたものと考えられるであろう。

　ティコピアでは，鰻が女性にとって好色で危険であると考えられている（Firth 1961：51）。これは多分ポリネシアにおける鰻とヒーナとの説話の影響で生まれた話と私達は推測している。

　また，神ではない鰻が女性と交わる説話ならポリネシアと同様にミクロネシアにもある。

　つまりマーシャル諸島では，酋長の妻が海で沐浴中に近づいてきた鰻と性交する説話がある。この説話では，鰻は毎日彼女にヤシの実を運ばせる。この情事に気づいた酋長は鰻を捕まえて殺そうとしたが，彼女は鰻にヤシ油を振りかけておいたため，滑って捕まえることが出来なかった。これ以後，すべての鰻はつるつるするようになって，特定の穴ではなくどの穴にも入れるようになった。また，妻と鰻を捕まえた酋長は彼女と鰻の不貞を罰しなかった。その結果，今日マーシャル諸島では女性が夫に不義をしても罰することはないのである（Davenport 1952：225-226）。

　この説話で，鰻が酋長の妻に毎日ヤシの実を持ってくるように頼む理由が一見唐突にみえる。これは，両親に留守の間洗濯物の番を頼まれた若い女性（通常その名はヒーナとなっている）が，それを怠けて守らなかったため雨に濡らして叱られ，家出して航海に出発する物語の変形と考えると解決する。つまり，彼女は航海中に出会った魚が自分の希望通りにしなかったためその身体に色を塗って罰したり，鮫には小便をかけてアンモニアの臭いがする魚にした。我々が現在見る魚の模様は，このような話に由来しているというのである（Kirtley 1976：230-231）。特にこの説話では，ヒーナは背中に乗せてくれている亀の頼みに逆らって，タブーである亀の頭の部分でヤシの実を割って，亀に叱られるのであるが，ここでみられるヤシの実の役割は，上記のマーシャル諸島のヤシの実の役割と相通ずるといえよう。

4　女性の自慰具としての鰻

　チュークの説話で考えねばならないことは，ここでは鰻が女性の一種の自慰具として使用されたのではないかという観念である。これは，どうしてチュークとヤップで女性が鰻と結婚するようになったかという話が生まれている動機を示唆してくれているという可能性をまったく否定出来ないかもしれないが，現時点ではチュークにおける鰻と娘との結婚の筋はヤップなど（究極的にはポリネシア）の説話の影響によるものと考えた方が適切である。

　女性が鰻を自慰具として使用しているかもしれないという男性の妄想を前提にして，論を私が進めているのは，日本などでは鰻に代わって蛇が女性を好むという俗信があるからである。

　その理由として，蛇が穴を好むという性質から女陰を犯すと思われたり，また蛇の首が男性の亀頭に似ていることによるなどいくつかの説明がなされているからだけでなく（笹間 1991：79-82），『古事記』の崇神天皇条に倭迹々日百襲姫が大物主神の妻になったが，妻は彼が蛇の化身であると知って驚き箸でホトを刺して死んだとみえることや，野外で放尿中の女性の陰部に蛇

が進入する事故が時には新聞で報じられる。そしてまた，中国でも蛇は男根の象徴であるし（エバーハルト著，白鳥[監訳]1987：334)，南中国の越文化では女が蛇と結婚するという観念がある。エバーハルトなどは，これは蛇は淫らであるという南方の一般的な信仰と関係があると述べているのである（エバーハルト著，白鳥[監訳]1987：335)。

　しかし，南海で沐浴中の女性の陰部に鰻が進入することがあるかどうか私は知らない。おそらく根源的には，南海では小川や池などで沐浴中の女性が，そこに棲む鰻を一種の自慰具として使用しているのではないかという，男の長い間の卑猥な幻想に基づいて出来上がったように思えるのであるが，ここで注意しなければならないことは，ポリネシアのツーナがヒーナに行なう性的悪ふざけは，その尾で愛撫していることが普通でだということである。ニュージーランドのマオリ人は，鰻の尾について 2 つの特別な表現，「tara puremu」と「hiku rekareka」をもっている。前者は不義を重ねる女性を表わすのに使い，後者は"くすぐる尾"という意味で使う（Best 1923：56)。ウィリアムソンは鰻や蛇がその尾で女性を強姦する伝承があると述べ（Willimson 1933[1]：81-82)，更にポリネシアの一部では尖った尾や薄い尾をもつ生き物を男性の生殖器と見なしていると論じている（Williamson 1933[1]：82)。このようなことを斟酌すると，女性の陰部に挿入されるものは鰻の頭でも尾でよいことであって，とりたてて一方に決める必要はないといえるかもしれないのである。

　インドネシアには多くの鰻が棲んでいる池があって，子供が授からない女性は，ここで水浴すると必ず妊娠すると信じられていたという（三吉 1933b：111)。この信仰の根底には，鰻と女性の交接があるという考え方が介在していると解釈出来よう。ただインドネシアのこの信仰は，オセアニアのツーナとヒーナの伝承とは歴史的親縁関係はないと思われる。

　ともあれ，このようなモティーフの話は，小川や池のある高い島では各地で独立発生的に生まれた可能性が高いのであるが，ポリネシア全域に等質的な話が分布していることは，少なくともオセアニアに関していえば，同一の起源のものが各地に広く流布したと考えた方が妥当であろう。ミクロネシアの鰻嫌悪あるいは蔑視の習俗が，この伝統の一環を担っていることは，他の文化要素の研究からみても疑いない。また，ミクロネシアではしばしば鰻をトーテムとするが，これはポリネシアでもメラネシアでもみられることである。たとえば，フィジー人の中で鰻を神と信じている者はこれを決して食さない（Williams and Calvert 1858：219 seq.)。そしてここでは，トーテムの動物が神になる推移が看取される事例がある。オーストラリア・アボリジニーの場合と違って，ポリネシアでもトーテムが神に発展することがある（Hadfield 1938：139)。

　また問題は，チュークのこの話がポリネシアから直接ここに伝播してきたものかどうかである。鰻を忌避する信仰は，チュークのみならずポーンペイ，コシャエ，ヤップ，マリアナ諸島に分布している。特に，ヤップの離島オレアイ環礁のヤシの実の起源説話などは，明らかにポリネシアのものと共通していて，同一系統の説話であることは疑問の余地がないであろう。

5 男根の象徴としての鰻

　大林太良もポリネシアのマンガイア島の鰻の神話を紹介し，ここで鰻が女神に求愛したことは，鰻に男根の象徴という意味があるのかもしれないと想定しているが（大林 1979：63），これは正鵠を得た解釈だと私は思っている。古く三吉朋十（1933a：31）も，マンガイアのこの説話を紹介した後，鰻の頭の形は生殖器の形に似ているので，石棒にその形をかたどったり，あるはそれを神霊として崇拝したりすることは西洋，南洋，東洋皆同じで，一種のファリシズム（phallicism）であると述べている。ニュージーランドのマオリ人は，緑石で鰻の形を模したペンダントを製作していた（The Director ：Fig. 7）。しかし，この形状は男根に似ていない。

　ハワイでは「勃起」を意味するクー神は，しばしば祈祷において男性を意味するカーネ神と同一視されている。カーネ神は直立した石によって象徴化される。このような石は疑いもなく男根を示す。実際，ヤシの木それ自体も男根のシンボルとさえいわれているのである。また，古代のハワイ人はヤシの木を人間と見なしていた。その頭は下にあり，そのペニスと陰嚢は空中にある。このことは，カッウ物語でニウ・オラ・ヒキであるヤシの木が，2個の実を付けていると述べていることを明白に説明しているのである（Handy and Handy 1972：170）。

　キリバスでは，リーキイと呼ばれる主要な鰻神は女性と情交を結んでいる（Luomala 1981：229, 232）。ここでもリーキイが男性の性的シンボルと見なされていることは疑いのないところである（Luomla 1981：229）。

　メラネシアのポリネシアン・アウトライアーのティコピア島の説話では，ツーナは「鰻の神」であり，ツーナは肉欲のために殺されることになっている（Firth 1961：51）。しかし，ポーンペイとコシャエには鰻神と女性との性的交渉をあからさまに表現した説話は伝えられていない。

　パプア・ニューギア東部に住むアカーヴ族では，鰻とペニスを結びつける神話がある。この神話は，妊娠している女性が守らねばならないタブーのもとになっている（マルク・ポナール・ミシュエル・シューマン 2001：244）。

　神話研究の専門家である Luomala（Luomala 1950b：719）は，メラネシアの神話と比較すると，ミクロネシアの神話には性を強調する特徴があると指摘している。特にベラウのストーリー・ボードには，男女の生殖器が描かれていることは，よく知られていることである。またベラウにある石柱遺跡は，男根の暗示的意味（connotation）をもっているとする解釈もある（Tilburg 1991：55）。

　オセアニアにおける説話，「膣の中に歯のある女性」について先述したが，ここでは性の描写がおおらかなポリネシアの説話をながめておきたい。

　トンガ諸島の説話の1つに鰻によって少女が妊娠するストーリーがある（Gifford 1924：181-183）。ポリネシアの神話では，鰻がエロティックなものとしてしばしば出現するのである（Handy 1927：129）。またツアモツ諸島での神話では，マウイが敵対するテ・ツーナと男らしさを

争ったのであるが，マウイを巨大な男根を手にして鰻の怪物を打ち倒した英雄と見なすふしが感じられるといわれている（コッテル著，左近他訳 1993：378-379）。

ツアモツ諸島のアナア島のこのタイプの説話についてはすでに紹介した。しかし同じタイプの説話であるが，これよりもヒーナが恥も外聞もなく露骨に肉欲に走る筋のものを次に引用しておく。これはファガタウ島で採集されたものである。

ヒーナは巨大な鰻テ・ツーナの妻であった。彼らは海底にある自分達の国で一緒に暮らしていた。しかしある日，ヒーナはこの国に非常に長い間暮らしているだけでなく，ここは極度に寒いことについて考えた。そのうえ，ヒーナはテ・ツーナから脱することを望み始めた。そこでヒーナは「貴方にはここにいてもらい，私は2人の食料を手に入れたいのでしばらく遠くに出かけたい」とテ・ツーナに言った。するとテ・ツーナは「いつ帰るのか」と尋ねた。「まったく長い間，出かけたい」とヒーナは返事した。「旅行中に今日と今晩は過ぎてしまうし，翌朝と明晩は食料を探して過ぎるし，その翌日とそれに続く晩は食べ物を料理して過ぎるので，その次の日に家に戻っている私を貴方は見つけると思う」とつけ加えた。テ・ツーナはヒーナに「出かけてよいし。必要なだけ長くいてもよい」と述べた。

かくしてヒーナは，はるか遠くにあるタネ（男性の本源）氏族の土地まで出かけることが出来た。ヒーナはそこに到着すると，大声で誘われた。ここの内陸部に棲んでいる鰻の姿をした生き物は，男らしい激情の達成にはしる。海中に棲む，この鰻の姿をした生き物には，官能という風味のない食べ物しかなかったのだ。

私は，1匹の鰻の恋人に所有された女であるとヒーナは言った。

長い道のりを通ってここまで私がきたのは，ラロ・ヌク（地下）とラロ・ヴァイ・イ・オ（水が浸透している沼地の土地）の海岸で合体するためです。私は，このように鰻の形をした竿（男根）の愛を求めて，まったく恥もなくここに来た最初の女性です。

私は，欲望を満たすことを追究している暗い陰部の道化師です。

貴方の男らしいあっぱれな腕前の名声のために，おー！タネ氏族の男達よ。おー！男性本源の氏族よ。下界においてさえも私に手を出して下さい。

私はここに到着するまでに，数え切れないほど沢山の砂浜の海岸を通過して来ました。

おー！腫れのひいた棒よ！。起立せよ。愛の達成の中に埋没せよ。

私は貴方を遠くから熱烈に欲していました。おー，タネ氏族の男達よ！

そこでタネ氏族の男達は叫んだ。ここに道があるので，離れてついてきなさい。私達はテ・ツーナの女と性交することは絶対に出来ないのです。なぜならもしそのようなことをすれば，死ぬことになるでしょうから。1日以内でテ・ツーナはここに到着することが可能です。

そこでヒーナは，次にツー（勃起）氏族の土地に到着した。ここではすべてのことが前と同じように起きたので，ヒーナは今度はマウイ氏族がいる土地に出かけることにした。しかしここでもまた前と同じようなことが起きた。そこでヒーナはどんどん進んで行って，フア・ヘガの家に非常に近づいた。フア・ヘガはヒーナを見つけた。フア・ヘガは自分の息子マウイ・ティキティ

キ・ア・アタラガに「この女性を自分のものにして連れて行け」と告げた。そこでマウイはヒーナを妻にして，皆でそこに住むことになった。すぐに周囲の人々はテ・ツーナの妻はマウイによって彼の女にされたことを知った。そこで人々はテ・ツーナのところに行って，「貴方の妻はマウイにかどわかされている」と伝えた。

テ・ツーナはこれを聞くと，「おー！マウイにとって彼女を重荷にさせよう」と言った。

人々はテ・ツーナのところにしばしば出かけて行っては，常に繰り返してくどくどと言った。そこでついにテ・ツーナは怒りを呼び起こした。テ・ツーナはくだらないことをしゃべるために訪れ続ける人々に「一体，マウイとは何に似たどのような男なのだ」と尋ねた。

「彼は間違いなく非常に小さい男である」と人々は彼に教えた。「そしてマウイの男根の先端はまったく一方に傾いている」と付け加えた。

「彼に俺の脚の間の汚れた腰巻の細長い1片をちらっと見せて上げよう」とテ・ツーナは言った。また「そうすれば彼は辺鄙なところに飛んで行くだろう」と自慢した。テ・ツーナは更に「マウイのところに行って，私が彼への復讐の遠征の旅に出ることを告げるように」と付け加えた。

この時，寸劇ではテ・ツーナは自分の妻への哀歌を唄うことになっている。つまりこのマウイがヒーナを奪ったことに関する詠唱が唄われる。

その後，人々はマウイのところに出かけて「テ・ツーナが貴方への復讐のための遠征の旅に出発した」と告げた。そこでマウイは「彼は一体どのような種類の生き物なのか」と尋ねた。「なんと，彼は巨大な化け物です」と人々は教えた。「それでは，彼はたくましくしかも真っ直ぐに立っているヤシの木のようであるのか」とマウイは尋ねた。人々はマウイを欺くために「彼は傾いたヤシの木のようです」と答えた。マウイは再度「彼は常に弱くて腰が曲がっているのか」と質問した。人々は「彼の弱々しさは根っからのものである」と返事した。

「テ・ツーナには私の男根の一方に傾いた先端を1度見せて上げよう」と誇示し，更に「そうすれば，彼は辺鄙なところに飛んで行ってしまうことだろう」と言った。

マウイはテ・ツーナが出現するまで辛抱強く待ち続けた。マウイと彼の家族は空が真っ暗になる日が来るまで一緒に生活していた。雷が鳴り稲妻が光ると人々は恐れおののいた。なぜなら，人々はこれはテ・ツーナに違いないことを知っていたからである。人々は我々は殺されるであろうと言って，皆がマウイを非難した。

「近くに集まっているように」とマウイは人々を安心させた。「我々は殺されることはない」ともマウイは言った。

それからテ・ツーナはパプ・ヴァエ・ノア（中央の房），マガ・ヴァイ・イ・エ・リエ（女性の中にいる罠），ポロポロ・ツ・ア・フアガ（陰嚢につけられた精巣），トケ・ア・クラ（連続的に一杯になった陰核）と一緒に現われた。テ・ツーナは自分の汚れた腰巻を脱いで，皆に見えるように高々とさし上げた。とすぐに途方もない大きな波が襲ってきた。それは陸地よりはるかに高かった。フア・ヘガはマウイに向かって「急いでお前の男根を見えるようにさらせ」と叫んだ。マウ

イは彼女の指示通りにただちにそれに従った。すると途方もない大波は海底が空っぽになるまで退いた。その結果，これらの化け物達はリーフ（礁）の上に高く積み上げられて，干からびてしまった。そこでマウイは岸に打ち上げられた化け物達を見るためにその場所に出かけた。そして3匹の化け物を打ち殺した。しかし，トケ・ア・クラは1本の脚を折られたが逃げてしまった。テ・ツーナはどうかといえば，彼はマウイによって助命されたのであった。

　その後，マウイとテ・ツーナはマウイの家に帰った。そこではテ・ツーナがマウイに決闘を申し込むまで一緒に生活していた。そして「もしどちらかが負けたら，生き残った方がヒーナを獲得することにしよう」と申し出た。マウイはこの提案に同意し「我々はどのような競争をするつもりか」と尋ねた。「最初，我々の1人が他人の身体の中に完全に入り込む競争である」とテ・ツーナは言った。「それが終った時，私は貴方を殺すであろう。そして私の女を連れて故郷に帰る」と言った。

　「好きなようにしたらよいであろう」とマウイは言った。そしてマウイは「どちらが最初にするつもりか」と聞いた。テ・ツーナは「私が最初にしよう」と提案した。マウイはこれに同意した。テ・ツーナは立ち上がり，彼の化身を詠唱した。

　オレア鰻は身体を前後に振動し揺り動かした。
　オレアは彼の頭がどんどん低く低くなるようにバランスをとった。
　彼は遠い小島から大洋を横切ってここへ来た巨大な化け物である。
　貴方の男根は恐怖からきっと排尿するであろう！
　化け物は縮小して，どんどん小さくなるだろう！
　今，おー，マウイよ！貴方の身体の中に入るのは，私，テ・ツーナである。

　それからテ・ツーナはマウイの身体の中に完全に消えていった。テ・ツーナはそこに留まった。しかし，まったく長い間が経った後，彼は再び姿を現わした。マウイは少しも動揺しなかった。

　「さあ今度は私の番だ」とマウイは言った。
　テ・ツーナは同意した。そこでマウイは彼の呪文を次のように詠唱し始めた。
　オレア鰻は身体を前後に振動し揺り動かした。
　オレアは彼の頭をどんどん低く低くなるようにバランスをとった。
　1人の小さな男が地面に上を向いて立った。
　貴方の男根は恐怖からほとばしるであろう！
　その男は縮小して，どんどん小さくなるだろう。
　おー，テ・ツーナよ！今，貴方の身体の中に入るのは私，マウイである。

　その後，マウイはテ・ツーナの身体の中に完全に消えた。とすぐに，テ・ツーナのすべての腱は引き裂かれて死んでしまった。するとマウイはテ・ツーナの身体の中から出てきた。そしてテ・ツーナの頭を切り取って，それを祖父タネ・テ・ヴァイ・オラに上げるつもりで運んでいった。しかしフア・ヘガはそれを掴んだが，しかし彼に上げることを断念した。そして彼女はマウイに「この頭を持っていき，我々の家の隅の柱の側に埋葬しなさい」と言った。

フア・ヘガの命令通りに，マウイはそれを持っていって埋葬した。しかしマウイは以後そのことは忘れてしまって，日常の仕事を継続した。

その後，彼らは次のようなことが起きる日までずっと一緒に住んでいた。ある日の晩，マウイとフア・ヘガとヒーナとトガが家の隅に座っていた。ここはテ・ツーナの頭を埋めた場所であった。正に丁度その時，マウイは1本の若枝を目撃した。それはその地面から生えてきていたのだ。マウイは大いに驚いたが，彼の驚きを知ったフア・ヘガは「貴方はどうしてそんなに驚いているのですか」と言った。

マウイは「これは私が家のこの隅に埋葬したテ・ツーナの頭である。なぜかそれから芽が出たのである！」と答えた。

「貴方のそばから成長しているものは，ヤシの木の1つの種類でポア・ラギ（神々の地域の海の緑色をした殻）です。なぜならこれは自分の土地の色を我々に示すために海底から生えてきたものだからです」とフア・ヘガが言った。「もし貴方がこのように急いでマフ・イカの頭を貴方の祖父のタネ・テ・ヴァイ・オラの許に持っていかなければ，貴方は本当はコヘコ（赤色がみなぎった）と呼ばれる貴方自身のためのヤシの実の種類を手に入れられたのです。しかし今となっては，貴方の祖父が植えたものが生えたのです。その生育は大変よくいっています。そして彼のための食べ物として正に実を生らそうとしているのです。ですから貴方自身のヤシの木を十分に世話をして下さい。そうすればそれは我々皆に食べ物を与えてくれるからです」と付け加えた。

その後，彼らはこのヤシの木が実を生らす季節が来るまで皆で一緒に住むことにした。1つの花の葉鞘がその上に見つかった。そしてこの花の葉鞘が裂けて開くと，その中に1個の果実があった。マウイはこの果実が熟すまで待った。そしてこれに「天上界のアテアの腹」という名前を付けた。この果実はマウイによってむしり採られた。そして，その中の果肉を彼ら皆で食べた。その殻はマウイによって水を飲むための2つの椀になった（Stimson 1934：28-34）。

さて，カートリもポリネシアのヤシの実の起源神話の男根崇拝的象徴主義は忌まわしいほど明白であると指摘し，次のように述べている。太平洋島民はその猛烈な色好みにおける興味からこの関係に関心があった。それはマルケサス諸島とニュージーランドにおいて好色な鰻ツーナの巧妙なほど等しい状態によって例示されている。ポリネシアの神話の形態は男根崇拝的滑稽な言い換えから豊饒神への犠牲を経て宗教的ミステリーの端まで広がっているのである（Kirtley 1967：102-104）。

【追記】

学術的な本書に，このような卑猥な話を書くのは気がひけるが，本書の執筆中，どういう訳か鰻と人間の交接を描いたDVDの販売の知らせが私宛に届いたことがある。これから推測するには，このようなことは神話の世界だけではないようである。

6 オセアニアにおける男根崇拝とその起源説話

オセアニアにおける男根崇拝については以下のような研究がある。

ハワイ島のプナのクムカヒ岬にはポハク・ア・カネ（Pohaku-a-Kane）と呼ばれる2本の石柱がある。その形及びこれらの石柱に付随した儀礼から，これらは男根を表わしていると考えられている。そしてこれは最初にここに住み始めたハワイ人の祖先が立てたものといわれている。

同じような石はフィジーの Vuna, Naloa, その他の場所にもある。ウィリアムズ（Williams）は，これらは神聖な石で，時々食べ物の捧げ物がなされると報告している。また，ヴィティ・レヴ島の Thokova 近くにあって Lovekaveka と呼ばれる石も図示した絵から判断すると男根の特徴を示していると，彼は述べている。この石は丸い黒の道標を示す標石と報告されているもので，やや傾いている。この石の中間には帯状の房飾りが結び付けられている。この存在が男根の特徴を示しているとアンデルセンは述べている。このような男根のような石は高さが6フィートから8フィート（約1.8mから2.4m）であるいう（Andersen 1928：413-414）。

タネ（Tane）自身は，名前を6つか時には12も持っている。これらの名前は，発音の混乱から時折男根の擬人化されたものと彼は見なされていることを示している。

ニュージーランドの北島のルア・タフナ地区にはテ・イホ・オ・カタカと呼ばれる男根の木がある。この木の魔術的特性は20世代にわたって知られてきた。子供の生まれない女は，この木に子供が授かるように祈願する。夫に連れられて tohunga のこの木に来た妻は，彼女がこの木を腕で抱きしめている間中必要な呪文を暗唱する。この木の東側は男性側，西側は女性側といわれていて，少年を欲しい女性は男性側，少女を欲しい女性は女性側を選択する。

Kawhia では，西側に Uenuku-tuwhatu と呼ばれる1つの丸石がある。これも子供のない女性によって，同じように子供が授かるよう祈願される。

またマオリ人の女性の場合，分娩が困難な時には笛が演奏される。この時使用される笛は，その両端が男根のように作られている。これは明らかに古代の崇拝の残存である（Andersen 1928：413-414）。

チュークで私が聞いた話には，昔遠方の山まで届く長いペニスをもった男がいたという。これに似た話はパプア・ニューギニアにもある。ここの東部に住むアンカーヴ族は，鰻とペニスとを結び付ける神話を伝えているのである。この神話は妊娠した女性が守らなければならないタブーの元となっている。この神話によれば，ムブムベニという女性が庭で働いていたら，隣村のオマグという男性の長いペニスが，草の生えた地面を這ってきて彼女の陰部に入ろうとした。これは何度もなされた。困った彼女は罠を作り，それで捕らえたその長いペニスを竹の刃で切断した。その結果，彼のペニスは現在の男性のペニスの長さになった。切り取られたペニスの長い方は，自分で川に入って子供をつくったので，川は鰻で一杯になった（マルク・ボナール・ミシェル・シューマン 2001：244）。なお，ベラウには淫らな女が長いペニスをもった男性との情事で殺された

話がある (Michell 1973：261)。

　また，取り外すことが出来るペニスをもった男の話は，ミクロネシアのファラウラップなど中央カロリン諸島全域や東部カロリン諸島のチューク及びポーンペイからも報告されている (Michell 1973：261)。ベラウにも男根崇拝を示す石がある。土方久功によれば，ガラルヅのンケクラオには自然石か加工したものか不明であるが男根石らしきものがある（土方 1956：25）。ア・ゴールにも男根石らしいものがある。これはベデゲル・ア・ガリズ（ギラゴムクーの神体）といわれている（土方 1956：27）。なお，ガラヅマオにはオベガヅ女神のアウグ（女陰）の石と呼ばれるものがある。しかし，この女神は創世神話で中心的な大女神であって，民間信仰としては一般に竈の神とされているので，この石に生殖神の信仰をもってきたのは新説であろうと，土方久功 (1956：16) は注釈している。なおまた，ガラルヅには子供のない女はヤシの実の果肉を引っ掻いて捧げて，祈願すると子供が出来るといういわゆる子持ち石がある（土方 1956：25）。ついでに付言しておくと，ベラウには膣を盗んだがぶん取られて，その所有者に返される話がある (Michell 1973：261)。コシャエとマーシャル諸島では取り外しの出来る膣の話がある。

【追記】

　ニュージーランドで，古代マオリ人が製作した鰻の石製遺物が畑から掘り出された。Newman (1906：130-134) は，これをマオリ人が信仰する鰻の神と見なし，同じようなものはサモアでも崇拝されているという。またこの遺物が，脚と腕をつけた人間の頭をした鰻の形をしていることは，マンガイア島から報告されている体の縦半分が人で，他の半分が魚である魚の神 (Gill 1876：4) と同じように，これは半分が神で半分が鰻と見なせるかもしれないと述べている。イースター島では，長さ2フィートから3フィート（約60cmから90cm）の堅い木を鰻の形にしたものが製作された。これは敵に対して投げつける武器で，特に小屋を防御する時に使用された。つまりこの武器は，狭い入り口の外に向かって家の中から投げつけられたのであった (Ayres and Ayres 1995：72)。我が国では，弥生時代の遺跡から蛇形木製品が発掘されている（宮島 2007：205-225）。ただし，この時代の蛇行剣がインドネシア方面のクリスとは系統的関係のないことを私は指摘したことがある（高山 2003：10-12）。縄文時代では土器の口縁部や土偶の頭上に蛇を描いた例があるが，これを模した木製品は，存在したと予想されるがまだ発見されていない。

　またかつて，マオリ人の神話について著作を発表したベストは，性と結び付く鰻と蛇についてだけでなく，オセアニアにおける男根崇拝について次のように論じた。

　ニュージーランドの天空の親と地面の母親の子孫の神話では，タネ神は男性の要素と出産力を表わす。ティキ神に，完全な男根 (memburum virile) の擬人化をみることが出来る。つまりティキと呼ばれる奇怪な姿をしたペンダントは，男性の陽物を表わす司祭の名称をもったシンボルと擬人化された形を示している。つまり，この風変わりなペンダントは人間の陽物を表わしているため，妊娠を希望する女性がその力にあやかるために使用する。ニュージーランドの南島でみられるこのシンボリッリクな対象物の古い1つは，不釣り合いな大きさの陽物をもっている。そし

て，この像の片方の手はその周りに巻き付いている。この後者の姿を示した木像は，ニュージーランドとインドネシアではきわめて普遍的にある (Best 1924 : 219)。

一方，アンデルセン (Andersen 1928 : 412-413) は以下のような見解を発表している。

マウイ・ラウクラ・ツーナ・ロア神話の異伝では，最初の男のティキ (Tiki) はマウイの代わりをしている。上記のマオリの神話と違って，この神話では1人ぼっちの寂しさから伴侶を求めたのはティキであった。ある日，綺麗な水溜まりの側に座っていて，その中に映る自分を見つけたティキは，自分と同じ姿をした自分以外の人間を発見したと大変喜んだ。しかし，彼がその仲間をつかまえようとその水溜まりの中に飛び込むと，その影と彼の期待とは共に消えてしまった。その後彼は目を覚ますと，彼の近くにある小さな水溜まりの中に再度人物像を発見した。そこで彼は，水溜まりを土で覆ってその人物像が消えないようにした。するとその人物像は，サナギから生まれるように発達して，やがて彼のための生きた伴侶となった。2人はしばらくの間一緒に暮らしていたが，ある日女性の方が沐浴のために小川に入るまで，性交の意味についての知識がなかった。この時，1匹の鰻が彼女に近づいてきたが，彼女は鰻の欲望に気づいていた。次に彼女はティキを興奮させた。その結果，現代版アダムとイヴの原罪で「人類の堕落」と呼ばれることが生まれたのである。男は鰻の鋭敏さに対して香を焚き込んだ。そして彼は鰻を探して殺し，これを6片に切りきざんだ。これから6種類の鰻が生まれたのである。

また，ティキは男根の擬人化されたものでもあった。つまりそれは豊饒の源泉であった。たとえば，多産を確実にするために頸の周りに付けるお守りは，彼の名にちなんでティキと呼ばれる。その形は人間の胎児を表わしている。同時にこれは，お腹の中の子供の霊へのお守りでもある。このようなペンダントは，それが起源としていた崇拝を残しているのである。形からいえば，ハワイ人が頭にかけるために彫刻して作る palao も，また同じような起源をもっていたように思える。

このアンデルセンの見解の一部は E.ベストの論文に依拠している。

つまり，ベストによれば，マオリ人のいくつかの異説ではティキは創造力をもつもの，つまり最初の人間の創造者として出現する。また，他のいくつかの異説では，彼自身が最初の人間であったともいわれている。さらにある異説では，タネによって創造された最初の人間であったり，ツによって創造された最初の人間であったりする。そしてこれらと違う異説では，ティキは最初の人間を創造したアツア (atua)，つまり人知で測りがたいもの，換言すれば神のことであった。ティキについてのタラナキの異説は，東洋的な様相を呈している。

Ngati-Ruanui 部族から得られた説話の内容は以下のようなものであった。ティ・テ・ポムアは最初の人間であった。彼は地上のすべての生き物に囲まれている自分を発見した。そして，彼は長い間その生き物の中に伴侶を探したが無駄であった。彼は自分の寂しい状態をいたく感じていた。ある日，彼は澄んだ水を湛えた水溜まりの側にいる自分を発見した。そして，その中に自分自身の姿そのものを見つけて喜んだ。彼は，その像を捕まえて確保しようと努力したが，その反射は彼から捕まらなかった。彼は，長い間彼が見たその仲間を捕獲することを求めたが，その

第 11 章　性の対象としての鰻　153

甲斐もなかった。ある日，排尿中，地面に作った穴が一杯になった。そして彼が喜んだことには，その中に彼が長い間探し求めていたものを見つけたのである。彼は，自分が見たその生き物を閉じ込めるために，すぐに土を調達してそれを穴の中に詰めた。するとその反射は発達して女性に変身して，ティキの伴侶となった。ティキとその反射から生まれた女性は，しばらくの間一緒に暮らしていた。ある日，女性が沐浴していた時，1尾の鰻が彼女の周りにきた。そして，鰻はその尾でもって女性を非常に興奮させることをしたので，彼女は性的欲望に目覚めた。その後，彼女はティキを求めて出かけた。そして，彼を同じ程度に興奮させることに成功した。その結果，彼らは「性の知識」を会得したのである。この行動は最大の罪と見なされていた。ティキは，鰻が女性を使って彼を堕落させたことを知ったので復讐する決心をした。その結果，ティキは鰻を殺害して6片に切り刻んだ。この6片から人間に知られている6種類の鰻が誕生したのである。マオリ人が，鰻の尾に2つの非常に独特な表現方法を当てはめることは興味深いことである。その1つの言葉は，不義を重ねて犯す女性のあだ名として使う。もう1つの言葉は「尾をなめる」ことに使用する。ベストは以上のようなことを述べたうえで，このようにニュージーランドという世界の端の遠島で我々は，男根崇拝を表わす鰻というアジア的概念に遭遇するのであると論じた。そしてベストは，このアジアとポリネシアにみられる男根崇拝の類似について次のように説明した。

　男根崇拝的鰻は，東洋の神話では顕著なことである。鰻と蛇は豊饒と結び付いている。バビロニア南部の古王国カルデアの鰻神であるイラ (Ila) は，インドの鰻神のイラ (Ira) とインドラ (Indra) である。彼らの象徴は，三日月形のものが上にそびえる男根 (linga) である。これは適切な解釈である。なぜならアジアとポリネシアの神話では，月は豊饒と密接に結び付いているからである。しかしながら，ペルシアではインドラ (Indra) は大きな有毒な蛇であるので，我々はここでマオリ人の物語と同一のものをもつことになる。つまりそれは，遠く離れたバビロニアやシュメールで伝えられているような最初の罪を犯した古代の神話のことである。ここには，イヴと大きな有毒な蛇の物語の真の起源となりうる異説があるのだ。この歪曲された異説がヨーロッパに達したのである。禁断の実は女性によって味わわれたわけであるが，彼女は，イラあるいはインドラ（インドの鰻とペルシアの大きな有毒蛇）によって誘惑されたのであった。ティキは自発的に罪を犯した者であったようであるのに対して，彼女は最初に罪を犯した者であった。この神話が通過した跡は，マオリ人と旧世界の神話の中にみられる。この神話は，何世紀にもわたって多くの土地で女性の地位と条件に影響を与えてきた。後の惨めな暗黒時代にキリスト教の聖職者達は，女は男を誘惑するために悪魔によって現世地上に送り込まれた堕落した生き物と説いた。我々は，今でもこの非常に古い異教徒の神話を学び教えているのである。では，どのようにしてマオリ人は男根崇拝的鰻についてのこの神話を入手したのであろうか。マオリ人は，この神話を彼らの源郷であるウル (Uru) の国から東方に運び，イリヒアの熱帯の国に達したのであろうか。イリヒアでは，アリ (ari) と呼ばれる食料が知られている。そこから日が昇る方角に向かって，千マイル（約 1600 km）も離れたニュージーランドにまで達したのであろうか。マオリ人が伝え

るこの神話のもっと一般的な異説は，マウイを英雄に仕立てていることである。つまりマウイは，ツーナによって誘惑された女性の夫になっている。そしてこの物語では，マウイの妻であるヒーナは鰻のツーナに性的ないたずらをされたため，マウイはツーナを殺す決心をした。この時のツーナの殺害方法は風変わりで，マウイはツーナがその上を這う9個のすべらせる枕木を用意して9回の呪文を唱えた。この9個の枕木は妊娠9カ月を表わしていないであろうか。なぜなら，ヒーナのフルネームはHine-te-iwa-iwaであるが，iwaの意味は「9」である。マオリ人は，ツーナという言葉は日常会話で鰻を表わす時に普通使用するのであるが，鰻の人格化された姿を示す時にも使用する。マオリ人は男根崇拝的鰻の神話を保持している。では，マオリ人はインド人の鰻の神イラ（ira）の名前を保存しているであろうか。イラ（IlaないしIra）の息子のイラ・プトラ（Ila-putra）は蛇神であった。この神の像は，頭に三日月をつけた男根（linga）で表わされる。ミクロネシアのカロリン諸島民は鰻をティキ・トル（Tiki-tol）と呼ぶだけでなく，この言葉を「エデンの園」における大きな有毒の蛇に相当する語句としても使用している。つまり，この資料から我々は，ニュージーランドでみられたと同じように北太平洋にも男根崇拝の蛇に代わって男根崇拝の鰻がいたことを知るのである。ここでみられる言葉，Tiki-tolの「l」はマオリ語では「r」に変化してTiki-toroになる。ティキ（tiki）とは，リンガ（つまり男根）を表わす古代の司祭が使用するポリネシア語の名前であるが，これはインドの鰻神イラ（Ira）の象徴である。このことから，ここに彼我の間の一致を指摘出来るのである。実をいえば，このことは先史時代にこの神話が中央の源泉から広範に分布したようにみえるのである。神話では，ヒーナは月の人格化したものである。

　また，ベストはマウイが設置した9個の枕木は，妊娠9カ月を意味するのではなかろうかと考えている。なぜかといえば，ヒーナの正式な名前はHine-te-iwa-iwaである。iwaは9を意味する。ヒーナは，マオリ人の神話ではマウイの女の兄弟であるが，他のポリネシアの神話ではマウイの母親であったり，女の兄弟であった。更にティキの妻であったり，タネの妻であったりする。タヒチの神話では，ティキは最初の男となっているが，マンガイア島の神話ではツーナがヒーナに恋して奇妙な結果に終わる。ここではヒーナは月である。ヒーナにしろイーナにしろシーナにしろ，呼び方に多少の違いはあっても，ポリネシアではどこでも彼女は土地を肥やす月を表わしている。これは，バビロニアで月神（Sin）が果たす役割と同じようである。マオリ人は，ティキとは出産の時に加護を求める神としている（Best 1923：56-58）。

　この翌年，E.ベスト（Best 1924：219-220）はほぼ同じ趣旨の見解を発表している。

　つまり彼によれば，このような習俗でもっとも興味深い残存形態としてみられるものの1つに，インドでなされているものと同じような鰻に対する風変わりな崇拝がある。古代のアジアの神話では，鰻は再生と結び付いていた。またそれは，インドの鰻の神イラのシンボルでもあるだけでなく，頭に三日月をもったリンガ（インドでシヴァ神の表象として礼拝する男根像）でもあった。これはまた，アジア地域の非常に古い時代のもう1つの信仰を表わしている。月は豊饒と密接に結び付いている。これは，人間に関してだけでなく植物界にもいえるのである。インドの鰻の神イ

ラはインドラとしても知られている。彼の息子は蛇の神である。ペルシアでは，インドラとは蛇のことである。男根の鰻と男根の蛇は，南アジアでは緊密に結び付いている。イヴ（アダムの妻）についての古代バビロニアの神話と男根の蛇は，ポリネシアとニュージーランドに再び現われる。マオリ人の神話では，ヒーナやツーナやマウイの神話に現われているように，男根の蛇に代わって鰻が登場する。ヒーナはマウイの妻となって物語られている。ヒーナは月の人格化された形のヒーナ・テ・イワイワと明らかに同一である。一方，マウイは光明を表わすが，これは間違いなく太陽のことである。ツーナは，ヒーナに性的ないたずらをして，その尾で彼女をくすぐり，興奮させる。これは，水溜まりでの男の反射から進化した女性が妻であった，最初の男の神話の異形である。鰻によってこの女性は同じ方法で興奮させられたのである。つまり，彼女はこれによって最初の罪を犯したのである。マンガイア島では，ツーナはヒーナの恋人として現われる。フィジーでは，鰻は神々の中の1つの神の化身となっている。ミクロネシアのカロリン諸島では，神格化されたアナゴが報告されているし，チュークの離島のモートロック諸島民は，鰻をティキ・トール（Tiki-tol）と呼び，「エデンの園の蛇」の相当語句に使用している。ティキ・トールはマオリ語のティキ・トロあるいはティキ・トロハンガと類似しているという（Newman（1906：130-134）。

第12章　要　　約

　私達がチュークのトール島で聞いた説話を中心に要約し，次にチュークにおける他の伝承も含めて，他の研究者の報告の要点をまとめてみたい。そして次章でこれに追加するようなかたちで詳しく考察を加えることにする。

　(1)　トールの話では娘が大変な美人であった。
　美人の娘の話は，東ポリネシアのツアモツ，マルケサス，タヒチ，マンガイアから西ポリネシアのトンガ，ミクロネシアではキリバスやポーンペイなどにみられる。特に，タヒチではその美しさは光を発していた[註1]。

　(2)　トールの話では求婚者のプロポーズを娘がすべて断わる内容である。
　このような話は，ポリネシアをはじめミクロネシアにもある。この美貌の女性に求婚するため，各地から男性が集まってくるが成功しない。この話はトンガの例が典型的である。ここでは成長した彼女の美貌に惹かれて遠くトンガ，サモア，フィジー，パプアニューギニアなどから若者がカヌーに乗って渡ってきたといわれている。しかし，何と彼女のハートを射止めたのは美男子の若者に変身した鰻であった。ミクロネシアのコシャエ島になると，この筋書きは川に棲んでた鰻が美しい娘を生んだ。その娘が成長すると，人々は王に彼女のことを知らせた結果，王は彼女と結婚した。ここでは，娘と鰻が交接する筋書きはなくて，交接の結果美しい娘が誕生したという，このタイプのストーリーの後半部だけが語られている。しかし，鰻はしっかりと登場している。

　(3)　トールの話では鰻がハンサムな男性に変身して女性の前に現われる内容になっていないが，チュークから採集された他の話でも同じである。レンネルなどの話もそうであって，トールの話は訪れた男が美男子であることが前提になっていることは明白である。クック諸島のマンガイア島では娘ヒーナの眼前で鰻ツーナは素敵な若者に変身している。
　なお，トールの話とは反対に，女性の方が男性に積極的に行動する話はツアモツやカピンガマランギなどにある。ヤップにはその中間ともいえるような異説もある。ミクロネシアのコシャエでは娘と鰻が相思相愛の関係になる。

　(4)　トールの話では女性と鰻が変身した男性のどちらが最初に恋したのか不明確であるが，男性が他の島から彼女を獲得するためにここを訪れた可能性がある。
　鰻が美人の女性に恋する話はヤップなどミクロネシアだけでなく，ポリネシアにもある。ポリ

ネシアのトンガでは，鰻の精霊が娘ヒーナを恋の虜にするような素敵な男性に変身している。ポーンペイの伝承では，鰻と人間の女性が相思相愛になる話から始まる。そして，2人が交接中のところを娘の両親に目撃されて，鰻は両親に殺害されることになる。この説話では，これに続いて鰻は恋人の娘に，両親に殺された自分の頭を埋葬するようにと告げる。するとその場所から，ポーンペイでは見たことがない種類のバナナが生えてくる。この説話は，間違いなくポリネシアのツーナとヒーナの悲恋物語の変形したものである。そしてポリネシアでヤシの実の起源となっているのが，ここでは新種のバナナと入れ替わっている。

(5) トールの話では訪ねてきた男性は肌がつるつるしていて素敵であった。

つるつるした肌をもつ男性の話は，ニュージーランドのマオリなどにみられる。反対に女性の肌が子安貝のようにつるつるしている話はトンガにある。なお，つるつるした肌について私には次のような経験がある。

第1次調査の時，3歳少し前の息子をチュークに連れていった。するとチュークの女性達から息子を触らせて，としばしば頼まれた。色が白かったためと思っていたが，成人した彼の肌が弱く毛深い髭を剃るのに電気の髭剃り器が使えないことから，今になってチューク人は肌に注目して触りたがったのかもしれないと思っている。

(6) トールの話では最後に娘が鰻に食べられてしまう内容となっている。

フェーファン島における調査で河合利公（2001：116）は，ペン村にある伝承によれば，鰻を生んだ女性が大きな籠に入れて育てていたが，ある日友達と沖合いの小島に魚を捕りにいったところ，夜にその鰻が籠から出てきてすべての食べ物を食べただけでなく，寝ていた母親を含めすべての人を食べてしまったという伝承があるという。

この鰻の食人行為は，トール島の人達に鰻に対する嫌悪感を与える動機の1つになっていると思われる。

キリバスでは，アナゴのリーキが，呼びにきたナアバウェに咬みつく話がある。ヤップでは子供達が鰻に咬まれて驚く話がある。ポーンペイでは鰻を it と呼ぶが，その意味は「恐ろしい」ということである。実際，ポーンペイでは鰻は時折，不意に川の浅瀬を渡っている人に咬みつき，激痛が走るといわれている。しかし，チューク人が鰻を嫌悪するのはこのような理由だけではないと思われる。

興味深いことには，鰻が恩人を食べる話はポンーペイにはもっと残酷なものとして伝えられている。この話の筋書きはポーンペイの説話との関係を示唆している。

昔，キティ国の Lauati に洪水が起きた。当時，そこに住んでいた2人の女性が河口に漁に出かけた。ムクドリが奇妙な石を落下させた。2人がそれを拾って帰ると，欲しい人がいてこれを譲った。その石から鰻が生まれた。その後，この鰻は育ててくれた女性達を襲う。

また別の話では，キティ国の Lauati と呼ばれる場所に住んでいた，2人の女性が拾ってきた

小石を新来者達が貰った。やがてその石が孵化して鰻が生まれた。新来者達はそれを川の水溜まりに入れて飼育してが，大きくなって怖くなったので殺そうと考えた。これを知った鰻は反対に2人を襲った。2人は逃げたが追いかけられて食べられてしまった。

しかしなんといっても，このトールの話の筋書きにもっとも近い形をしているのはヤップのものである。父から逃げた母親と一緒に生活していた娘シシオルは水浴びをしている時，1匹の鰻（それは悪霊）が彼女の虜になった。2人は1夜を過ごした。そして娘は男の子を生んだ。この異説では，娘は鰻の恋人に頼んで自分の夫を殺害してもらう話となっている。この異伝は，ベラウの離島プル・アナ，ベラウ本島，ヤップ本島，チューク離島ロサップから報告されているとミッチェルは記述している（Mitchell 1973：250）。このタイプの説話は鰻の恐ろしさだけを強調した話となっている。

世話した人に鰻が恩知らずの行動を起こす典型的な話は，ポリネシアではサモアにある。

ただ，サモアでは娘シーナは鰻に追いかけられるが，あくまでも横恋慕であって，鰻を殺すストーリーとはなっていない。しかし，ポーンペイとサモアの物語の構成は似ていて，両国で偶然に同じような筋書きの話が作り出されたとは思えない。また唐突の感を与えるように，ポーンペイのこの話では最初に洪水の話が出てくるのであるが，これは東ポリネシアのツーナとヒーナの悲恋物語の最後に語られる洪水の話が変化したものと解釈しても決して不自然ではないであろう。

恩を仇で返すストーリーのタイプとしては，ヤップで妻が愛人である鰻のために夫を殺して終わる奇妙な話があるが，これとポーンペイとサモアの物語とはやや通じる気がする。

(7) ヤシの実の起源説話

サモアの話では，鰻は自分を育ててくれた娘シーナに恋をしたが受け入れられなかった。それでも話の結末では，人々にヤシの木をプレゼントするという筋書きになっている。サモアのこのタイプの説話には，東ポリネシアにみられるツーナとヒーナの悲恋物語は見あたらない。しかし，このタイプの説話を含む「マウイ物語集成」と結びつくことは明らかになりつつある（Kirtley 1967：99）。トールの話には，この筋書きは欠如しているのであるが，ポリネシアにおけるツーナとヒーナの物語に，ヤシの実の起源の話が本来あった可能性が出てきたのである。

ミクロネシアでもヤップの離島には，次のような鰻が恩返しにヤシの木を与える報恩譚がある。

すなわち，オレアイ環礁の説話では，鰻は娘が命を助けてくれた親切のお礼に，彼女の母親が回復するようにして上げることにし，更に自分の頭を切断して埋めさせて，そこからヤシの実が生まれる内容になっている。そして，彼女はこの殻の表面に鰻の2つの目と1つの口をはっきりと見ることが出来た。この話は，どのヤシの実にも犠牲になった鰻の頭の2つの目と1つの口が，今でも見られるという秘密を説明しているのである（Ashby 1978：57-59）。

このオレアイの話は，正に私が捜し求めていたポリネシアの鰻ツーナとヤシの実の起源説話に非常に近い内容のものである。つまり，このオレアイ環礁の説話で注目すべきことは，話の最後にヤシの実の殻に人間の目と口が付いているという筋書きがみられることである。これは，マウ

イが退治した鰻の頭からヤシの実が生えたとする神話に必ず付随している部分である。しかしミクロネシアや西ポリネシア，それにメラネシアの類話にはマウイとの結び付きは欠如している。

　チュークの説話の中に，このようなポリネシアの説話があったのか，その存否を探るためには別の視点からの考察が必要になってくる。つまり，鰻が変身した男性と娘とが交接していたかどうかである。

　トール島の話では，鰻が娘と交接したとはいっていないが，チュークで採集された別の民話の1つでは，鰻が女性の中に這い込む。すると彼女は腫れ上がり，それが破裂する。これは彼女が彼女の島の若者達の（結婚の）申し出に注意を払わず拒否したために起きた罰であった（Mitchell 1973：250）。また，ポリネシア神話の専門家K. Luomala（1950：719）は，チュークではリゴウブブファヌ（時にはこれは天空の神アヌラブとなっていることもある）が鰻達と交合して，不思議なことであるが，最初の人間とヤシの実と穀物を生んだという説話があると述べている。このような間接的な話ではなく，鰻と娘が交接したことを直接物語る話を河合利光（2001：116）が採集している。フェーファン島のソウエフェン氏族は，女性が生んだ鰻であるといわれているという。またこの島のペン村には，女性が鰻を生んだという伝承もあるという。チュークにおけるヤシの実の起源説話は，ポリネシアのヤシの実の起源説話の系統を引くと想像されるが，幸いこの想定を更に裏付ける資料を河合利光がフェーファン島の調査で発見したのである。すなわち，この島のサプヌピ氏族では，ヤシの木は埋葬された女性の死体の腹から出てきたといわれているという（河合 2001：116）。

　ポリネシアのヤシの実の起源説話と明らかに結びつくこのタイプの伝承は，ヤップ離島のオレアイ環礁からも採集されているのである。ここでは，娘は海岸に助けもなく横たわっている鰻を発見して，小さな池に入れて世話をした。母親は，池で泳いでいる鰻を偶然見て卒倒した。鰻は，自分を助けてくれたお礼として自分を殺してその頭を埋めてくれと娘に頼んだ。その結果，頭を埋めた場所からヤシの実が生えてきたし，母親も意識を取り戻した。ここでは，恩返しにヤシが手に入ったことになっているが，チュークではこの箇所が欠落している。

　ところで，チューク離島のロサップ島のヤシの実の起源説話は，これが変形したものである。すなわち，ここではヤシの実の起源は，天の神が飲料水が欠乏しているこの島の人達にヤシの実を与えるために色々と思案した結果，貧しい女性の子宮にこれを入れることにした。その結果，女性は妊娠してヤシの実が生まれることになった。また，同じくチューク離島のモートロック諸島から採集されているパンの木の起源説話も同一タイプのものである。

　ミクロネシアの説話では，ヤシの実に2つの目と1つの口があることは語られているが，東ポリネシアのツーナとヒーナの物語の最後に必ずみられる，ヤシの実の中の汁を飲む時にはツーナはいつでもヒーナとキスをするという説明はない。また，ミクロネシアのこのタイプの説話には，鰻の名前がないことである。この点ではサモアのヤシの実の起源説話と似ている。もし私が，当時このようなことを知っていてトール島の人達に話したならば，いつも私の考古学調査に強い関心をもってくれていたし，私の話をいつも真剣なまなざしで聞いてくれていた彼らはきっとびっ

くりして，感心し，喜んでくれたことであろうと，とても残念に思っている。

(8) ヤシの実の起源説話の比較研究

ディクソンは，ニュージーランドのマオリ人の伝える，マウイが妻の恋人の鰻を殺し，この死体から色々な植物や木や魚や深海の奇怪な形の生き物が生まれる説話をあげて，これはポリネシアの他の地域でみられる説話と関係があると述べ，サモア，ユニオン・グループ（現在のトケラウ諸島），マンガイア，タヒチのヤシの実の起源説は互いに関係があるに違いないとしている（Dixon 1964：55）。またベックウィッズは，ヤシの実が鰻の恋人に由来する神話は，南海ではハワイを除けばどこでも普通にみられるとして，ポリネシアではタヒチ，サモア，トンガ，マンガイア，ツアモツ，プカプカ，メラネシアではニューギニア，サン・クリストバルの事例をあげている（Beckwith 1971：102-103）。

またポリネシアにおける，鰻ツーナと彼の恋人ヒーナとの恋愛と，やがて殺害されるツーナの死体から生えるヤシの実の起源の説話についての詳細な研究を発表したカートリは，これはポリネシア全域のみならずメラネシアのポリネシアン・アウトライアーの存在地域，換言すれば，現在のポリネシア人の分布範囲と一致していると述べている（Kirtely 1967：89）。

しかし，ポリネシアのヤシの実の起源説話と系統的に関係のあるものが，形は変形しているが，実はミクロネシアにもみられるのである。そして注目すべきことは，チュークでそれが断片的なかたちで残存していることが，ミクロネシアのヤップで同一のものが採集されていることから裏付けられる。

さて，本題に戻る。Luomala（Luomala 1949：183）が指摘しているように，鰻（ツーナ）とヤシの実の起源説話が1対になった説話にマウイが付随する筋書きになるのは，東ポリネシアに限定されている。たとえば，ツアモツ諸島では，どこでもヤシの実はヒーナの主人の鰻のツーナがマウイによって殺害されて，その頭から生えてきたものであると信じられている（Emory 1975：33）。ただし，東ポリネシアの中でマルケサス諸島，ハワイ，イースター島にはこのようなヤシの実の起源説話は見当たらない。しかし，これらの3つの島々にはヤシの実の起源説話は存在しないが，マウイ物語集成中にこの説話の一部が認められることから，本来これら3島にも同一系統の説話があったと考えて差し支えないようだと解釈されている（Kirtely 1967：94-95）。すなわち，カートリは鰻（ツーナ）と女性（ヒーナ）との性的冒険やツーナの非業の死，それに埋葬された鰻の頭がヤシの実（ないし他の食べ物）に変形する説話は，完全な物語ないし明白な断片として現在のポリネシア人の居住地の地理的分布とほとんど一致するとして，その範囲を東はラパ・ヌイ（イースター島）から西はメラネシアの中にあるポリネシア人のレンネル及びベロナ両島，北はハワイから南はニュージーランドとチャタム島まで広げることが出来ると述べている（Kirtely 1967：89）。そして私の知る限りでは，この説話はやや形を変えながら更にミクロネシアまで広がっているといえよう。

しかし繰り返すようであるが，鰻とヤシの実の起源説話にマウイ神が結び付くのは東ポリネシ

アの特徴である（Luomala 1949：183）。このことはチュークを含むミクロネシアのこのタイプの説話が，東ポリネシアのものとは直接結び付かないことを示しているように思われるが，この点は後述のように問題なく解消する気がする。

　しかし，ディクソン（Dixon 1916：55-56）は，ヤシの実の起源を埋葬された動物や人間の頭に求める神話はメラネシアには非常に広く分布しているし，またインドネシアにもみられると述べたうえで，ヤシの実と人間の頭の一般的な類似がこの神話を生んだことは確かである。この意味からいってハワイにこの説話が欠如しているのは興味深いと指摘している。

　すなわち，考古学の発掘で出土する，埋葬された人骨の頭蓋骨は，一見ヤシの実に似ているということである。特に，頭蓋骨には植物の根が貫通していることが珍しくない。そしてヤシの実の植え方は，芽が出てきたヤシの実を地面を少し掘って埋めるだけなので，その姿が埋葬された人の頭蓋骨と似ているということである。特にオセアニア各地に，頭部を死体から切り離してそれだけを埋葬する習俗があるが，こうなるといっそうヤシの実に似てくる。かつて Handy 夫妻は外皮を剥いたヤシの実の殻が鰻の頭に似ているので，このような神話が生まれたと考えたが（Handy and Handy 1972：169），私には鰻の頭の形がヤシの実に似ているようには思えない。

　私は，鰻の頭からヤシの実（あるいは木）が生じたという話は，本来は人間の頭からヤシの実が生まれたとする話が最初にあって，後にこれに鰻の説話が付加されたものではないかと考えている。この推論の根拠は，ヤシの木を植えるには，浅く掘った穴の中に芽を出した実を埋めるのであるが，これは頭蓋埋葬を連想させるからである。

　カートリ（Kirtley）やロウスマン（Rootman）がここまで述べなかったのは，このような植え付け方法を実見していなかったことによるかもしれない。もしこの想定が正しければ，このような発想から生まれた神話ならば，どこでも独立的に発生する可能性が高い。しかし，人間の頭からヤシの実が発生したという神話がメラネシア的であるとするロウスマン（Rootsman）の見解に従うならば，最初はメラネシアで生まれた神話であったといえるかもしれない。

　なお，ミッチェルがポーンペイの「鰻の回生薬」と題して報告している説話は，何人かの兄弟が子供の鰻を捕まえて料理したが，頭だけは半焼きにしたため，鰻は回生薬で元の身体に戻ることが出来ることになっている（ミッチェル著，古橋訳 1979：109-112）。ここで頭を重視している点は，私にはヤシの実が鰻の頭から生じるという説話の筋書きを反映しているような気がする。

(9) トーテムとの関係

　チュークからは，鰻をトーテムと見なす習俗についての確実な報告はないようにいわれてきた。しかしその後，河合利光（2001：118）は，確かに特定のトーテムを祖先として崇拝するという古典的なトーテミズムの図式は認められないが，特定の魚や鯨や亀が氏族を背中に乗せて泳ぐとか守護するとかいう民族伝承は，人間と「魚」との共通の親族関係を前提として成立していると考えることが可能であり，従って，このことは古典的トーテミズムとは逆のことを示していると指摘している。

A. Zuccarelli（2003）が紹介しているポーンペイにおける説話は，ミッチェルがチュークで採集した，島の若者達の（結婚の）申し出に注意を払わず拒否した女性に鰻が這い込み，そのために腫れ上がり破裂する説話と共通点があることが分かる。

チュークの話は，たとえポーンペイの話と完全に同一ではなくても，本来の話の筋書きは同じタイプのものであったが，チュークで簡略化されて，現在はその断片だけが語り伝えられていることが分かる。

なお，ヤップでも鰻はイルカやマウス（小型のイエネズミ）と同じようにトーテムとなっていた（Frazer 1968[3]：163n）。

ヤップの隣国ベラウ（パラオ）では，クランはトーテム的にみえる。なぜなら各クランは神聖な動物，鳥，魚をもっているからである。確実ではないが，各クランの成員の死者の魂はこれらの中に宿るとかつては考えられていたように思える。このような神聖な生き物（つまりクラン・トーテムと呼べるかもしれないのであるが）は，海産鰻，蟹，オウムである（Frazer 1924：216）。

土方によれば，ベラウのイミリーキ村ではキツテレル（川鰻）が神となっているし，ンガヤンガルではキツテレルがトーテムとなっているという（土方年代不詳：20, 25）。また部落の禁食一覧表には，ガッパン村とイミリーキ村に川鰻を食べない所があることが記載されている（土方 年代不詳：15）。

チュークでは，女性が鰻を生んだ説話がある（河合 2001：116）。同じ話はポーンペイにもある。

ポリネシア文化の影響を受けたり与えたりしてきたフィジーには，鰻と女性とが親密な関係になるという神話はないようである（Reed and Hames 1967：155-157）。ここには，娘が蛇を生んでしまった神話はある。しかし，この蛇というのが本来は鰻であったものが，これに変わったものかどうか判断しがたい。なお，フィジーには蛇が沢山いて，食べ物として大変な好物となっている。かつて酋長達は，今日亀にするように，蛇を自分の食べ物にするため確保していた。しかし，マングースの導入で蛇は激減してしまった（Thurn and Wharton 1922：38 n. 1.）。かつてフィジーの山中をジープで走っていた時，棒の先端に大きな蛇を縛り付けて大騒ぎしている沢山のフィジー人と出会った。その時は生憎，写真のフィルムが切れていたので彼らに頼まれたが撮影出来なかったのは今でも心残りである。

太平洋の島々では蛇が棲息していないため，古い信仰形態である男根を表わす蛇は化け物の鰻と入れ替わるとする説もある。このような鰻は，主要な植物食料の発祥のために儀式的に殺害される物語に登場するとアルパーズは述べている（Alpers 1970：371）。

フィジーのラキラキの Kauvandra では，蛇の姿をした Kalou-Vu（本来の神々）の中の至高神は Ndengei となっている。ある翻案では，Ndengei は頭と頸が蛇の姿をしていて，その他の身体の部分は石から出来ている。彼は人類の創造者であるが，空腹感以外の感情も感覚も本能的欲望はない。彼はまた，人々に火の起こし方を教えたともいわれている（Thomson 1968：133-134）。この Ndengei は真にメラネシアの神であって，アブラハム・フォルナンダーがこの神をポリネシア起源としたのは間違った推論であると，トムソンは批判し，Ndgengei が蛇の姿をとって，

蛇の崇拝がなされるのは，現代のこじつけに過ぎないと訂正している。またトムソンは，もし蛇崇拝信仰が古代に遡るものであったとしたならば，そのことは蛇崇拝信仰がポリネシア人とは無関係であることを示していると述べている。なぜかといえば，蛇の迷信はメラネシア全域にわたって普通のことであるからであるという（Thomson 1968：154）。

しかしフィジーには，娘が蛇を生んだという神話はある。鰻が蛇に変わる神話は他の地域に時折みられるので，ここでも蛇は本来は鰻であった可能性もある。しかしこのことは別にして，ポリネシアン・アウトライアーの間にみられる鰻を神と見なす信仰はポリネシアから伝わったものかもしれない。ただし，鰻をトーテムと見なす信仰はメラネシアでは顕著である。しかし，ポリネシアとミクロネシアではメラネシアほど盛んではなかったが，散見する。

ここでファースが報告した，ティコピアでは鰻は好色で女性にとって危険であると考えられているという話は，鰻（ツーナ）とヒーナとの神話を念頭においての発言であろう。既述のように，ティコピアの精霊タンガタ・カトアは本来は「鰻神（ツーナ）」であると共に，この島の元来の神でもあった。しかし神話では，ツーナはその肉欲のために殺されてしまうことになっている（Firth 1961：51）。この神話がポリネシアに普遍的に見られるヒーナとその恋人である鰻ツーナ，それに付随して顔を出すマウイ神の神話と同一系統のものであることは，たとえばティコピアと同様にメラネシアのポリネシアン・アウトライアーのレンネル島民の間にマウイティキティキが死んだ巨大な海蛇（ngosengose）を埋葬して上げた結果，そこから黒いヤシの実と赤いヤシの実が生じたという話の存在すること（Elbert and Monberg 1965：126-127）から類推出来る。なぜなら，マウイティキティキはマウイの異称であるからである。またカートリによれば，ミクロネシアのポリネシアン・アウトライアーのカピンガマランギ環礁民もかすかではあるがこれと類似した神話をもっているという（Kirtley 1967：102）。Luomala（1949：224）はポリネシアのマウイ神話自体は，ミクロネシアのカロリン諸島まで認められると述べている。

註

(註1）チュークの美人について体験談を一言付記したい。

　　第2次発掘でトールを訪れた時，民族学的研究で毎晩のように，皆で出かけてはお世話になっいたチューク人のタテオ氏に私の学生が長女と結婚したいと希望していると伝えたら，他の島から若者が嫁にくれと訪ねて来たので上げてしまったと残念がっていた。また後年，同氏とフェーファン島に考古学調査で出かけた時のこと，村を散策していたところ，道ばたで母親と思しき女性と庭に花を植えていたチュークでは今まで見たこともないような美人と出会った。彼にそっとそう言ったら，彼はすぐにチューク語で「先生が美しい人だと言っている」と伝えてしまった。その後，集会所に滞在していた2人に，どこからか食事の差し入れが，毎日運ばれてきていた。後に彼女からであることを知った。彼によれば，彼女の顔は金曜島（Pole）の女性に違いないと言っていた。またある時，レンネル島の集会所でたまたま隣村から来た10名以上の女性達と，私の滞在していた村の男性が屋内の両側に並んで互いに向かい合うことがあった。私は男性側にいたので，どの女性がよいかと尋ねた。答えは私達と変わらないことが面白かった。キリバスでは戦前の日本人が唄った「私のラバさん，南洋じ

ゃ美人」の歌を今でもパーティの時唄ってくれる。マラケイ島にいた時，意味を英語に訳して上げることになった私は「色は黒いが」の部分を「色は白くないが」と言い換えたことがある。ちなみに英語では「ラバ（lover）は男性の恋人」を表わす言葉であり，女性の恋人なら「love」か「sweetheart」である。

第 13 章　チューク人の鰻嫌悪の起源についの補足的考察

　チュークのトール島で先史遺跡の発掘中，人夫達はしばしば私にヤシの実の表面に口と目が見られると笑いながら語ってくれたが，彼らはそれに関連したヤシの実の起源説話については知らなかった。しかし以上のように，それはポリネシア（それにメラネシアのポリネシアン・アウトライアー）にあるヤシの実の起源説話がここにも伝えられていたことによってであることが判明した。

　また更に河合は，鰻を男根の隠喩と見なすことを物語る貴重な説話をチュークのウドット島で採集している。

　昔，ソウマルはポノワット島に行って，美しい娘を見つけてウドット島に連れ帰った。ある日，2人は水浴に行った。ソウマルは先に行って，水中で鰻に変身して妻を待った。後から来た妻はこの鰻がゆらゆら水中で揺れているのを見て驚いた。その後，妻はいつまでもこの鰻のことを考えていた。そこでソウマルは妻を海辺の丸太の所に連れて行き，その上に乗せた。妻がそれに乗るや否や丸太はポノワット島に着いていた。

　河合は「この話は，鰻が邪悪な存在と考えられている事実を知らなければ，理解が困難であるかもしれない。この話の提供者によればソウマルが妻の心が清いか否かを試したのであり，その結果妻がそうでなかったのでポノワット島に帰したと説明したという。しかし河合は，この鰻の試験で妻の心が清くないと判断したのは，鰻が男根の象徴であったからであろうと指摘している。私はこの解釈に同感したい。特に河合がフェーファン島で採集した別の説話，つまりここのソウエフェン氏族の起源説話によれば，昔この氏族の女性が鰻を産んだことに由来するという。これは鰻を男根とする隠喩であると解釈出来るものであって，この推定を支持するもののように私には思える。

　ただこのソウエフェン氏族の起源説話によれば，鰻を産んだ女性は，それを籠に入れて大切にしていて，魚を捕りに行く時も籠に入れて持って行った。しかしある日，漁に出て捕った沢山の魚を人々が食べている時，鰻は籠から出てその食べ物の残りを全部食べただけでなく，寝ていた人々を食べたという（河合 2001：76-77）。

　チュークの鰻を嫌悪する説話は，他のミクロネシア地域の同一説話と同様に，マウイ神が付随していないことから，西ポリネシアのサモアやトンガ諸島のものと共通している。しかしチュークの説話では，少女が鰻に魅了されてしまったが，サモアの説話では鰻が娘シーナに魅了され嫌悪されている逆のストーリーになっている。

　この話の骨子は，マーシャル諸島の妊娠した女性が1人の息子と1個のヤシの実を生んだ説話を想起させる。この説話では，母親は息子におもちゃとしてこのヤシの実を与える。しかし息子は成長すると，このヤシの実を割って食べようとしたので，母親はこれを取り上げて隠してしま

っただけでなく植えたので，そこからヤシの木が成長したという内容になっている（Erdland 1914：227）。ルオマラによれば，チュークの説話では，リゴウブブファヌ（時折，これは天神アヌラップの娘か妻となっているだけでなく，鰻とも結び付いている）は不思議なことに，最初の人間と木の実と穀物を生み，死体から生じたヤシの実の表面には彼女の子供の顔が見られるといわれている（Luomala 1950：719）。そして，これに匹敵する起源神話はオセアニアには広く流布しているという（Luomala 1950：719）。ここで唐突に「死体から生じたヤシの実」と述べられているのは，ポリネシアでみられる死んだ鰻ツーナの頭からヤシの実が生じたとする説話が，変形して断片的に伝えられていることを示していることは明白である。

　さて，ミッチェルが指摘しているチュークを含むミクロネシアの植物起源神話は，ポリネシアのイーナ（ないしヒーナ）とツーナのヤシの実の起源説話が原型にあったことは先に述べた。しかし厳密にいえば，チュークの説話には西ポリネシアの神話と結びつく部分もある。たとえば，西ポリネシアの神話ではシーナという名の娘がペットとして可愛がっていた鰻（ツーナ）が彼女に恋をして，どこまでも彼女を追いかける筋になっている。そして，遂には殺されることになっている鰻が彼女に向かって，埋葬される自分の頭からヤシの実が生えることを伝える。つまり，ここでは鰻は女性にとって素敵な恋愛相手としては描かれていないし，鰻は一方的に彼女に恋をしているのである。そして更にこのサモアの神話で奇妙に思えることは，鰻から懸命に逃げ回った少女に「恩返し」として死んだ時，自分の頭からヤシの実を生えさせていることである。東ポリネシアの物語のように鰻と少女が相思相愛の関係にあったならば，鰻が死の直前，自分の頭からヤシの実を「形見」として，あるいは「お礼」として差し出すと申し出て，人々に恩恵を与えるのは矛盾がないが，サモアの話の筋には多少の違和感がある。しかし鰻は，殺されてもシーナにお礼をしたいということで愛の深さを表わそうとしていると解釈すれば問題はないかもしれない。

　もっとも，同じ西ポリネシアでもトンガから採集された神話は，少女が鰻によって妊娠するストーリーになっているので（Gifford 1924：181-183），サモアにも東ポリネシアの説話が存在していたことが窺われる。従ってここで変形したのかもしれない。サモアのシーナの物語がチューク人の鰻の嫌悪感の動機になったと仮定するには，両者の話の筋書きが完全に一致しないことが気になる。

　これに対して，既述のように東ポリネシアの神話では，最初に鰻（ツーナ）は少女に性的ないたずらをする。少女はこれを拒否せずに喜んで受け入れる。やがて鰻は素敵な人間の若者に変身して少女を虜にする。このストーリーで少女と鰻との間に性的な結び付きがあるのは，チュークを始めミクロネシアの他の地域でみられる筋書きと似ている。またLuomala（1981：231）は，鰻と娘の情交や鰻が女性の体内に潜んでいたという伝承は東ポリネシアにみられると指摘している。しかし，鰻と娘の情交の話はメラネシアにもミクロネシアにもある。たとえばこの物語は，ヤップでは鰻が恋人の夫を殺す話に発展している。大林太良（1979：151）が指摘するように，タヒチ島ではヒーナとその恋人鰻（ツーナ）の話は英雄神マウイをめぐる伝承の一部となっている。つ

まり，ミクロネシアの説話の起源を考えるに当たって，東ポリネシアとの親縁関係を考える場合には，東ポリネシアで特徴的なマウイ物語集成を無視できないのである。

ポリネシアにおける，このタイプのヤシの実の起源神話についてカートリは次のように論じている（Kirtley 1967：89-107）。

鰻（ツーナ）についての神話，つまり鰻の恋人である女（ヒーナ）との性的冒険，彼の暴力と結びついた滅亡ないし生け贄，彼の切断されて埋葬された頭からのヤシの実や他の食べ物への化生は，完全な翻案としてあったり，あるいは断片的翻案としてあったりして，東はイースター島，西はレンネルとベロナ両島，北はハワイ，南はニュージーランドとチャタム島にかけて分布しており，丁度現在のポリネシア人の居住地の地理的限界とほぼ一致している。これらは 22 のタイプに分類される。そしてソサエティ諸島にはタイプ 1，2，3。ツアモツ諸島にはタイプ 1，4，5，6。マンガレヴァ島には不詳のタイプ。マルケサス諸島にはタイプ 7。ハワイにはタイプ 8。イースター島（ラパ・ヌイ）には断片。クック諸島にはタイプ 9，10，11。ニュージーランドにはタイプ 12，13，14，15，それに断片と変種。トケラウ諸島（ファカオフォないしウニオン）にはタイプ不詳。サモアにはタイプ 16，17，19。ニウエ島にはタイプ 20。トンガにはタイプ 10 と 21。ポリネシアン・アウトライアーのレンネルとベロナ両島にはタイプ 22 がある（Kirtley 1967：89）。

このヤシの実の起源神話にマウイ神話が付随するようになった歴史的過程について，カートリは次のように考えている。

もし，西ポリネシア（多分それはサモアであるが）がヤシの実の起源神話のポリネシア・タイプの発祥地であるならば，初期のものはシーナと呼ばれる少女についてのものであったと推定される。彼女は，見つけた 1 匹の小さな鰻をペットにしたのである。この鰻は突如成長して彼女を驚かせたので，彼女ないし彼女の家族は逃げだしたが，鰻は彼女を追いかけた（その時，障害物を飛び越えることは新しく添加されたもののようである）。そして彼女か彼女の家族が鰻を殺した（評議会の酋長達がこの生き物を殺す決定をしたことは恐らく後世に追加された話であって，これはサモア人の階級と儀式による重大な関心事を反映している項目である）。敵対者を誘惑する小路を装うことは，いくつかの翻案にすでにあったかもしれないし，また物をすべらせる枕木を構築するというマウイ神が考えたといわれるものの祖型（そしてこの祖型はソサエティー諸島，ツアモツ諸島，それにニュージーランドで精巧に作り上げられた）のようにみえる。そしてまた，埋葬された死んだ鰻の頭からヤシの木が生じるのである。

上記の物語は，その発達において 2 番目に主要な地域であるソサエティ諸島に渡った後，説話の変更と追加が 1 つずつ生じた。中央ポリネシアからの話をもっていた人々は，故地を出発する時代ごとに明らかに違った翻案を携えていた。恐らくいくつかの筋書きの交替を，試案として確認することや，そのような出来事の順序を配列することは可能である。すなわち，紀元前 1 世紀という非常に古い時代にマルケサス諸島に居住した最初の移民がこの神話をもっていたならば，話の 1 つの形態はポリネシアの英雄の中でもっとも誉れ高いマウイ神が行なった化け物を殺すエピソードに集中していて，これはツアモツ諸島，マルケサス諸島，ハワイ，ニュージーランド，

それに多分ごく最近になってレンネルとベロナ両島に伝播した。とすると，ここで疑問が生じる。つまり，なぜクック諸島では鰻を殺すことをマウイ神に帰すことをしないかということである。クック諸島には，鰻を釣って捕るモティーフがあり，またニュージーランドには罠で捕るモティーフがある。そして両島の翻案では鰻は神のペットとなっており，また鰻の死は洪水と結びついている。このことは，ニュージーランドとクック諸島の神話が，ある共通の祖型的形態から分岐したものであることと，ニュージーランドの物語ではマウイ神が人を誤らせる神になっていることを示唆している。そのうえ，北部クック諸島の物語は妊娠を切望する主題を含んでいるが，これはタヒチからだけ記録されている話と同じである。タヒチでは，マウイ神はあちこちに姿を現わす化け物を殺害する者になっている。初期の宣教師が自ら採集した物語を書きとめた時の記録をみると，クック諸島でマウイ神が鰻を殺すことを除外した理由の手掛かりが残されているのである。ここでは，以前の神話は明らかに司祭者の部族であるアママを称賛する目論見があった。アママは，鮫と鰻を重ねた形のもとにあるティアイオの崇拝者であったのだ。換言するならば，クック諸島の神話では主要な英雄のマウイ神は受け入れることは出来ないのである。なぜなら，鰻が自己を犠牲にして恩恵を施す人としての役割を演じて現われなければならないことが気に入らないし，また好色な敵対者としての役割を演じることなしに現われなければならないのに，そうではないからである。

　この神話の最後の精巧な仕上がりはタヒチのものにみられる。ここでは鰻の頭を貰ったヒーナは，それを地面に置かないように命令されたというエピソードが加えられている。この筋はわずかにタヒチとツアモツ諸島からの翻案にだけ見出され，他の島にはないので明らかに借用である。

　なおまた，ソサエティ諸島やツアモツ諸島に隣接したオーストラル諸島にヤシの実の起源説話が欠如している理由は，19世紀に来島した宣教師の影響によると考えられている。

　以上のカートリの見解に対して，ロウスマン（Rootsman 1970：219-232）は「太平洋の口頭伝承におけるヤシの実，パンの木の実，タロイモ」と題した論文でポリネシアの神話学では半神半人のマウイは主食の起源と結びついていて，たとえばサモアでは，マウイは天空に色々な食べ物を獲得に出かけて行って地上にそれを持ち帰った一団の中の１人であったと述べ，更にサモアでもマウイはヤシの実の起源神話と関係があると見なしているように思えると論じている。彼の論文で重要なことは，植物食料の起源神話の研究をヤシの実だけに限らず，他の主要な食料であるパンの木の実とタロイモにまで広げたことである。太平洋では植物食料に地域差があるので，それによって異なった神話が派生することは大いに予想されることである。

　しかし，もしそうであるならば，次に究明しなければならないことは，チュークには最初からマウイの物語集成中の筋書きが変形して断片的に伝えられたのか，あるいはもっと原型に近い姿で伝わってきたがここでこのように変形してしまったのかという疑問である。

　実際，チュークのヤシの実の起源説話が東ポリネシアのヤシの実の起源説話と大きく違う点は，チュークの説話にはマウイが付随していないことである。チューク以外のミクロネシアの他の地域の同一系統のタイプの神話にも当てはまることである。しかしチュークでは，鰻と交わって最

初の人間と果実と穀物を生んだリゴウブブファヌ神はその合間に岩と砂を積み上げて島々を造ったといわれている (Luomala 1950b：720)。これはポリネシアの創造神話の流れを汲んでいる。たとえば，クック諸島のミティアロ島ではタネ神 (Williamson[1]：67)，ツヴァルのニウタウ島ではパイとヴァウという名の2人の女性 (Williamson[1]：72)，ロツーマ島ではラフ神とその妻イヴァ (Williamson [1]：71) などがこの役割を果たす。これは，マウイが海底から島を釣り上げる話と表裏一体をなしていると考えられるものである。

　Luomala は，島々が釣り上げられたり，天から落とされたり，航海者の籠に入れて運ばれていた砂が途中で外にこぼれて造られたたりする話は互いに関係があると見なしている (Luomala 1950c：879)。ただ彼女は，最後の話のモティーフを，不毛なサンゴ礁に土を運ぶ習慣に起因していると想定している。しかし，考古学的見地から述べるならば，石手斧や砥石などを製作するために高い島から石材を運んでいる例は，ツヴァルにおける調査で確認されているが (高山 2000：1-52)，土を運んだことを証明する考古学的証拠はない。しかし，粘土についていえばその痕跡がまったくないわけではない。航海中のカヌーは植物を移植するために土を運んだり，あるいは魚を竈で焼くために土を入れた容器を用意していることがある (Fisher et al. 1977：4, 高山 2000：69)。これらのことも上記の神話のモティーフになった可能性がある。

　大切なことは，ミクロネシアにはポリネシアのマウイ神話が確実に伝わっていたことである。たとえば W. D. ウェスターヴェルトは，マウイ神話の広い分布は太平洋に広がった住民を1つの国家として結びつけているほどであると述べているくらいである。つまり，彼はフィリピンの場合は不正確なので除外するとしても，マウイという名は南太平洋の島々では日常言い慣らされた言葉で，北はハワイ，東はマンガレヴァ島，南はニュージーランド，西はヤップと13万平方マイル（約34万km²）の平行四辺形の中に広がっていると主張しているのである (Westervelt 1910：vii)。このことからいって，チュークのヤシの実の起源説話にマウイ物語集成が付随していないのは，おそらく本来あったものがいつの間にか失われたと考えるのが自然であろう。

　マウイの物語集成の分布をみると，マウイの神話や偉業の他に単に系譜のうえにマウイの名前が出てくることもあるし，マウイの足跡の伝説をもった遺跡がある地域もある。

　ただし，ポリネシアでは空を持ち上げたり，陸地を釣り上げたり，火を盗んだり，太陽の運行を統制したりといった英雄的偉業はマウイ神に負っているのであるが，ミクロネシアではこれらは大きな題材でもなければ，語りの伝説の中で特定の1人の行為に関連づけられることもない。ミクロネシアでは，マウイはモティキティクとして現われ，食べ物と陸地を釣り上げる範囲にほとんどまったく限られている。キリバスの神話で，ナレアウの息子のマトゥラングが陸地を釣り上げたとされているが，東ミクロネシアでは陸地を釣り上げる指図は通常ナレアウが行なった創造的作業の中に含まれる。このナレアウは時にテキキテア，テキテキテ，あるはテキキントの別称をもつが，これはマウイの「ティキティキ」に相当するものである（ポイニャント 1993：173-174）。

　また，ヤップの離島のウルシー環礁の伝承を調査した Lessa (1961：115) は，ミクロネシアの

伝承においてマウイのような性格をもつ英雄は Motikitik よりむしろ Iolofath（Olofat）に似ていると述べている。

たとえば，ナウルで語られている火の起源神話は，ポリネシアのマウイ神話と類似している（Dixon 1964：256）。マウイ以外の別の英雄タワキ（Tawhaki）が，盲目の夫人から食べ物を盗むポリネシアで普遍的に流布している説話は，メラネシアで普通であるだけでなく，ミクロネシアとインドネシアにもあるとディクソン（Dixon 1964：46）は述べている。

要するにマウイは，ポリネシア以外のミクロネシアやメラネシアではその名前を色々と変えて適応しながら存在するとポイニャント（Poignant 1967：54）は述べている。つまり彼の名前が喪失している時でも，彼のいくつかの偉業と冒険は，たとえばギルバート（キリバス）諸島のナレアウ神の息子のマツアラング（Matuarang）やバンクス諸島のカト（Qat）のようなその地域の文化的英雄やペテン師（trickster）に割り当てられている。また，フィリピンのイゴロット族にLumauig と呼ばれる英雄がいるが，これはマウイに似ているとポイニャント（Poignant 1967：54）は述べている。しかし，フィリピンとこれの関係は未解決であると私は思っている。

私は，ミクロネシアのチューク，ヤップ，マリアナ諸島などで鰻を食べなくなったのは，ポリネシアのマウイによって"殺された鰻ツーナとその頭からヤシの実が生まれる"という神話の影響によってではなかろうかと推測している。

このことは，ポーンペイとコシャエ両島にツーナとヒーナのヤシの木の説話が伝播する前に，鰻を氏族のトーテムと見なす信仰があった可能性も考えておく必要があるかもしれない。というのは，コシャエ島の伝承に往昔，外国から（たぶんサモア）からきたカヌーがコシャエの漁師と遭遇した。この見知らぬ連中は，ここの王は何のクラン（氏族）に属しているか尋ねた。それが鰻であると分かると，彼らは自分達と同じクランなのでここに住もうと言ったといわれているからである。この場合，伝承が伝える見知らぬ人々が，もしサモアからの渡来者ならば，彼らはツーナとヒーナのヤシの木の起源説話をもたらしたものと想像される。もっとも考古学的証拠は，コシャエ，ポーンペイ，チュークの最初の渡来者は，メラネシアからラピータ土器を携えてきた人々を示唆しているので，これら3島への最初の植民はサモアからなされたものではないとされている。しかし，ポンーペイで発見された石器は，サモア起源と考えられているので（Ayres and Mauricio 1987：27-30），先史時代にサモアからの影響があったことも疑う余地がない。ただ，ポーンペイのクラン・トーテムがポリネシアから伝来したものとは考えにくいが，その可能性をまったく否定は出来ない。つまり，ポーンペイで鰻が神聖視されていることは，ポリネシアのツーナの神話に触発されて生まれた可能性も無視できない。なぜなら，ポリネシアでは鰻をトーテムとすることは一般的ではないが，ここではトーテムがやがて神に発達することもあるからである（Hafield 1938：139）。

従って，ポーンペイ，コシャエ両島の場合もこのような変化を考慮しなければならないのであるが，私にはむしろ両島ではマウイ神話の影響で鰻が神聖視されるようになった可能性の方が高いような気がする。

第13章　チューク人の鰻嫌悪の起源についての補足的考察　171

　ツーナとヒーナのヤシの木の起源説話の存在を裏付ける恰好な資料をポーンペイで見つけることが出来た。それはローレンス（Lawrence 1964：58-59）が採集したもので、鰻は殺されることを承知して死ぬだけでなく、そのお礼にパンの木とバナナをくれる筋書きとなっている。サモアの説話では、シーナを追い回す鰻を途中の村の酋長が毒を盛って退治することで話は終わるのであるが、ローレンスの採集した神話では、ポーンペイの場合はヤシの木がパンの木とバナナに入れ替わっている。

　昔、空中にニウエと呼ばれる場所があり、そこに結婚した1組の夫婦が住んでいた。夫の名前はSouniue、妻の名前はKadiniueであった。この夫婦には1人娘がいて、両親は彼女に毎日の食事として魚を運んでいた。しかしながら彼女は、最高の食べ物を与えられても普通の人のようには大きくならなかった。両親はその理由が分からなかったが、それは両親が魚を捕りに外出中、近くに棲んでいる1匹の鰻が彼女の家に来て彼女と交接していたからであった。両親は、こんなに美味しい食べ物を沢山食べているのにどうして大きくならないのか娘に問いただした。彼女は最初はこの質問には答えなかったが何度も聞かれたために、鰻のことを結局話した。このような事態の起きていることを聞いた両親は、鰻を捕まえるために丈夫な紐を準備した。両親がこれで鰻を捕獲する前に、彼女はもう1度鰻に会った。すると鰻は「もし私が貴方の両親に捕えられて食べられるようになった時には、どうか頭を除き他の部分だけ食べてくれるように頼んで下さい。そして私の頭を切り取って埋葬して下さい。それから何かが出てきますからね」と言った。

　そして、鰻が両親によって遂に捕獲されて料理されようとした時、彼女は頼んでその頭を貰い受けて埋葬した。するとここから3つのものが芽を出してきた。1つは皮がすべすべしたパンの木で、他の2つは別々のタイプのバナナであった。このパンの木は沢山あるすべすべした種類の中では最初のものであるといわれていて、その名前はニウエと呼ぶ地名にちなんでmeiniweと名付けられた。また2種類のバナナはue-en-iap（ヤップのバナナ）と、ut-mwot（短い幹のバナナ）と呼ばれることになった（Lawrence 1964：58-59）。

　ポーンペイには、これとはやや違った説話もある。それによれば、鰻の死体から芽を出したバナナの木が果実を生み、その実は種子をもっていて、これから鰻のMuajanpatolが孵化した話になっている（Fisher et al. 1977：56）。ポリネシアの神話と違って、ここでは死体から生えたのはバナナの木になっているが、神話の内容から判断して本来はヤシの実の起源説話であったと見なして差し支えないものである。実をいえば、この重要な資料の存在に気づいたのは、本稿をここまで執筆した時点であった。そこで以下、この資料についてやや詳しく触れることにする。

　欧米人と接触して、ポーンペイ語を文字にすることが可能になったポーンペイ人には、自らの歴史や神話などを自らの手で書く者が輩出した。その代表的な人物が宣教師であると同時に村の酋長であったルウエラン（Luelen Bernart）である。彼は、スペインが1885年にポーンペイを占拠する前の1866年に生まれ、日本時代を経て、アメリカ領になってすぐの1946年に亡くなった。日本時代の1941年にポーンペイのオネ村を訪れた梅棹忠夫（1975：483）によれば、彼は当時70歳過ぎのいかにも村長らしい気品のある容貌をそなえた老人で、その称号を名字代わりに用いて、

自らルウエラン・ナンリックと名乗っていたという。彼の身分はナンマルキーでもナニケンでもなかったが，その徳望によって村長に推されていたらしいという。以下に引用する記録は，1934年から1946年にかけてポーンペイ語で執筆されたものであるが，その内容はこれより古い時代に遡るものであって，その歴史はスペイン時代及びその前までを扱っており，貴重な資料といわれている（Bernart[transl. and ed. by J. L. John et al.] 1977：5-6）。しかし，同書の扱っている記事は，決して先史時代ではなく20世紀前半期であるとする意見も提出されている。幸い人類学者フィッシャーらは，この『ラウエランの本』をドイツの南海探検隊の調査報告書などと比較しながら重要な解説を加え，注解しただけでなく英訳してくれた。その中に，マウイ神話と明らかに系統的に関係があると見なされる神話が掲載されていることが分かった。フィッシャーらは，この話の前半を「偉大な鰻氏族」のトーテム的な神話として述べている（Fischer et al. 1977：56）。

　それによれば，ポーンペイの「偉大な鰻氏族（ラジアラブ[Lajialap]）」の起源神話では，全体の物語集成が少ないこともあって鰻族は3世代からなる内容になっている。そして，最後の世代の「ラジアラブ氏族」が人間の女性祖先達を生むことになっている。

　最初の世代の鰻は女性であった。ルク（Luk）神によって天空から目撃された彼女は，彼を恋の虜にしてしまった。彼女は，最初は彼の結婚の申込みを拒否したが，後には彼の恋の魔法のために屈服せざるを得なくなって，双生児の息子を生むことになった。

　2代目に起こる主要な事件は，1匹の男性の鰻を含む筋書きになっている。この男性の鰻は先の双生児の1人と思われる。彼は外国で夫婦によって育てられたのであるが，この夫婦の娘と恋に陥ってしまった。しかし，結局彼はこの両親によって食べられてしまった。彼の死体は3種類の食べ物の木を生んだ。

　鰻達の最後の世代は1匹の女性の鰻を含む筋になっている。彼女は，2代目の鰻の死体から芽を出した1本のバナナの木の種から生まれた（Fischer et al. 1977：53-54）。

　なお，このバナナの起源については異説がある。鳥がヤップで食べたバナナの種子がやがて石となって排便されたためとする話（Fischer et al. 1977：54）もある。これも鰻の物語集成の一部として語られているものである。つまり，ある時2羽のムクドリがヤップのバナナを採るために飛び立った。この神話では，自分の養父母であると同時に潜在的に義理の両親である夫婦によって殺されて食べられてしまった男性の鰻の死体から1種類のバナナと他の植物が生まれたことになっている。この神話の最初の部分は，鰻は本来ヤップに住んでいたことになっている。風の吹く方を見ていたポーンペイのムクドリが，熟した果実のきらめきを目撃し，それを求めた。幸運なムクドリは，バナナの種を海中に排便したところ，それをポーンペイのキティ地区の女漁夫が掴んだ。そしてそれが孵化してもう1匹の鰻になった。ポーンペイで最大の氏族である「偉大な鰻（ラジアラブ）氏族」は，バナナの起源を通常このように説明しているのである（Fischer et al. 1977：10）。

　なお，カピンガマランギ環礁の神話では，娘ヒーナを背中に乗せて航海していた亀が，疲れたのでバナナを採ってきてくれと彼女に頼んだので，彼女はバナナの葉を採ってきて上げる場面が

ある。ここでのバナナの起源説話は，鰻の死体からヤシの実ではなく，バナナの木が生えてくることになっているポーンペイの神話の筋書きとの関係を想起させる。また，ポーンペイでは酒のような飲料水（saksu）については以下のような起源説話がある。

　往昔，Uitannar と呼ばれる老人が Luhk と呼ばれる神を崇拝していた。Uitannar が老いて体が弱まった時，Luhk 神が Uitannar の前に現われて，旅に連れて行こうと誘った。しかし，Uitannar は病弱のため床から離れることが出来なかった。Luhk 神が Uitannar の手をとると，彼は元気な体に戻っただけでなく視力も回復した。彼らはカヌーでナ島に着いた。そこから Madolenihmw に入った。その途中で彼らは，Luhk 神を愛している既婚の女性に出会った。この女性は Luhk 神に愛の贈り物としてネックレスを差し出した。このお礼に Luhk 神は，Uitannar の踵の皮を剥ぎ取って彼女に渡した。そして，これを埋めれば液を出すびっくりするような植物が生えてくるだろうと彼女に言った。彼女がその通りにすると，サカウの木が生えてきた。人々はこの木を joko と名付けた。これはキティ地区の方言で soakoa と呼ばれるものとなった。そして，sakau とは北部の方言である。やがて，地上の人間が sakau を嬉しそうに飲んでいるのを天上の2人が見つけた。そこで2人は地上に降下して，この植物の根を盗んで天国に持ち帰った。そこに着くと，2人はこれを「鰻の二柱の神」に捧げた。そして，それは天国の畑に植えられた。この根を石臼の中で杵で搗いている時，杵が割れて飛び散った。それは地上に落下して Uitannar の家に流れ着いた。この植物はそこで根を張り，芽を出した。この結果，sakau の植物は今日見られるようにポーンペイ全域に繁茂するようになったのであった（Ashby 1993：251-253）。

　なお，ポーンペイの神話にみられる事柄についても，もう少し付言しておきたいことがある。ここでは，鰻は魚と違って足が水に濡れることを嫌がると，まるで人間に非常に近いものとして取り扱われることがあるが（Fischer et al. 1977：40），この話はチュークの離島モートロック諸島から採集された火の起源神話の一部との類似を想起させる。昔々，ここは大飢饉に見舞われて，2人の少年の兄弟を除きすべての男は死んでしまった。ある時，身体としては頭だけしかない精霊が波に乗って海岸に漂着した。彼は少年達に，自分の故郷に連れて行ってくれと頼んだ。そして彼は，少年達が足を濡らさずにその上を歩いて行くことが出来るようにと海上に砂を吹き付けてくれたのである。かくして彼は無事に故郷に帰ることが出来て，そのお礼に火を起こす方法を教えたのである（Frazer 1968[3]：130）。またロサップ環礁の神話では，ヤップに住む娘がチュークのトール島に出かけることになった。そこで父親は，彼女に呪術を吹き込んだ包を足の下に付けさせたので，彼女は簡単に水上を歩いて行けたという筋書きになっている（Mitchell 1973：152-156）。これらの足を濡らさない話が，ポーンペイの神話と系統的な関係があるか不明であるが，ただ後者の神話の最後は，曖昧ではあるが火の起源神話と結び付くような印象を受ける。なおこのロサップの神話によれば，ウドット島の浜にある大きな岩は娘が怒って蹴ったものであるという。これがマウイの足跡と関係があるかどうかは不明である。

　以上の神話は，ポーンペイにポリネシアのマウイ神話が伝えられていたことの傍証となるとい

えよう。そしてポーンペイでは海の精霊は鰻の姿をして現われるのである（Fischer et al. 1977：39）。

なお，ポーンペイには「足跡」ないし「踏んだ印」といわれるものがある。これは，鰻がキラウマントから身を隠すために造った穴と伝えられている。この穴ないし水溜まりは，キティ地区の内陸部ジャラプクの近くにある。この近くには，ジャオムという名の高位の神官の神聖な石造物がある。またこの水溜まりの中には，鰻の鱗に似た石が幾つもあるともいわれている。一説によるとこの場所はマントにあって，それは丁度ジャラプクの下になるという。そしてマントはキティ地区にあり，そこは前記のキラウマントが鰻を釣っていた場所でもあるという（Fischer et al. 1977：55）。

ポーンペイの神話には由来譚もみられる。すなわち，鰻は飲み込んだ魚をそれぞれの種類ごとに，すでに飲み込んでいた魚を洗うため連続的な波とともに吐き出していた。最後の吐き出しはブダイ科の魚であったが，魚を洗うための波の水が足りなくて十分に洗うことが出来なかった。この種類の魚が褐色で粘着性があって，咽喉の中にヤシの実の外皮のようなものをもっているのはこのためである。この最後の咽喉の中のものとは，咽頭骨か粘液を分泌する包膜のことであるかもしれない（Fischer et al. 1977：55-56）。

ポーンペイ人の鰻に関するもっとも有名な習俗は，鰻を神として崇拝していることである。Pehikaow島にあるナンマドール遺跡の中の4つのプールで，最大のIdehdと呼ばれるものは鰻を養殖する場所であった。ここにある亀の形をした岩の上に1年に1度，大きな海亀が1度に4という神秘的な数でもって運ばれて置かれる。亀は特別な竈で焼かれ，定められた部分が神聖な鰻達に与えられる。残った肉は人々に配られる。この時の儀式は特別の神官が行なう。そして，鰻に向かって自分だけでなく王や人民の過ちの謝罪をお願いする（Ballinger 1978：31-32）。これによって鰻は復讐をしてくれる。1852年には，亀の肉を神聖な鰻に与える儀式は行なわれていたし，同じような儀式はウー地区でも行なわれていたし，他の至る所でもなされていたと報告されている（Fischer et al. 1977：73）。

ポーンペイには，ナンマドール遺跡に似た同じような遺跡，Sapwtakai（サプタカイ）がある。この遺跡の中のIdehdと呼ばれる遺構の発掘で亀の骨が出土していた（Bath 1984：43-45）。これは儀式に関係して食べられたものかもしれない。

ところで，サモアの説話と親縁関係があること示すポーンペイの神話をながめておきたい。

太古のポーンペイには，Mwahs en lengと呼ばれる鰻が天空の狭い場所に住んでいた。そこには1人の娘をもつ夫婦もいた。ある日両親が，ある家の下にいる鰻を見つけた。そこでこれを殺して自分の家に持ち帰った。この鰻の頭を食べるように娘に上げたが，娘は食べることを拒否した。そして娘は，この鰻を家の外に埋葬した。するとその場所からバナナの木が生えてきた。このバナナを「ヤップからきたバナナ」と呼ぶ（Truste Territory Department of Education 1973：118-119）。これに続く話と思われる後編がある。昔，Tenakukuの丘のPehlengofの山々にホシムクドリが棲んでいて，ある日西方にバナナを目撃した。それが食べたくて鳥はそこに飛んでい

った。そしてそれを食べるとポーンペイに戻ってきた。ポーンペイのキティ地区の Rou 川の中に 1 個の小さな石を落とした。当時，ある夫婦が Patol を後にしていた。2 人は釣りをしようとしていたが，水面に浮かんでいる小石を見つけた。他の石と違っていたので 2 人は釣り籠のそばに並べて置いた。その後，この石を持って歩いていたら割れて，その中に鰻が隠れていた。2 人はその鰻を籠に入れて Patol に持ち帰った。家に着くと，近くにある小さな水溜まりに入れて，餌を上げた。大きくなったのでこの鰻を 2 人が食べようとしたところ，水中の鰻は 2 人の言葉が分かり水の中から出てきて 2 人を食べようとした。2 人は家の外に逃げ出して密林の中に隠れた。2 人は，Madolenihmw の山中にある石の家のあるところまで逃げた。2 人は崖の下に身を潜めた。しかし鰻は 2 人を見つけ出して食べてしまった。その後，鰻は Lehdau まで登って行って，ここの川に棲むことになった。カヌーがここを通過すると，この鰻が人々を食べるといわれている。その後この鰻は，Lehdau 川から去ってコシャエに長い間滞在していたが，再びポーンペイに戻ってきた。そして，この鰻が死ぬとネット地区がこの死体から生まれた（Truste Territory Department of Education 1973：119-120）。

また参考までに記すと，既述のようにポーンペイでは「大地の名誉ある精霊」として Nahnisohnsapw が崇拝されているが，この精霊は Nan Samohl として知られている鰻の中に具体的に表現される。この Nan Samohl は「偉大な精霊」とも呼ばれる。また，Nanusunsap として知られている儀式は鰻自体ではなくむしろ鰻を給餌する亀のことであるといわれている（Petersen 1990：22）。

ポリネシアではヤシの実となっている説話の筋書きが，ポーンペイではバナナとなっているが，ポーンペイにもこれをヤシの実とする説話も採集されている。それによれば，ある死者の墓からヤシの木の芽が出てきた。この人はポーンペイに到着する前は海上に浮かんでいたのである。この死者は「南の主」の親戚の 1 人であった。彼には「外国の氏族」のメンバーであった 1 人の兄弟がいたが，2 人はひと組の父親と母親の養子となって育てられた（Fischer(ed.) 1977a：152）。

このポーンペイの話で鰻から逃げ出す様子は，サモアの説話と同じ筋書きである。

以上，色々述べてきたのであるが，チューク人が鰻を嫌悪する習慣は，鰻をトーテムや神と見なす信仰と無関係であるとは断言出来ない。しかし，この習慣が生まれた最大の要因としては，究極的にはポリネシアのマウイ物語集成に結び付くことは間違いないであろうと思われる。マウイという名前はミクロネシアには伝播していない。ポリネシアで 1 千ものトリック・スターと呼ばれたマウイは（Luomala 1949），ミクロネシアではポーンペイの Olapat，チュークの Onofaat，中央カロリン諸島の Olofa がこれに該当する（Fischer et al. 1977：82）。

ところで，このようにポーンペイとチュークの伝承が一致することは希であって，一般的には違うことが多い。Fischer（1954：28）は，ハーバード大学に提出した博士論文でその理由について，たとえば起源神話が異なるのは，人類学でいうところの sib（父系氏族と母系氏族の双方を含む氏族）と関係があると想定している。つまりチュークでは，氏族が現在支配している正にその土地に，起源的にその氏族（sib）を支配している女性の祖先が奇跡的に出現する筋書きになって

いる。これに対してポーンペイでは，氏族（sib）はポーンペイの歴史のいつくかの特別な時点において，到着する移民の子孫達の系統をひくと考えられている。ウー国で支配的立場にあるLasialap氏族の場合，ポーンペイで鰻から生まれた子孫と信じられている。また，チュークとポーンペイは共に火山島であるが，前者は多くの島々から構成されているのに対して後者は1つの大きな島であることも，文化の違いに影響を与えているともいわれている。また，生業や経済にも差異がある。チュークでは漁撈に大きく依存するが，ポーンペイでは植物食料が重視される（Fischer 1954：23）。そして更に，チュークには南部マーシャルやポーンペイやコシャエなどの島々と比べて厳格な階層社会は成立しなかった。その真の理由は不詳であるが，チュークのラグーンは島々の間の友好的な交流の障害物とはならないが，一方で1つの島が他の島を征服する能力をもつことの邪魔をしているのである。仮に夜襲があった場合でも，人々は海岸から離れた山岳の斜面に居住しているので安全であったとする仮説が提出されている（Peoples 1990：297）。

この解釈は先史時代の後半についていえば，いくつもの島で要塞遺跡が山頂にある（Takayama and Seki 1973）ことから首肯出来る解釈である。しかし，チュークにおける最初の居住は海岸部に形成されていたことが考古学的に確認されているので（Takayama and Shutler 1978：1-9, Shutler Sinoto and Takayama 1984），先史時代早期に限っていえば，検討が必要となるであろう。

従ってチュークにおける鰻嫌悪は，ポーンペイにおける鰻崇拝が変形したもとの考えることも出来る。ただチュークには，既述したポーンペイにある亀の肉を鰻を与える儀式はないし，簡単にこれだけが要因であると決めることは出来ない。

この点で，ポーンペイの離島の1つモキール島で伝えられている説話は，本来あった筋書きがいかに変形されるかを知るうえで参考になる。

この島には3つの小島があり，それぞれがもっている名称は往昔ここに住んでいた3人の兄弟に由来する。すなわち，3人の内で末っ子のKaは，農耕には秀でていたが漁撈は苦手であった。しかしある日，兄弟2人と漁に出た彼は3つの島を釣り上げた。そこで3人でこれを分けたため，違った名称が付けられることになった。一方，3人に非常に慕われていた母親が死ぬとその埋葬地からヤシの木が生えてきた。最初のヤシの実は未熟で3つの角があるが，これに3人の名前を付けた。またこの島にはKaが島を釣り上げた時の釣り糸を示す痕跡が，ラグーンを2つに分断している珊瑚礁の形となって残っている（Ashby(ed.) 1989：34-35）。

以下引用するヤップの離島のオレアイ環礁で採集された説話は，このモキール島のものよりずっとポリネシアのヤシの実の起源説話に近い形態を示す。オレアイ環礁はヤップの文化圏に入っているので当然のことであるが，これは既述のヤップ本島のものと同じである。

昔，オレアイに非常に貧しい母親と娘が住んでいた。この親子の家は島の辺鄙な場所にあった。ある日，母親は食べ物を求めて外出した。娘は母親の言いつけに従わずに1人で海岸に出かけた。そこで娘は死にそうな小さな鰻を見つけた。娘は湿った葉でこれを包み家に持ち帰った。そして小さな池に入れて世話をすることにした。それを知らない母親は，池に沐浴に行って鰻を見て気絶した。池に来た娘は，母親を見つけて手当をしたが母親は気絶したままであった。途方にくれ

第13章 チューク人の鰻嫌悪の起源についの補足的考察

ていると，鰻が母親を家に連れて帰るように，そして翌朝に娘に池に戻ってくるようにと娘に言った。娘が言われた通りにすると，鰻は母親を元気にさせて，娘の親切に報いたいと申し出た。そのために鰻は，今夜鋭いナイフを持ってここに戻ってきて，自分の頭を切り取るように指示した。

娘は，言われた通りに鰻の頭を切断して葉に包んで島の中央の一番高い場所に密かに埋葬した。数週間後，鰻が言ったように見慣れない木が生えて，実をならした。鰻に言われた通りにこの実の外皮を剥ぐと，堅い殻が出てきた。そしてその表面には2つの目と口があった。そして，ずっと目を閉じていた母親の口にその殻の中にあるミルクを注ぐと，母親は長い眠りから目を覚ました。この後，娘は鰻と自分の間に起きたことを島民に話した。そして，このお陰でオレアイ環礁にはヤシの木が至るところに生えるようになったのである（Ashby n. d. 63-64）。

なお，ヤシの木の芽は1カ月で出て，40日目には根が生えるといわれている（阿部1989：22）。

このタイプの説話と同じ系統のものと思われるものが，チュークの離島のナマ島から採集されているが，これはむしろコシャエのものにやや似ていて，ヤシの実の起源説話とはかなり違っているだけでなく，足跡ではなく人の形になっている。

ナマ島では，仲の良かった2人の兄弟の姿を残していると伝えられる，釣り竿を持った形をした珊瑚塊を海面すれすれの場所に見ることが出来る。これは，雷が鳴った時大声を上げたためこのような姿になってしまったといわれていて，今でも雷がなっても騒いではいけないと子供達は親から注意されている（Ashby(ed.) 1989：64-65）。

先述のように，ポーンペイのバナナの起源説話では，バナナがヤップから渡来したものであることがしばしば述べられている。そこでここで考古学的にはどのようなことが分かっているか簡単に述べておく。

私がミクロネシアで調査を開始したのはマリアナ諸島のロタ島である。マリアナ諸島は，ミクロネシアでは日本に一番近いので日本先史文化との関係を究明したかったからである。しかしここの調査では，マリアナ諸島の先史文化はチューク諸島と関係があることが分かった。そこでチュークで調査を開始すると，チューク人達は，人は死ぬとその魂はヤップに飛んでいって，そこで蓋を開けてあった盥に入る。さらに，ウドット島の山中にはヤップから飛んできた人達の跡があると伝えられている，とも話していた。しかし，ウドットにおける現地調査でこの話を考古学的に確認できるものは何もなかった。

そこで私は，チュークの先史文化の起源を求めて調査地をヤップ及びベラウ諸島に移した。その結果，チュークで発見された先史時代の土器はヤップの最古の土器と同一系統のものであることが分かった（Takayama 1981：1-10）。また，ベラウやヤップで発掘される釣り針は，キリバスを除くミクロネシア全域から出土し，その源流がメラネシア文化に求められることが明らかである（高山1989：264）。ただ，核ミクロネシア諸語は言語学的研究ではニューヘブリディーズ諸島から東ミクロネシアに入ったと想定されている。またポーンペイの土器についても，その起源を同じくニューヘブリディーズ諸島のラピタ土器に求める仮説もあって，結論は出ていない。

いずれにせよ，人間の頭からヤシの実が生まれるという伝承がポリネシアのマウイ物語集成の一環として，チュークを含むミクロネシアに伝播したことが私には考えられるようになった。これがいつ頃伝播してきたものか，もしそうならばその伝播は1度だけであったのか私にとっては大きな謎となった。では，考古学的にこの謎がどの程度まで明らかになっているのであろうか。

「太平洋では鰻は忌避食料の主要な候補者」であるとする前提に基づき（Leach and Boocock 1993 : 25），考古学達は以下のような解釈を提出している。

ニュージーランドの考古学的調査では，ずっと鰻の骨が検出されなかったため，鰻の頭の骨は小さく壊れやすいことと関係があるのではないかと久しく推測されていた（Sutton 1986 : 10）。しかし，鰻の骨を多量に出土する遺跡が発見されたため，ニュージーランドの先史時代において鰻の骨が出土しなかったのは，上記のような解釈やこれを溶かしてしまう地層のためであったとする説明も真実でないことが分かった。つまり，鰻の骨が考古学的に検出されなかったのは，白人が渡来した頃にあった鰻を忌避する習慣に起因していたと解釈されるようになった（Leach and Broocock 1993 : 24-25）。またマリアナ諸島のロタ島のモーチョン遺跡の発掘では，上層では沢山出土した鰻の骨が考古学時代になると皆無となるのも同じく鰻に対する社会的態度の変化に応じて生まれたものと解釈されている（Leach and Fleming et al. 1988 : 51-52）。また同島の空港道路建設に先立って行なわれた発掘で，ウツボの骨は出土しなかったが，この事実について発掘者達は，この魚を忌避する習慣と関係があったかもしれないと推定し，スペイン人が残した記録を参考資料にしている（Davidson and Leach 1988 : 348）。スペイン人の残した文献記録では，チャモロ人の高位の人達は堅い鱗のある魚や淡水の魚は食べないと記述している（Driver 1983 : 208）。また別のスペイン人の記録として，鰻は決して捕獲されないとあるし，また更に別の文献では鰻は最下層の人だけが木製の槍で捕ると報告されている（Thompson 1945 : 33）。Leach らはマリアナ諸島のロタ島の発掘結果に基づき，ロタ島においては鰻の出土率は2.5％で，これはカピンガマランギ環礁の9.7％より低いが，ベラウの2.5％やフアヒネの1.9％に匹敵すると述べている。そして，鰻はカピンガマランギの場合，普通の食べ物であって，他の島々のように特に選ばれた獲物でなかったことを示唆していると推測している。また，ヌクオロ環礁やティコピア島の先史時代のある時期においては，鰻を食べ物として捕ることは忌避されたきたようであるともいう（Leach and Fleming et al. 1988 : 51-52）。更にヌクオロ環礁では，先史時代の千年間は食料として忌避されてきたことは，この骨が出土しないことから推測される。興味深いのは，ヌクオロの隣島であるカピンガマランギ環礁ではウツボが長い間ずっと大好きな食料であった（Leach and Fleming et al. 1988 : 41）。

更に彼らはウツボについて次のように述べている。

ウツボは，他の鰻と共に太平洋の色々な島々で多くの神話や伝承の主題となっている。鰻はいくつかの島で高度にタブー視されていて，いかなる状況下でも食されることはない。これは，この魚が毒性を持っているからであるというわけではないと述べている（Leach and Fleming et al. 1988 : 41）。しかしこの論考には，鰻を忌避する理由について低度のタブーがあったことを指摘し

ているが，それ以上の具体的説明はない。

　もし古代チャモロ人がウツボも忌避していたならば，サモアと同様に，サンゴ礁的文化が似ているといえるように私には思える。淡水の鰻を忌避することは，ポリネシアからのヒーナとツーナの伝承の影響と，私も見なしたいのであるが，この解釈には次のような弱点がある。

　すなわち，考古学は発掘で鰻の骨が証拠として提出出来る利点がある。しかし考古学の資料を取り扱う場合，出土した遺物があればそれは当時は「あった」ということが出来ても，出土しないからといって，それは「なかった」とはいえないことである。特に発掘する場所が異なったり，同じ遺跡内でも発掘地点が異なれば，出土する遺物は違ってくることが普通である。換言すれば，もし鰻の骨が出土すれば，それは食べられていたことが裏付けられるが，発掘されないから食用にはなっていなかったと結論づけることは出来ないのである。反対のことは推測しか許されないということである。また魚の骨（それに時には鳥の骨にも当てはまることであるが）の中には，季節によって捕獲可能なものと，そうでないものとがあるので（Leach and Davidson 1977：166-175），考古学者はこの点を常に念頭におく必要がある。

　なお，メラネシアのティコピア島における発掘ではこれとは別のことが推理されている。

　既述のように，ここではウツボと淡水の鰻はフグと共に現在タブーの食べ物となっている。これらは精霊と見なされているからである。しかし発掘調査で，今から1700年より古い時代にはウツボと鰻それにフグは食されていたことが骨の出土から分かったという。そして発掘者達はこのようなタブーが発生した理由として，クリノトキシン（カエルなどがもつ滲出性の動物毒）による中毒死をした者がいたのではないかと推定している（Kirch and Yen 1982：292）。従ってここでは，ヒーナとツーナの伝承の影響によって食さなくなったとする解釈は取り上げられていないのである。

　また興味深いことは，ポーンペイのナンマドール遺跡の発掘でウツボ科のナミウツボの骨が発見されていることである（片岡1975：431-432）。既述のように，ポーンペイの離島カピンガマランギ環礁島の発掘でもウツボの骨が発見されている。ここでは色々な方法でウツボが捕獲されている。これらは，歴史時代に行なわれていた「ウケ」による方法によって捕獲されたと推定されている（Leach and Ward 1981：57,60-61）。たとえば染木煦（1945：148-149）は，キリバスでは鰻を捕るためにウケを使用しているが，同じものをポーンペイに住むカピンガマランギの環礁民も持っていて，その名称はキリバスでは「Te ou」，カピンガマランギでは「Te u」である。このことは，このウケはポリネシア系通有の古製品と信じられると述べている。同じようなものはマーシャルにもある。しかしここでは，ウツボは出入りが自由に出来るように製作されている。理由は，ウツボがウケの中に入った魚を食べてしまうことと，これが入ると魚が恐れて近寄らないためである。特にマーシャル諸島民は，黒色のウツボには毒があると信じていて食さない（Tinker 1950：92-93）。

　キリバスのアベママ環礁にいた時，私達は人夫の1人にこのウケの使用法を実演したもらった。その時，いつも行動を共にしている別の人夫の1人は，どうしたわけが私達と離れた場所にいる

ので，その理由を尋ねたら，各家が秘伝の漁法をもっているので，それを見ないために遠慮してこのようにしているのだという返事が返ってきた。ウケを仕掛けるのは夕方で，翌朝それを見に出かけた。餌を入れたウケを夜に仕掛けることはLeachなども報告している（Leach and Fleming et al. 1988：41）。なお，キリバスのウケについては，Koch（1986：26-30）の詳しい民族学的報告があるので参照されたい。

また，ポーンペイのナン・マドール遺跡からは，硬鱗魚であるハコフグの鱗が発掘されているという（片岡1955：420）。私のツヴァルの発掘でも魚の鱗が発見されることがある。先述のように，古代のチャモロ人の高い位の人々は堅い鱗をもつ魚は食さないと報告されている（Driver 1983：208）。先史時代はどうであったのか，各地における私の未整理の発掘資料を今後詳細に精査・検討してみる予定である。それが本書の結論と一致するかどうか分からない。

ウツボは別にして，少なくとも現時点でいえることは，マリアナの先史時代の遺跡から淡水の鰻の骨が発掘されないのは，ポリネシアのヒーナとツーナの説話が先史時代に伝播してきていて，その影響によるものと私は推定したいのである。しかし今後，先史時代の遺跡から鰻の骨が出土したらこの仮説は否定されてしまう危険がある。また，もし発掘した遺跡から，鰻の骨が検出されることがあるならば，それは最下層の人々の居住址であった可能性が出てくる。私は，かつてヤップの考古学的調査をしていた時，内陸部のブッシュの中に貝塚らしきものを見つけた。そしてもし，この遺跡から鰻の骨が出土したならば上記のような意味から，最下層民ミリンガイの居住址と見なせるかもしれないと考えていたのであるが，残念ながら発掘する時間がなかった。

【追補１】

私達が考古学的調査でチュークに入る以前から，ここの民族学的調査を行なっていたW. H. Goodenough教授の研究成果が刊行された。それによれば，チューク島民の宇宙感は地面と海面の地下に「下部の深淵（Faayinon[Under Deep]）」がある。そこは「深淵の主」によって支配されていた。この主は魚や人間の世界の守護神であった。海底には「島々の運搬人」が横たわっいた。離島のプルワッタから報告されているように，彼女は，自分の背中と両腕の裏側に海面を割るまで石を積んで島を創造した。彼女はチューク本島では巨大な鰻の形をしていて，その胸は地上に乗っていたといわれている。チューク島民は，ヤシの木やパンの木を地震から守ってもらうために「島々の運搬人」に祈願する（Goodenough 2002：85）。海底に横たわっている「島々の運搬人」が巨大な鰻の形をしているという考えは，キリバスの神話で他の神々と一緒になって天を持ち上げるのに活躍したRiki神の話を想起させる。一説によれば，最後に天を地面から切り離したのは，巨大な鰻の神Riki（Maude 1974：29, Tiroba 1989：65-66）であった。これが済むと，Rikiの腕は天空にひっついてしまって天の川になった。また，胴体は粉々になって地上に落下してアナゴになったのである。この神話を示す足跡遺跡がキリバスのアラヌーカ環礁にある。興味深いことにGoodenough（2002：315）は，チュークの神話で語られている宇宙観の中に登場するAchaw（Kachaw）の途方もない場所は，名称がキリバス語の「天界ないし天空」を意味する言葉karawa と同起源であろうと述べている。また，「南」を「眉毛の下」から分離する神々しい海の中で，あるいは「南」をチュークと人間の領土から分離する「南」の海の中に「下界の女主人」と「天空の蛸」が住んでいる。後者は，チュークの西方の環礁の島々で「捺印 (Stamper)」についての物語に描写されている。前者は半分がアナゴで他の半分は女性の形であるといわれている (Goodenough 2002 : 86)。この半魚半人をした神の像は，他のオセアニア地域でもみられる。なおまたポリネシアンとキリバスの神 Tangaroa は，ポーンペイでは Sangaro (外国人の氏族の神) として出現する (Goodenough 2002 : 315)。

【追補２】

　鰻について私がトール島で聞いた伝承とはかなり違うものがチュークから採集された (Young et al. 1997 : 15-16)。

　昔，デュブロン島に女性の鰻がいた。この鰻は女の子を生んだ。鰻は娘が美しい若い女性に成長するまで育てた。鰻は娘に，日の出以降は沐浴をしないように命じていた。しかしある日，娘は日の出の後に沐浴をしてしまった。太陽が昇った時，娘は東方を眺めた。すると太陽が娘の肌で光るように彼女の体は明るい光線が反射した。Enin の酋長と彼の家族は Winimokur と呼ばれる丘の頂に住んでいた。酋長の息子は，この反射してくる光を数日間注意して見ていた。そしてそれがどこから来るのか見つけ出すことに決めた。そして彼は，光が沐浴中の美しい少女からのものであることが分かった。彼は娘に，貴女は一体精霊か幽霊なのかあるいは人間なのか尋ねた。彼女は「自分は白い肌をしていて醜いために，精霊か幽霊に間違えられることでしょう」と答えた。彼は彼女に結婚を申し込んだ。しかしながら彼は位が高い家柄の生まれであり，彼女は鰻の娘であったため，それは不可能であった。そこで２人は駆け落ちをすることにした。２人は，鰻の母親にどこに行くかも告げずに彼の家に向かった。娘が帰って来ないことを知った鰻は娘を探すことにした。鰻は，娘の臭いの跡を追ってジグザグに進み，Ewin の岬の先端まで行った。この岬の現在の海岸線がジグザグ形をしているのはこの跡である。次に鰻は Enin の丘の頂上に登った。そこにいた人々は鰻を恐れて逃げた。鰻は集会所に入って垂木にとぐろをまいた。皆が逃げ出した後も娘はそこにいて「自分は鰻の娘であることに気恥ずかしい気持ちでいます」と母親の鰻に言った。すると母親の鰻は「母親の娘への愛情から私は貴女を捜しているのです」と答えた。そして娘に，人々のあざけりなど無視するようにと懸命に言った。どこかに行って下さいと娘から懇願され続けても，鰻はとぐろをまいている場所から長い間動かなかった。しかし結局，鰻は集会所を去って，人々が投げ捨てた残飯や屑のある場所に移った。鰻はそこに数日間滞在して，あと何時までか分からないが，ともかくこれからもここにいようとした。

　ある日 Enin の酋長は，家来を集会所に集めることにした。法螺貝が吹かれると，男達は Enin を去って Winikopos (パンの木の実に関係した場所) に集まり，パンの木の実をほじり始めた。翌日 Winikopos に，パンの木の実の皮を剥ぐために Enin の女達 (鰻の娘も含まれていた) が集められた。酋長は女達が仕事を終わると，彼女らに薪を集めて石焼 (um) きのための竈の支度をす

るよう告げた。それから酋長は男達に，槍を持って鰻と戦って殺し，石焼きの竈の中に投げ込めと命令した。男達が鰻を殺した時，太陽の電光（それは明るい短い雨で太陽の輝きと一緒であった）が生じた。それは何か恐ろしいことが起きていたことを示していた。太陽の電光からの1滴の雨だれが鰻の娘の胸に降り注ぐと，それは血液に変わった。母親の鰻になにか異変が起きていることを娘はすぐに知った。娘は軟膏を取り出すやそれを自分の体全体に塗った。これで娘は，鰻と同じようにつるつるした肌になったのである。娘は母親を求めて外に飛び出した。酋長は娘が母親を見つけようとすることを知っていたので，石焼き竈の周囲には番人として幾人かの屈強な男達を配置した。このような事前の策にも拘わらず，娘は外側の番人達の間をすり抜けた。石焼き竈の周囲を守っていた番人達も彼女を捕まえることは出来なかった。彼女は石焼き竈の中に飛び込み，母親の鰻の側に横たわって死んだ。

この出来事のために，酋長の息子は妻をもつことはなかったし，Eninの人々は鰻から習得出来たかもしれない知識を奪われてしまったのだ。この湾は鰻が造り上げたものであり，海岸線が鰻の動く姿のようにジグザグ形をしているのは，この「Mwanonの伝承」が本当の話であったことを示しているのかもしれないのである。

この「Mwanonの伝承」にいくつかのコメントをしておく。

この伝承の筋書きが，鰻の皮膚がつるつるしていることを重視しているのは私がトール島で聞いた話と共通している。東ポリネシアのタヒチ島では，ヒーナは成人すると光を発した一層美しい女性に成長したといわれていて，太陽が娘の肌で光るように彼女の体は明るい光線が反射したという，この話の表現と大変似ている。またタヒチでは，ヒーナの保護者は太陽と月であるが，ここでは男達が鰻を殺した時，太陽の電光（それは明るい短い雨で太陽の輝きと一緒であった）が生じ，それは彼女に何か恐ろしいことが起きていたことを知らせるだけでなく，太陽の電光からの1滴の雨だれが鰻の娘の胸に降り注ぐと，それは血液に変わった話になっている。この話に突然語られている太陽の役割は，タヒチのヒーナの保護者である太陽と月が結びつくのではないかと当然考えたくなる。

しかし，酋長が集会所で鰻を殺す話は，鰻に追いかけられた娘を助けるため，酋長が家来に毒を用意させて鰻を殺すサモアの説話を想起させる。鰻がジグザグに這い回ったため現在のような海岸線が出来上ったとする筋書きは，マウイの足跡の話が根底にあったことは確実である。ただし東ポリネシアに流布している，人間の娘ヒーナと鰻のツーナの悲恋物語がこの「Mwanonの伝承」では，人間の酋長の息子が鰻の娘に求婚する逆の筋書きとなっている。しかしこのような差異があっても，私がトール島で聞いた話と同様にこの「Mwanonの伝承」は，究極的にはポリネシアのマウイ神話に由来するものであることは明白である。

またこの説話は，以下述べるポーンペイ離島のピンゲラップ環礁の「義母」と題した説話と同一タイプのものといえるかもしれない。

往昔，1人の人間の娘をもった1匹の大きな虫がこの島のPwopwuhngalに住んでいた。この虫は水中に棲んでいた時，妊娠してこの娘を生んだのであった。成長した娘は，Lihwahu（美し

い娘の意）と呼ばれるのにふさわしいほど美しくなった。母親の虫が，彼女に一番美味しい食べ物を見つけては与えて大切に育てたのであった。彼女は母親を大変愛していた。当時，同島のNanmwarki王は妃を娶りたいと思い，それを探し求めるため島中に出かけた。そしてついに彼女を見つけた王は，家来に彼女を彼の許に連れてくるように命じた。王と結婚した彼女は，自分の母親が虫だとは言わなかった。ある日王は彼女に，母親の名前とどこに住んでいるのかを尋ねた。彼女は母親は人間ではなく虫であると答えた。早速，王は母親を連れてくるようにと家来を派遣した。母親は這って進んできた。王のいる所に到着した母親は家の柱に巻き付いた。妃の母親は人間だとばかり思っていた王は，これを見て悲しかっただけでなく虫の娘と結婚したことが恥ずかしくて，この虫を殺すことに決めた。この殺害計画を実行するにあたり，王は妃に島の北端に行って，島の美しい娘達と一緒に泳いでいるように命じた。妃達が出かけた後，王は枯れたヤシの葉を家来に集めさせた。そしてそれを燃やして虫をその中に投げ入れた。火はパッと燃え上がり，灰は風で高く舞い上がって娘がいる所まで飛んで行って，彼女の膝の上に降り注いだ。そこで娘は何か異変が起きていることを悟った。彼女はすぐにその場所に急行した。彼女を見つけた王はすべての家来に，火の中に彼女が飛び込まないようにしっかり掴まえるよう命じた。しかし家来達が彼女を掴まえ損なったため，彼女は火の中に飛び込んで母親と一緒に焼け死んでしまったのである。今日，少年や少女達が自分達の母親を尊敬するのはこのためである。つまり子供達は，容貌とは無関係に自分の母親を尊敬しなければならないのである。なぜかといえば母親は，子供を生まれた時から成人期まで面倒をみてきてくれたからである（Mitchell 1973：73-75）。

このように最後がいかに親孝行が大切かという，いわば儒教的教訓譚で終わる物語は他のタイプの説話にもしばしばみられる。しかし，ミッチェルはこれとは違う視点からこの民話の解説を行なっている。つまり彼によれば，ポーンペイにおいてみられるように，この鰻の恋人の民話はしばしば植物起源の神話の一部となっているというのである。また彼は，マーシャル諸島の民話にもこれに似たものがあるとしてダヴェンポート（Davenport 1953：225-226）の研究を指摘している。その話の筋については後のマーシャル諸島の箇所で引用するのでここでは触れないことにする。

【追補3】

フェーファン島での発掘中，調査員の1人であった言語学者のJ. Marckが島民の中に土器の製作について知っている者がいると聞いたと言って，お礼に缶詰を抱えて彼の許に出かけていった事がある。帰ってくるや彼は，まったくの嘘だったと怒って吐き捨てるように言った。どこの島にしろ発掘において感じることは，島民は多くの遺物の鑑定が出来ないということである。つまり，彼らの過去についての知識はあまり古く遡らないのである（百年前に遡ることさえ不可能であることも珍しくない）。特にチューク諸島の場合はこれが著しいように思える。従って私達は，チュークの島々の山頂に構築されている遺跡を要塞と想定しているが，文化人類学の河合利光はこのような場所は神話的首長が降りた場所と見なしている（2001：157）。

彼は傍証として考古学者 P. Raindbird の解釈を引用している。確かに要塞の中に首長を中心として村民が居住していたことは推測に難くないが，そのことから「山頂は，神と人が交流し，神が座し，石と水で象徴される宗教的力と生命力の集まる儀礼的センターで，（中略）世界の生命の流れを統合する「中心の石」」と解釈するのは私には衒学的に思える。かつて私達がベラウに調査に入った時古老達は，古代人は山麓にいたとこぞって教えてくれた。この山麓には，数多くの先史時代の遺跡が謎として存在するためである。先史時代初期の人々は一般的に海岸部に住んでいたが，人口が増加すると権力争いや土地の奪い合い，更に外国からの侵略者の来襲などから戦争が頻発し，その結果人々が山中に避難したと思われる現象がみられることが考古学調査で明らかになってきた（cf. Lucking 1984）。ベラウのテラス遺構は，紀元後 8 ～ 12 世紀にかけてであったという放射性炭素の測定年代が得られている（Lucking 1984：170）。

更に追加しておくならば，河合はチュークにおける祖先到着経路を民族学的資料から類推しているが，少なくともこの地における居住は 2 千年前にはなされていて，その当時の地形などが現在と同じであったかも定かではない。かつては民族学から起源論が論じられた時代もあったが，今ではこのような研究は受け入れられなくなっている。

第14章　オセアニアのヤシの実の起源神話・説話の原郷

　馬淵東一はかつて，東インドネシアの半神半人の女性ハイヌヴァレは『日本書記』のウケモチノ神を想起させると述べた（1974：606）。また吉田敦彦は，バナナの実から発生した最初の人類の1人が狩りに出かけてヤシの実を見つけて家に持ち帰ると，その晩不思議な男が現われてそれを埋めるように命じたので，それに従うと3日目に花が咲いたというインドネシアのセラム島にある伝承は，最初の部分はポリネシアの神話と多少は類似しているかもしれないが，後半は違っていると述べている（1976：52-54）。大林太良（1984：182）は，インドネシアのセラム島では，天で稲種を盗んだ英雄がそれを男根に隠していること，そしてここの言語のモルッカ語がオセアニアの言語と近い関係にあることを考慮したうえで，サモアでは1人の男が天でタロイモを盗んで男根に隠して人々にもたらしたが，この場合隠すことからみるとタロイモより穀種の方がより適しており，本来は穀類であったモティーフがタロイモに転移したと説明している（大林1984：182）。そして大林は，サモアのこのプロメテウス型神話は東部インドネシアに由来すると想定出来ると論じただけでなく（大林1984：182），更にミクロネシアのヤップの離島サタワル島において神が男根にココ椰子を隠すというトリックスターまで登場することは，この神話が栽培植物の起源を問題にしたものではなく，プロメテウス型神話の痕跡の可能性があると指摘して，この事例はポリネシアのこのタイプの神話が台湾・琉球地域に由来したものであることを示す有利な証拠と見なすことが出来ると想定した。

　更に大林は，ヤシの実の起源神話といわゆる死体化生神話とが結び付くと考えている（1979：150-151）。つまり大林は，ポリネシアの作物起源神話には殺された神の死体からヤシの木が発生する形式と，イモ類を盗んでくるという形式があるが，ヒーナと結びつくのは前者の神話で，これは死体化生神話に属すと見なしている。そしてまた大林は，ハイヌヴァエレ神話は日本神話中の作物起源神話のオホゲツヒメ神話に相当するとし，この神話は中国南部から日本に入った雑穀栽培型の焼畑耕作文化に元来は帰属していたと想定している（1979：141-142）。またロウスマン（Roosman 1970：222）は，頭から植物食料が生まれるというオセアニアの神話と結びつく民話は，東南アジア大陸部にあると考えている。つまり彼は，王の命令で首を切られた有害な人の頭からヤシの実が生まれたいうビルマの神話を指摘しているのである。

　南方熊楠によれば，インドシナ半島東南部に2世紀頃チャム族が建てた国で漢の領土の最南端にあった林邑国王は，越王を刺客に襲わせて頭を取り，樹に掛けたらこれがヤシの木になり，今ではその実に芽を出す両眼があって，その汁は酒に似ていると『南方草木状』が伝えているという（南方1972：272-273）。タイ国には鰻について次のような神話がある。昔，Kok川に白い鰻が棲んでいた。これは古代のトーテムの生き物であった。漁師がこれを捕まえてみると，ヤシの木

のように長かった。彼はこれを宮殿に運んでいって王様に献上した。王様はすべて人々にこれを薄く切って配った。その晩，1人の若者が街で目撃された。彼はこの川の神であった。彼が現われたのに続いて，夕暮れのあと恐ろしい地震が起きた。地震は街を完全に破壊し，鰻を食べた者は王様を含み全員が死んでしまった（Knappert 1991：71）。

考古学的・言語学的にポリネシア人の原郷は南中国と目されているが，紀元前5千から6千年前に南中国から台湾経由で移動を開始したオセアニア人の祖先が携えていた神話を，彼らの子孫がポリネシアに到着する3千から4千年後まで連綿と保持していたとは私には考えがたい。

しかし南方は別の論考で，同書には核に両眼があるとする記事は見当たらないとしている（南方1971：575）。人の屍や血や墳墓から特殊の植物が生じることは古今諸国でいうことであると南方は述べている（南方1972：271）。

ところで重要なことには，ロウスマン（Roosman 1970：226）によれば，ポリネシア人の祖先の故郷である筈のインドネシアのンガデュ族には，ポリネシアとの類似を示す説話のモティーフがある。ここには，ヤシの実が人間の頭の変形したものであるとする説話がある（Roosman 1970：227）。更に人間の頭からヤシの木が生える説話はインドネシアからフィリピンに広く分布している。フィリピンとインドネシアの両地域におけるこの種のヤシの実の起源説話の観念は，ポリネシアの神話に相当するとロウスマンは述べている。

またディキンソンは，動物や人間の頭からヤシの実が生じる神話は，インドネシアのニアス族やフィリピンのビサヤン族にもあると述べている。実際，フィリピンではヤシの実や大きなグレープフルーツ（pomelo, tabuyog）の起源が人間の頭にあるとか，人間は人間の頭に起源があるとか述べる話は，ここの民話では広くみられる要素である（Maxfield and Millington 1906：106）。たとえば，イフォガオ族には次のようなヤシの実の起源説話がある。

キアンガンのバリトクは自由な時間をもてあまし，首狩りに出かけることに決めた。彼は村の仲間を呼んで，戦いのための儀式を行なってから出発した。彼らは，モンティニングの頭を獲得して勝利の叫び声をあげた。しかし彼らは，この頭が彼らのこの声に合わせて叫ぶ声を聞いて狼狽した。何年か経って彼らが頭を埋めた場所に戻ったら，そこに頭から生えたヤシの木を見つけた。彼らは実を採ってその汁を飲んだ。しかし，彼らは頭痛に苦しめられることになった。そこでバリトクが生け贄を捧げたところ，頭痛は治った（Braton 1956：182）。

バートン（Barton 1956：182）は，フィリピンではヤシの実や大きなグレープフルーツ（pomeloないしtabuyog）の起源が人間の頭や人間にあるという説話が広く分布していると述べている。その事例としてヴィサヤ族の神話をあげている。かつてここに，子供のいない夫婦がいた。彼らは子供をとても欲しくて，頭だけでもよいから子供をお恵み下さいとディヴァ神に祈った。ディヴァ神は哀れに思って，彼らに頭だけの子供を授けた。そのため子供は「頭」と名付けられた。彼が成長するにつれて両親は彼の不幸を考えることを止めた。そして彼を大変可愛がった。ある日「頭」は，家の側を通り過ぎた酋長の娘に恋をしてしまった。「お母さん，私は酋長の娘が好きになってしまったので，結婚したいのです。どうかすぐに酋長のところに行って娘を私の嫁にして

第14章 オセアニアのヤシの実の起源神話・説話の原郷

くれるように懇願して下さい」と彼は言った。

「可愛い頭よ。そのような使命を帯びて出かけても無理です。なぜなら首長の娘は頭だけのあなたと結婚することなどあり得ないことですから」と母親は答えた。しかし「頭」は，その願いを言い続けたので，母親は息子を慰めるために首長の家に出かけて行って，息子の希望を伝えた。しかし母親はその願いを拒絶された。そして母親はこの返事を携えて家に帰宅した。母親から返事を聞くと「頭」は階段を降りて庭に入って行った。そして彼は地面の中に潜り始めた。「頭，どうか上に上がってきて下さい。一緒に食事をしましょう」と母親は言った。しかし「頭」は「沈め，沈め」と叫んだ。母親もまた同じ言葉を繰り返した。「頭」は「沈め，沈め，沈め」と答えた。そしてついに「頭」は姿が見えなくなるまで潜ってしまった。母親が「頭」を呼び戻そうとしたが無駄であった。しばらくして，丁度「頭」が潜った場所から1本の木が生えてきた。そしてすぐにその木は，ほとんど子供の頭ほどもある大きな丸い実を生らした。これがオレンジの木の起源である（Maxfield and Millington 1906：106-107）。

なお，フィリピンにおけるヤシの木の起源伝承には鰻が関与しておらず，オセアニアのものとはまったく別系統のものである。ここでフィリピンにおけるヤシの実の起源神話について，タガログ族の神話を紹介しておきたい。

タガログ族の伝承によれば，昔サン・マテオの小さな町に1組の夫婦が住んでいた。結婚して長い年月が経つのに2人の間には子供が生まれなかった。そこである日，夫は妻に「奇跡をもたらす聖母」La Purisima に子供を授けてくれるよう，祈願に出かけることを提案した。翌日2人は，近所の人に家の世話を頼んで旅に出発した。3日目に Obando に到着し，目指す教会に真っ直ぐに歩を進めた。そして跪いて祈った。祈願の後，「聖母」の前で誓いを立てた。もし1人でも子供をもつことが出来たならば，子供が9歳になった時，彼は寺男になりますと。9日間，彼らは教会に出かけて，このように祈った後，家路についた。

やがて小さな子供が生まれた。しかし，この子は他の多くの子供と違って，頭がオレンジのように丸く，しかも1つの口と，1つの鼻と，そして1つの目をもっていた。折角子供が授けられたのに母親も父親も嬉しくなかった。この子をどのように育てたらよいのか医者に尋ねた。医者はヤギのミルクで育てなさいと教えてくれた。

やがて，小さな丸い赤ん坊は少し大きくなった。父親は時折，仕事で外出せずに家にいて赤ん坊と遊んだ。父親はしばしば赤ん坊を投げ上げ，ボールのように落ちてくるところを掴まえた。ある時，赤ん坊を窓の敷居に投げ上げて，床に飛び降りてくるように叫んだ。父親が笑いながら呼んでいたのに，赤ん坊はこの声に答えようともがいた。というのは，赤ん坊は窓の敷居から反対の方角に落ちたからである。

父親は外を探したが，赤ん坊の姿はなかった。母親は我慢が出来ずに大変怒った。両親は占者のもとに出かけて行って，この事態をどのようにしたら解決出来るのか尋ねた。占者は彼女に「心配する必要はない。なぜなら，やがて赤ん坊は沢山の息子を産んで戻ってくるし，それにまた沢山の孫をもつことになるだろう」と返事をした。占者は更に，赤ん坊が落ちた場所に1日に

3回ヤギのミルクと水を振りかけておくように両親に言った。1カ月が経つと、その場所から長い尖った葉をもった1本の小さな木が生えてきた。それから更に7年が経過すると、この木は実を生らした。この実は大きな丸いものであった。この果実から繊維が取り除かれると、ブラウン色の実が出てきた。この表面には、例の小さな子供の口と鼻とそれに1つの目を現わす3つの孔があった。これがフィリピンにおける最初のヤシの実であった（Eugeno 1993：414-416）。

　これはマーシャル諸島などのヤシの実の起源説話と似ているが、系統関係は分からない。

　植物が、人間の身体から生まれたという説話はインドネシアでは決して稀なことではない。スマトラのバタック族の説話には、巫女の身体から木が生えるものや、父親にジャングルに置き去りにされた子供が蔓に変形したものや、天国の種子から生まれた植物などがある（Roosman 1970：227）。しかし、東南アジア島嶼部にパンの木やタロイモについての起源説話がない理由についてロウスマン（Roosman 1970：227）は、東南アジア大陸部から早い時期に導入された稲作が、主食としてあったパンの木とタロイモを従属的な位置に追いやってしまったことが少なからず起因しているかもしれないと考えている。ボルネオ南部及び南東部の内陸部では最大の人口を擁する、放浪民ンガデュ（Ngadju）・ダイヤ族は焼き畑農耕を営んでいる。彼らは、米は天界にいるものの胸から地上に落ちてきた1滴のミルクから生じたと考えている（Roosman 1970：227）。興味深いことに、フィリピンの北部ルソン島に住むイフォガオ族は、米は火と交換で天空の人々から獲得したとンガデュ族とほぼ同じ神話を伝えている（Barton 1956：111-118）。

　なお、インドネシア南部のスラウェシ族は淡水産の鰻を自分達の祖先と見なして崇拝する。彼らは鰻を捕まえないし、食べない。しかしこれを飼うことはする。また、母親になろうとする若い女性は、鰻に食べ物の供え物を捧げるのであるが、その時には儀礼用の太鼓が叩かれる（Knappert 1991：71）。参考までに記すと、三吉朋十はフィリピンのイゴロット族も鰻を人類の祖先と見なしていると述べている（1933：32）。また三吉は別の著作で、イフォガオ族やボントック族は決して鰻を食さない。台湾の高砂族も同様であると述べている。そしてその理由は、鰻は幸運を与えてくれる神であると信じられているからであるという。バネウエから約18 kmのところに、太古洪水で出来たと称する小沼があり、この中には1匹の大きな鰻が棲んでいて、村民から尊敬されている。人々は、餌を携えて時々この湖畔に行ってこの鰻を呼ぶ。湖上に現われたこの鰻に餌を与えた者には、平和と幸福がもたらされるといわれている。もし、餌を与えなかったり驚ろかしたりすると、鰻は怒って田の水を涸らせて稲を枯らすと信じられている。同じような話はボントック村やミンダナオ島のマノボ族の間にもあると三吉は述べている（1942：242-243）。

　三吉が簡単に述べたこの神話は、最近のフィリピンの研究者の発表によれば次のような内容のものである。

　人間をぬらりくらりして強くするお守りは100歳になる白い鰻から手に入れることが出来る。このような大きな鰻達はもっとも高い標高にある淡水湖の深い所に棲んでいる。こういう深い所には通常非常に深い洞窟や穴がある。年の最初の金曜日で、しかもそれも3つの数字がそろう年号、たとえば1777年にこれを手に入れようとする人は、自分の偶像パンダンガンにすべての事

柄を委ねる覚悟をすることになっている。パンダンガンは鰻を統治しているといわれている。次に彼は白い鮫の2つの目を身に着けていく。また彼は両腕に2つの短剣を着けて武装する。そして水中に潜って，その洞窟に入って行く。そこで彼は生き物が吼えるのを見つける。そこで彼はすぐに鰻を殺すのであるが，その方法はナイフで鰻の背鰭近くの背中を突き刺して殺すのだ。鰻は自分が傷つけられたことを知るとすぐに，1人の大男が現われる。もし彼が大男にそうすることを許すならば，この大男は戦いを挑むであろう。しかしこれは剛胆な事柄である以上，彼は手に持つ1つのナイフを大男の腹に刺し込むことになるであろう。その間，彼は自分の足でこの鰻をぐっと踏みつけている。その結果，このような状況下で大男は許しを請うことになる。彼は彼の詫びを受け入れる前に，他の者が彼に1つの贈物をしなければならないと答える。その結果，この別の生き物は彼に何が欲しいのかと尋ねる。そこで彼は，この生き物に彼の足元にいる生き物のように強くてぬらりくらりしたものになるようなお守りをくれと頼む。大男はその要求に従う。しかし大男が彼にそのお守りを持ってくる前に，その生き物を行かせてはならない。大男は姿を消してお守りを持ってすぐに帰ってくる。これは1つの小さな青色の石である。それが手に入ったら，彼は直ちにその洞窟と水中から去らねばならない。彼がこのお守りを使用するする時には，口の中に入れておくことで十分である。すると彼は目に見えないで，ぬらぬらした強い人間になれるのである（Demetrio 1991 [i]：297）。

　なおこの話は，昔東方のポリネシア方面から伝わった神話の片鱗であろうと三吉は推論している（1942：243）。三吉によれば，東インドのロンボック島やセレベスでは，女が鰻の棲んでいる池で水浴すると妊娠すると信じられているという（1942：242）。フィリピンとオセアニアの中間に位置するインドネシアにこのような信仰があると，フィリピンの前記の話は東ポリネシアの神話と関係をもつことになるか不明となる。

　なおフィリピンでは，ティンギャン族（Cole 1922：383）やブギドン族（Cole 1956：49, 51）などは鰻を食する。しかしカリンガ族が鰻を食べないのは，女が司祭になる時，彼女らにタブーである食べ物，つまり鰻，犬，ある種の魚，雌牛の肉（ただし水牛はよいことになっている）を食べると腹痛になると信じられているからである（Barton 1949：24）。

　一方，台湾の事例も興味深い。ルフト地区のツオウ族の者は鰻を食することは禁忌である。粟を掴む時，鰻を食べた者は手が滑って握ることが出来なくなるからである（三吉 1933b：112）。

　オセアニアに広く分布しているヤシの実の起源神話は，メラネシアでは殺した蛇や動物の頭から生じたとする話が多い。これは，この地域に多い植物の起源を豊饒儀礼と結び付ける信仰が結び付いているからであるという解釈も提起されている（Luomala 1950b：702）。ミクロネシアに，このような信仰があったかどうか寡聞にして私は知らない。

　メラネシアのヴァヌアツのアニワとタンガでは，切断された鰻の頭からヤシの木が生えてきた伝承がある。特に前者では，首を切断されたのはほかでもなくTangaroaであった。ここでは，Tangaroaは巨大な鰻ないし海蛇と同一視されている。またタンナでは，Tangaroaは鰻か蛇のような形をしたものと見なされてきた。どちらにせよ，Tangaroaは振り動かす尾をもっていた

ことになっている（Williamson 1924(2)：303）。

ディクソン（Dixon 1964：56）は，ヤシの実の起源が動物や人間の埋葬された頭にあるという神話はメラネシアでは非常に広範囲に分布しており，また同じものはインドネシアにもみられる。この神話は，人間の頭とヤシの実との一般的な類似から，疑いもなく生まれたと予想されるかもしれないが，この論法でいくとハワイにこの神話のないことは興味深いと述べている。

これに対してロウスマン（Rootsman 1970：227）は，ヤシの実の起源を人の頭に求める説話がインドネシアやフィリピンにもあることは，これらの地域のこの観念はポリネシアの神話に相当すると結論づけられるかもしれないと述べている。そして，インドネシアのバリ島の影絵芝居などで演じられる，女神 Ken Tisnawati が Guru 神との結婚を拒否したため腕づくで連れていかれた結果死んでしまい，埋葬された彼女の死体の頭からヤシの木，他の身体から米や他の果実が生じたという物語などは，紀元後1世紀に伝えられたヒンドゥー文化の影響下に生まれたものであると論じている（Rootsman 1970：227-228）。ロウスマン（Rootsman 1970：226）によれば，この種のモティーフは，インドシナ半島の民間伝承では普遍的なことであるが，インドネシアではヤシの実，パンの木の実，タロイモの起源に関してのモティーフを伝える説話は皆無であるという（Rootsman 1970：226）。

なおカートリ（Kirtley 1967：102）は，この説話と類似したものはインドシナ半島にもあるが，インドネシアにおいて一般化された概念はポリネシア神話とそのモティーフがより一層酷似していると述べ，更にメラネシアには，埋葬された男の頭や蛇の頭が変形してヤシの実の起源になるという説話があるが，特に後者は典型的なポリネシアの物語に近いとしている。そして彼は次のように論じている。もしこの説話が東から西に向かって伝播したものならば，鰻かその名のツーナあるいはヒーナ（またはシーナ），またはマウイ神が少なくともいくつかのメラネシアの翻案に登場してよい筈なのであるが，それがないことはメラネシアのものがポリネシアの神話の祖型であると考えられる。その結果，典型的なポリネシア・タイプはメラネシアの物語が特別な適応や精巧になったもののように思える。しかしこの場合，ポリネシアの物語がメラネシアよりはるか西方のインドネシア，東南アジア，あるいはインド起源の要素から形成された可能性もある。更にユーラシアに優勢な普通の概念とは独立して形成されたものの可能性もあるという。

アルパーズは，イースター島の創世神話にツーナが言及されていることは，この説話がポリネシア人の移住開始前にすでにあったことを示唆していると述べ，鰻（ツーナ）は正にジョーゼフ・キャンベルがいう「最古の耕作者達の偉大な蛇」であると見なしている。キャンベルはツーナの神話は旧石器時代の決定的な点と関連しているに相違ないと述べている。つまり当時，農園で食料として栽培する作物にするために食用となる植物を掘っていた女性達の間に起きたのではないかというのである。とするとその時期は紀元前7500年頃と推定される（Alpers 1970：371）。

勿論，キャンベルのように，ツーナに関連したこのような神話を旧石器時代まで遡らせることを裏付ける確実な証拠はない。ポリネシアに限っていえば，この神話が男根崇拝と結び付いて，タネ神やロンゴ神，それにタンガロア神への崇拝より明らかに先行するか同時代のものであると

J. C. アンデルセン（Andersen 1928：412）は説いている。つまりアンデルセンは，神々への崇拝は存続したが，男根崇拝信仰はあちこちに痕跡を残すだけになってしまったと述べている。

ロウスマン（Roosman 1970：222）は，自分の頭を取り去る人間の最初のモティーフはメラネシアに典型的なもので，これは明らかに最近の移住によってサモアに導入されたと述べている。しかし「最近の移住」がいつの時代を指すのか，この文面では正確に判断しがたい。ロウスマン（Roosman 1970：222）はこの文章に続いて，レンネルとベロナ両島の神話を掲載している。それによれば，1匹の巨大な鰻（ngosenose）が死んだ。そこで，マウイティキティキはこの面倒をみることにして埋葬して上げた。その結果，黒いヤシの木がその頭の頂上から生まれ，赤いヤシの木が他の端から生まれた（Elbert and Monberg 1965：167）。

後藤明（1999：124）も"頭骨＝ココ椰子"の観念がフィリピン以南にみられるというのは，おそらくオーストロネシア民族，特にマレー・ポリネシア系民族が首狩りの風習と共に伝えたものであろうと述べている。私にはこの見解に反対する積極的証拠はない。ただ，単なる印象にすぎないが，アジアやオセアニアの首狩りの習俗はどこでも独立的に発生する可能性を秘めていると思っている。そして，首狩りの習俗に結びついたこのようないわば化生神話も東南アジアのものがオセアニアに伝播したのではなく，別個に考え出されたものではないかと私は思っている。

ただし，太古にインドネシアの故地を出発したポリネシア人の祖先達が経由したメラネシアには，ポリネシアのようなヤシの実の起源説話はないが，ヤシの実が人間の頭から生まれたという説話はある。

ディクソンは，埋葬された動物や人間の頭にヤシの実が由来するという話はメラネシアにおいては非常に広範囲に分布し，またインドネシアとフィリピンにもみられると述べている。フィリピンとはヴィサヤ族を指す。この神話についてはすでに述べた。

そしてディクソンは，このような話が生まれた動機として，ヤシの実と人間の頭が類似していることから起きたのであろうと推測している（Dixon 1964：56）。また大林太良は，鰻の頭からココヤシが発生したということは，ヤシの実の外形に両目と口があって頭と似ていることとも関係があるが，他方で通常ならば生きているもの，それも女が生むべきところを死者が生み出すという異常に対応して，通常なら下腹部から生まれるべきものが頭から生まれる形をとっていると解釈することが出来ようと説明している。大林は他の著作で死体から生まれた子が英雄になるモティーフは，日本では頭白上人や夜泣石，話の筋は若干異なるが古代中国で治水工事に成功した英雄の禹などのような話として太平洋を囲む地域に分布していると述べている（大林 1966：175-176）。これは衒学的な説明のように私には思えるのである。なぜなら，オセアニアではこのような英雄の異常生誕譚はマウイなどの場合を除けばそれほど一般的なものではないからである。私がオセアニア各地で見たヤシの木の栽培方法は，芽を出したヤシの実を深さ50 cmくらい掘った穴の中に入れて，上から土をかぶせるだけである。これは，死者の頭を胴体から切り離して埋葬する，いわゆる頭蓋埋葬を想起させる。このような埋葬風習のある地域では，人間の頭からヤシの実が生じるというような発想が生まれても不思議ではないような気がする。この論法でい

けば，人間の頭からヤシの実が生まれるという物語は，メラネシアだけでなくミクロネシアやポリネシアなどでも独立的に発生する可能性が高いのではないかと私は考えたいのである。

実際，ヤシの木の栽培がヤシの実を穴に埋めることであることは，人間の埋葬と重なって見えるし，特に場所によっては（たとえばキリバスやマリアナ諸島）頭だけを身体から別にして埋葬することもある。この場合は正にヤシの実の植えつけとそっくりである。殻の上端に芽を出すための孔を含め合計3つの孔をみた者は，これを2つの目と1つの口と見なすことは誰もが考えつくことであるとStephen（1936：45）は述べている。

ヤシの実の形が人間の頭に似ているという考えはどこでも自然に生まれる発想とみえて，たとえばインドではヤシの実を犠牲の首の代用にしたり，殺された人の遺骸が手に入らない時には葦で人形を作り，故人の頭にかたどったヤシの実を載せて祈祷し，これを焼くといわれている（南方1971：576）。

なおまたついでに付言しておくならば，日本の鰻の俗信に関して貴重な研究を発表した佐野賢治は，我が国では沖縄，奄美諸島，伊豆諸島の一部で鰻を捕らず，食さないのは，恐らく台湾，フィリピンなどの鰻を祖霊神とする信仰と脈絡があるのではないか，そしてまたマオリ族の鰻伝説のような，鰻が雨の化身テイホランギから生まれたとする話は，四国地方で鰻が竜王信仰と結合して雨乞いに関連することを考えると示唆的であると述べている（佐野1993：288）。しかし，私はこの見解には否定的である。また佐野は，洪水の減水期に鰻が出現する性質のあることに注目して，日本で鰻に水神的性格があるのは，これによって鰻が畏怖の感を与えたのであろうと推測している（1993：295-296）。この想定は，ポリネシアのクック諸島マンガイア島などのヤシの実の起源神話で，洪水の時に鰻ツーナが恋人のヒーナの敷居の所に泳いでくる筋書きのモティーフを考えるうえで参考になることである。

なお，ここで日本の諺に「スズメ，海中に入って蛤となり，山芋に変じて鰻となる」とあることについて付言しておきたいことは，三吉朋十（1933b：111-112）は，鰻が蛇のように陸でも野でもどこにでも行くほど精力絶倫の動物であるという考えに由来するのではないかと解釈している。サモアなどの説話で鰻が山を越えてどこまもシーナを追いかける筋書きはこのような観念が潜在的にあったからであろうか。

今でも「夏の土用の丑の日に食え」といわれているように，川魚の中では鰻は鮎と共にもっとも栄養のある食べ物として，日本では古来重視されてきたものである。そして，伝説に基づいて鰻を神聖視したりタブー視する地域（末広1964：39）や人を食べた大きな鰻が弘法大師に法力によって洞窟に封じ込められたという伝承のある地域もある（村上1944：92-97）。また，鰻の形態から生殖器崇拝と結び付いて，夫婦和合，子授けの信仰などとして伝承される地域もある（佐野1993：284）。しかし，鰻が直接性交と結び付いた説話は見当たらないのであるが，蛇になると古来いくつもある。たとえば，平安初期の『日本霊異記』や平安後期の『今昔物語』には，女が蛇と交わる話が出ている。つまり，日本では蛇が女性を好むという俗信があるが，その理由は蛇が穴を好むという性質から女陰を犯すと思われたり，また蛇の頭が亀頭に似ていることによると説

明されている（笹間1991：79-82）。また奄美大島では，蛇類でもマツタビ（無毒）は場合によっては清（きゅ）らの男（美男）に化けるので，女は山野などで寝たりしないことになっている。ここでは，マツタビが清らの男に化けて処女を懐妊させるという俗信がある（金久1963：236-233）。

なお話は逸れるが，我が国などでは虹を蛇蛇と見なし，これを指さすことは禁忌となっている（安間1978：25）。この理由については諸説がある。ただ小島瓔禮（1991：63）は，沖縄群島で墓を指さすことや東京などで親指で霊柩車を指さすことは，虹や蛇を指さすことが禁忌であることと同じ観念が根底にあるとしているが，葬列に出会った者が親指を隠すことは，死者への哀悼儀礼としてかつてあった指切断習俗の変形・残存と考えている（高山1992：14-17,1993：1-5）。本稿校正中，指切断習俗が縄文・弥生時代にあったことを示す人骨が発掘されていることを報道した新聞記事のあることを鹿谷勲から教示された。おそらく哀悼習俗に関係したものと推測される。

郎櫻（1989：296）は，古代中国においては蛇をもって命名した氏族が比較的多く，蛇氏族起源伝説の流伝も少なくないという。そして雲南省ヌー族には，1人の娘と青年に変身した1匹の蛇とが交わって生まれた蛇の子の蛇氏族が存在するといわれている。これらのことから郎櫻は，日本に流伝している蛇婿型昔話は，中国の蛇氏族起源説話や蛇郎型民間故事とは少し違っているが，蛇と人間の女性とが交合して蛇息子を生む基本的なプロットは非常に相似していると指摘している。

朝鮮には中国の影響で龍蛇を男根と見なすだけでなく，蚯蚓を臼と同様に男性性器の表徴とする信仰もある（村山1972：69）。蚯蚓に関連した話は朝鮮の後百済の出生伝説にもみられる（三品1971：406）。

更に参考までに記すと，台湾の高砂族の間には女性が蚯蚓と交わって妊娠するという話がある（三品1971：406-407）。また，多分セレベス（スラウェシ）と思われる島にも，蛇が母親を奪い去って交接した結果妊娠した話がある（Lessa 1961：427）。インドでは，人と蛇との性的結び付きのあったことは古くから認識されてきた（Penzer 1980：43-44）。ここでは，蛇はしばしばLinga（男根像）の周囲を一周するものとして表わされたし，蛇祭り（Nagpanchanmi）の期間中にNagpurで売られているある種の絵には，蛇と一緒に座っている女性が非常に卑猥な位置に描かれている。これは，毒蛇のコブラが男根（Phallus）と見なされているからである。またニューギニアのMotu族は，井戸や泉の中に棲んでいる鰻は水を与えてくれるものなので，これを殺すと水が干上がってしまうと信じられている（Seligman 1910：183）。中央インドネシアに神話では蛇＝龍の信仰が卓越している。そして，洪水を引き起こして水を閉じ込める人としていくつかの人物像がある。しかしここの蛇は，インドのヒンドゥ教との関係が想定されてる（Mackenzie 1930：314-315）。中国では水神である龍王信仰がある（李2001：300）。これはオセアニアの水神信仰とは無関係であろうと私は考えている。

最後に，40年近くにわたるフィリピン及びオセアニアにおける私の民族学及び考古学的調査は，日本とこれら諸地域とは先史時代にはまったく文化的接触がなかったことを明らかにした。

たとえば，神話を例にあげるならば，既述のようにスペイン人との接触時のマリアナ諸島のチ

ャモロ人は化生神話の範疇に入るタイプの神話をもっていた（Thompson 1945：24）。これに似た話は他のオセアニア地域にもあり，たとえばソロモン諸島のマライタ島から採集されたものは，死体の鼻のてっぺんはヤシの木，口の片側からはビンロウジュの木，睾丸からはサゴヤシが生えてくることになっている（Bauman 1998：10）。またチャモロ人の神話は，太陽の起源についても触れているが，ポリネシアにおいては，たとえばタヒチの神話では，太陽は Tane 神が創造したことになっている（Wiliamson 1924：81(1)，244）。また既述のように，キリバスのニクナウ島の伝承では Nareau は自分の父を殺してその両目を引き抜き，天に投げ上げて太陽と月をつくった（Eastman (transl) 1991：13）。繰り返して述べることになるが，このような「死体化生神話」は，オセアニア内のものは互いに系統的親縁関係があることは疑問の余地はないが，しかしそれを古代日本の神話と結びつけることにはやや無理があると思えるのである。

　また縄文時代における「死体化生神話」については，吉田敦彦（たとえば 1976：141-146）のハイヌヴェレ神話から論じた一連の研究もある。これに対して設楽博己（1976：23）は，この神話が日本神話に色濃く影を落としている可能性はあるが，それを縄文時代にまで遡らせることの証明は無理といわざるを得ないと批判して，角田学（1996：14）の同じ見解を披瀝している。私も同感である。更に私は，日本神話の中にハイヌヴェレ神話の影響を認めることにも懐疑的である。

　先頃渡辺誠は，民俗学的資料を用いて縄文時代の「死と再生」の観念を解読しようと試みた（2007：1-7）。すなわち，今日各地の神社で見られる「茅の輪くぐり」が縄文時代まで遡る可能性を，釣り手土器と関連づけて指摘したのである。そしてまた渡辺は，縄文時代の底部穿孔土器の内部からマムシと思われる蛇の骨が発見されたことから，男女の結合を象徴的に表わしたものであるだけでなく，これは「死と再生」の観念とも結びつくものかもしれないと注目すべき見解を発表している（渡辺 1999：21-31）。

　なお，縄文時代の人面装飾付き土器（たとえば，渡辺 2004：54）にみられる丸顔に大きな目と鼻をつけた人の顔は，あくびをしている赤ん坊の姿を表わしていると私には思えるが（高山 2007：431），しかしこのモティーフは海岸に漂着するヤシの実が製作者の脳裏にあったのではなかろうかとふと思うことがある。縄文時代にもヤシの実が日本に漂着していることは遺物の出土で確認されている。そしてまた，我が国で古来大切な神体の入れ物であったヒサゴ（瓢箪は漢語）は，沖縄では人間の頭に似ているといわれているだけでなく，これから人が生まれたという伝承があることは（石上 1976：10-11），オセアニア人が人の頭をヤシの実の起源説話と結び付けたように，縄文人もヒサゴについてこれに似たような伝承を考えつかなかったのであろうかなどと私は勝手に想いを馳せている。

引用・参考文献

阿部　登 1989『ヤシの生活誌』古今書院
秋道智弥 1980「ジュゴンになった女〈ソロモンの人魚〉」梅棹忠夫（編）『民族学の旅』所収　30-38頁
秋道智弥 1995『イルカとナマコと海人たち―熱帯の漁労文化誌―』NHKブックス
荒木博之 1986「白鳥処女伝説（はくちょうしょじょでんせつ）」乾克己他（編）『日本伝奇伝説大事典』所収
　　705-706頁　角川書店
アーサー・コッテル（著）左近司祥子他（訳）1933『世界神話辞典』柏書房
朝日新聞社（編）1966『メレヨン島―生と死の記録―』朝日新聞社
安間　清 1978『虹の話―比較民俗学的研究―』おりじん書房
浅野長雄 1939「南洋群島の鰻（予報）」『科学南洋』2（2）：98-101頁
アレンズ、W.（著）折島正司（訳）1982『人喰いの神話』岩波書店
ベンクト・ダニエルソン（著）奥　又四郎（訳）1958『愛の島々』新潮社
フェリンガー・H.（著），高山洋吉（訳）1954『性生活の原初形態―未開人における生態―』クラウン社
古野清人 1973『古野清人著作集（第2巻）』三一書房
土方久功 1942『パラオの神話伝説』大和書店
土方久功 1954「パラオ石神並に石製遺物報告」『民族学研究』20（3・4）：1-48頁
土方久功年代不詳『過去に於けるパラオ人の宗教と信仰』南洋群島文化協会
堀田吉雄 1981『手づつ考そのほか』光書房
石田英一郎 1984『桃太郎の母―ある文化史的研究―』講談社学術文庫
石上　堅 1976『生と死の民俗』桜楓社
石毛直道 1971「タコのかたきうち―ポリネシアの一漁具をめぐって―」『季刊人類学』2（3）：81-99頁
ジェームズ・ジョージ・フレイザー（著）星野　徹（訳）1973『洪水伝説』国文社
上條深志 1939『ヤップ島誌』南洋新報社　南洋群島パラオ島コロール町
角田　学 1996「江坂輝彌著『土偶』刊行以後」『史峰』22：8-15頁
金関丈夫 1976『木馬と石牛』角川書選書
片岡　修 1995「太平洋の動物遺存体の民族考古学的理解（1）」『関西外国語大学研究論集』62：409-428頁
河合利光 2001『身体と形象―ミクロネシア伝統世界の民族誌的研究―』風響社
川村　湊 1996『大東亜民俗学の虚実』講談社選書メチエ80
北村信昭 1933『南洋パラオ諸島の民俗』東洋民俗博物館　奈良
北村信昭 1936「恋の邪魔をする鰻」『動物文学』17：58-61頁
北村信昭 1936「パラオ島人魚考」『動物文学』19：34-47頁
小島瓔禮 1991「天の蛇の虹の橋―日本の「虹の蛇」から世界諸民族へ」小島瓔禮（編著）『蛇の宇宙誌―蛇
　　をめぐる民俗自然史―』所収　46-72頁　東京書籍
馬淵東一 1974「沖縄の穀物起源説話」『馬淵東一全集』第2巻所収　603-624頁　社会思想社
マルク・ボナール，ミシェル・シューマン（著）藤田真利子（訳）2001『ペニスの文化史』作品社
松岡静雄 1925『太平洋民族誌』岡書院
松岡静雄 1943『ミクロネシア民族誌』岩波書店
南方熊楠 1972「石蒜の話」『南方熊楠全集』（第5巻）所収　263-286頁　平凡社

三品彰英 1971『神話と文化史』三品彰英論文集 3 巻　平凡社
宮島義和 2007「木製祭祀具の考察—馬形木製品・蛇形木製品—」川崎保（編）『信濃国の考古学』所収　169-225 頁　雄山閣
三谷栄一 1988『竹取物語詳解—増訂版付—竹取物語関係説話』有精堂
宮武正道 1932『パラオ島の伝説と民謡』東洋民俗博物館　奈良
三吉朋十 1933a「鰻の話（1）」『ドルメン』2 巻 7 号：29-32 頁
三吉朋十 1933b「鰻の話（2）」『ドルメン』2 巻 8 号：111-112 頁
三吉朋十 1942『比律賓の土俗』丸善株式会社
森下正明 1975「第 2 部，島民」，今西錦司（編著）『ポナペ—生態学的研究—』123-314 頁　復刻版　講談社
村上智順 1972『朝鮮の鬼神』国書刊行会
中村哲也 2008『霞ケ浦の縄文景観：陸平貝塚』新泉社
中田千畝 1941『黒潮につながる日本と南洋』郁文社
南洋協会蔵版 1916『南洋風土』春陽堂
野本寛一 1991「エラブウナギの民俗誌」櫻井満（編）『久高島の祭りと伝承』所収　142-160 頁　桜楓社
岡田　要 1944『新日本動物図鑑』（下）　5 版　北隆館
大林太良 1964『日本神話の起源』角川新書
大林太良 1966『神話学入門』中央公論社
大林太良 1968「琉球神話と周囲諸民族神話の比較」日本民族学会編『沖縄の民族学的研究』所収　303-420 頁　財団法人民族学振興会
大林太良 1976『日本の神話』大月出版
大林太良 1979『神話と民俗』桜楓社
大林太良 1984「南島稲作起源伝承の系譜」渡部忠世・生田慈（編）『南島の稲作文化』所収　160-190 頁　法政大学出版局
大林太良 1985「パラオの神話伝説について」土方久功著『パラオの神話伝説：解説』271-284 頁　三一書房
大林太良 1991『神話の系譜—日本神話の源流をさぐる』講談社学術文庫
大林太良 1993『海の神話』講談社学術文庫
大林太良 1994『神話の話』第 19 刷　講談社学術文庫
大林太良 1996「神話における英雄の 2 つの類型」岸俊男（編）『日本の古代』（6 巻）所収　295-324 頁　中公文庫
大林太良（編）1976『世界の神話—万物の起源を読む—』NHK ブックス
大和岩雄 1996『魔女はなぜ人を喰うか』大和書房
郎　櫻（ラン・イン）1989「中国少数民族のトーテム神話伝説および日本への流伝」君島久子編『日本民間伝承の源流』所収　286-303 頁　小学館
ルイス・フロイス（著）　岡田章雄（訳）1991『ヨーロッパ文化と日本文化』岩波文庫 410
李　均洋 2001『雷神・龍神思想と信仰—日・中言語文化の比較研究—』明石書店
佐喜真興英 1922『南島説話』郷土研究社
前山　理 1980「ミクロネシア人の人と星〈ウルシーの星宿〉」梅棹忠夫（編）『民族学の旅』所収　39-47 頁
佐野賢治 1993「鰻から虚空蔵信仰—禁忌の歴史民俗学的考察—」網野善彦他（編）『海・川・山の生産と信仰』（日本歴史民俗論集 7）所収　280-315 頁　吉川弘文館

笹間良彦 1993『蛇物語―その神秘と伝説―』第一書房
関　敬吾 1973『日本昔話集成』第2部の3　角川書店
設楽博己 1996「副葬される土偶」『国立歴史民俗博物館研究報告』68：9-30頁
シグマンド・フロイド（著）　吉岡永美（訳）1928『トーテムとタブー』啓明社
白鳥芳郎 1987『古代中国の地方文化』六興出版
杉浦健一 1940「パラウにおける所謂トテミズムについて」『人類学雑誌』55（4）：155-166頁
高山　純 1978「オセアニアのタコ釣具とその起源説話について」『季刊人類学』9（4）：25-65頁
高山　純 1982「マリアナ及びカロリン諸島のスリング・ストーンの起源について」八幡一郎（編）『弾談義』195-215頁　六興出版
高山　純 1986「ミクロネシア考古学の重要性―特に起源論を中心に―」ミクロネシア研究委員会（編）『ミクロネシアの文化人類学的研究―西カロリンの言語・社会・先史文化』275-290頁　国書刊行会
高山　純 1989a「マリアナ先史時代の組合せ釣り針の起源」『国立民族学博物館研究報告別冊』6：253-267頁
高山　純 1989b「キリバスとツヴァルのおける宗教遺構研究の重要性」『帝塚山論集』64：1-20頁
高山　純 1992「葬式に親指を隠す風習の起源」『帝塚山論集』77：14-17頁
高山　純 1993「葬式に親指を隠す風習の起源についての補遺」『帝塚山論集』79：1-5頁
高山　純 1997「"火を知らないチャモロ人"という話が生まれた経緯」『ミクロネシア―南の島々の航海者とその文化―』所収　70-81頁　大田区立郷土博物館
高山　純 1999「ツヴァル諸島ナヌメア環礁の神話の起源」『帝塚山論集』90：1-3頁
高山　純 2000a「ツヴァル諸島ナヌマガ島の「マウマウの足跡」と「海蛇印刻跡」遺跡の起源」『帝塚山大学人文科学部紀要』5：45-55頁
高山　純 2000b「太平洋考古学からみた古代日本の航海民の検証」『帝塚山大学人文科学部紀要』358-84頁
高山　純 2000c「南方起源説の検討―特に九州隼人のインドネシア起源説を中心に―」高宮広衛先生古希記念論集（編）『琉球・東アジアの人と文化』下巻　359-388頁　沖縄埋蔵文化財センター内
高山　純 2001「オセアニアにおける貝手斧と石手斧との関係」『帝塚山論集』92：1-51頁
高山　純 2003「民族学からみたクリスの起源と魔力」『考古学ジャーナル』498：10-12頁
高山　純 2007「縄文女性の性に対する慎みと子供への愛情」渡辺誠先生古稀記念論文集刊行会（編）『列島の考古学Ⅱ』所収　427-442頁　平電子印刷内　出版部纂修堂　いわき市
高山　純・甲斐山佳子 1993『珊瑚島の考古学』大明堂
高山　純・齋藤あかね・高山研磨 2006『中部太平洋ツヴァル国考古学への誘い』ニューサイエンス社　自刊
高山研磨 2005「ポーンペイ島とコシュラエ島における複合社会の形成」『考古学ジャーナル』529：7-10頁
田辺　悟 2008『人魚』（ものと人間の文化史）　法政大学出版局
梅棹忠夫 1975「第4部，紀行」，今西錦司（編著）『ポナペ―生態学的研究―』398-489頁　復刻版　講談社
渡辺　誠 1999「下部単孔土器の研究」『名古屋大学文学部研究論集』134：1-35頁
渡辺　誠 2007「胎内くぐりと茅の輪くぐり―縄文信仰の残映をもとめて―」『史峰』35：1-7頁
柳田国男 1962『定本柳田国男集』5　筑摩書房
八幡一郎 1938「対談」106-129頁　アジアの秘密を探る科学探検隊「話」の会
吉田敦彦 1976『小さ子とハイヌウェレ：比較神話学の試み』みすず書房
吉田敦彦 1976『日本神話の源流』講談社現代新書

吉岡郁夫 1991『身体の文化人類学―身体変工と食人―』雄山閣

柚木一朗 1932「南洋珊瑚島の神話・伝説」『日本国民』昭和7年9月号：310-317頁　日本国民社（編）

Abo, T., et al. (1976) *Marshallese-English dictionary*. The University Press of Hawaii.

Adams, R. (1986) *The legend of Te Tuna*. London: Sidgwick & Jackson.

Afuhaamango, T. (1977) *Princess and Hina and the Eel*. 'Atenisii Foundation, San Mateo. CA.

Ainati, E. and A. Timea (1997) *Te Borau Ni Kiribati*. Edited by T. Teaecro. Institute of Pacific Studies and Kiribati Extension Center.

Alkire, W.H. (1978) *Coral islanders*. AHM Publishing Corporation, Arligton Heights.

Alkire, W.H. (1968) Porpoises and taro. *Ethnology* 7：280-289.

Alpers, A. (1964) *Maori myths & tribal legends*. Auckland: Longman Paul Ltd.

Alpers, A. (1970) *The world of the Polynesians seen through their myths and legends, poetry and art*. Auckland: Oxford University Press. アルパース，アントニー著　井上英明訳（1982）『マオリ神話』サイマル出版会

Andersen, J. C. (1925) "Sina and her eel: the origin of the coconut in Samoa." *Journal of the Polynesian Society* 34：142-145.

Andersen, J. C. (1928) *Myths and legends of the Polynesians*. Farrar & Rinehart Publishers. New York.

Ashby, G. (compiled and edited) (1975) *Micronesian customs and beliefs*. Revised edition. The Community College of Micronesia. Rainy Day Press. Eugene.

Ashby, G. (compiled and edited) (1978) *Never and always: Micronesian stories of the origins of islands, landmarks, and customs*. Ponape.

Ashby, G. (compiled and edited) (1993) *A guide to Pohnpei: An island argosy*. Rainy Day Press. Eugene.

Audran, Father H. (1918) "Traditions of and notes on the Paumoto (or Tuamotu) Islands." *Journal of the Polynesian Society* 27：132-136.

Ayres, W. S. (1990) "*Pohnpei's position in eastern Micronesian prehistory*." See R. L.Hunter-Anderson (ed.), pp. 213-230.

Ayres, W. S. and G. S. Ayres (Transl.) (1975) *Geiseler's Easter Island Report: An 1880s anthropological account*. Asian and Pacific Archaeological Series 12. University of Hawai'i at Manoa.

Ayres, W. S. and R. Mauricio (1987) "Stone adzes from Pohnpei, Micronesia." *Archaeology in Oceania* 22：27-30. Baker, J. R.

Baker, J. R. (1929) *Man and animals in the New Hebrides*. George Routledge & Sons, Ltd. London.

Ballinger, B. S. (1978) *Lost city of stone: The story of Nan Madok, the "Atlantis" of the Pacific*. Simon and Shuster, New York.

Bascom, W. (1965) *Ponape: A Pacific economy in transition*. University of California Press.

Barbeau, M. (1964) *Totem poles: Totem poles according to crests and topics*. National Museum of Canada. Vol. 1. Reprint.

Barrau, J. (1965) "L'Humide et le Sec: An essay on ethonobotanical adaptation to contrastive environments in the Indo- Pacific area." *Journal of the Polynesian Society* 74 (3) :329-346.

Barrett, W. (Transl.) (1975) *Mission in the Marianas: an account of Father Diego Luis Sanvitores and his companions 1669-1670*. University of Minnesota Press.

Barton, R. F. (1949) *The Kalingas: their institutions and custom law*. University of Chicago Press. Chicago.

Barthel, T. S. (1978) *The eighth land: the Polynesian discovery and settlement of Easter Island*. The University Press of Hawaii.

Bates, M. and D. Abbott (1959) *Ifaluk: portrait of a coral island*. London.

Bath, J. E. (1984) *Sapwtaka: Achaeological survey and testing*. Mironesaian Archaeological Survey Report No. 14.

Bauman, K. (1998) *Solomon Island folktales from Malaita*. Rut;edge Book, Inc. Danbury.

Beaglehole, E. (1944) *Islands of danger*. Progressive Publiashing Society. Wellingon.

Beaglehole, E. and P. (1938) *Ethnology of Pukapuka*. B. P. Bishop Museum Bulletin 150.

Beasley, H. G. (1921) "Some Polynesian cuttlefish baits." *Journal Royal Anthropological Institute of Great Britain and Ireland* 51 : 100-114.

Beauclair, I. de (1974) *Studies on Botel Tobago and Yap*. Asian Folklore and Social Life Monographs 19. The Chinese Association for Folklore. The Orient Cultural Service. Taepei, Taiwan.

Beckwith, M. (1971) *Hawaiian mythology*. University of Hawaii Press. Second Printing.

Behan, R. (ed.) (1981) *Animals of Samoa*. Department of Education. American Samoa.

Beiabure, M., et al. (1979) "Creation: the work of the gods." In *Kiribati*, pp. 1-17. Ministry of Education, Training and Culture. Tarawa, Kiribati.

Beier, U. and P. Chakravarti (1974) *Sun and moon in Papua New Guinea folklore*. Institute of Papua New Guinea Studies. Port Moresby.

Bernart, L. (Fischer, J. L. et al. (transl. and ed.) (1977) *The book Luelen*. The University Press of Hawaii.

Best, E. (1923) "Maori personifications." *Journal of the Polynesian Society* 32 : 53-69,103-120.

Best, E. (1924) *Maori religion and mythology*. Government Printer, Wellington.

Best, E. (1952) *The Maori as he was: A brief account of Maori life as it was in pre-European days*. Wellington, New Zealand.

Bikajle, T. (1960) *Taro cultivation in the Marshalls*. Antropological Working Papers 6. Guam.

Birket-Smith, Kaj (1956) *An ethnological sketch of Rennell Island: a Polynesian Outlier in Melanesia*. Dan. Hist-filol. Medd. 35, no. 3. Copenhagen: Ejnar Munksgaard.

Borthwick, M. and J. Takayama (1977) "Pottery from Fefan Island, Truk, Caroline Islands." *Journal of the Polynesian Society* 88(2) : 271.

Brewster, A. B. (1937) *King of the cannibal isles: A tale of early life and advennture in the Fiji Islands*. Robert Hale & Co. London.

Bryan, E. H. Jr. (1972) *Life in the Marshall Islands*. Pacific Scientific Information Center. B. P. Bishop Museum.

Buck, P. H. (1926) *The value of tradition in Polynesian research*. Rept. Aust. Assn. Adv. Science, Vol. 18 : 552-569.

Buck, P. (1930) *Samoan material culture*. B. P. Bishop Museum Bulletin 75.

Buck, P. (1932) *Ethnology of Manihiki and Rakahanga*. B. P. Bishop Museum Bulletin 99.

Buck, P. (1938) *Ethnology of Mangareva*. B. P. Bishop Museum Bulletin 157.

Buck, P. (1944) *Arts and crafts of the Cook Islands*. B. P. Bishop Museum Bulletin 179.

Buck, P. (1950) *Material culture of Kapingamaragi*. B. P. Bishop Museum Bulletin 200.

Buck, P. (1959) *Vikings of the Pacific*. Chicago. P. H.バック（著） 鈴木満男（訳）『偉大なる航海者たち』（1966）現代教養文庫

Buck, P. (1970) *Anthropology and religion*. Archon Books. Yale University Press.

Burrows, E. G. (1936) *Ethnology of Futuna*. B. P. Bishop Museum Bulletin 138.

Burrows, E. G. (1938) *Western Polynesia: a study in cultural differentiaion*. Ethnologiska Studier 7.

Burrows, E. G. and M. E. Spiro (1963) *Flower in my ear: arts and ethos of Ifaluk Atoll*. University of Washington Publications in Anthropolgoy No. 14. Seattle: University of Washington Press.

Burrows, W. (1923) "Some notes and legends of a South Sea islands, Fakaofo or Union Group." *Journal of the Polynesian Society* 32 : 143-173.

Burton, R. [ed.] (1935) *Venus Oceanica*. The Oceanica Research Press. New York. Privately Printed for subscribers.

Carroll, V. and T. Soulik (1973) *Nukuoro lexicon*. The University Press of Hawaii.

Catala, R. L. A. (1957) *Report on the Giibert Islands:Some aspects of human ecology*. Atoll Bulletin 59.

Chadwick, N. K. (1930) "Notes on Polynesian mythology." *Journal of the Royal Anthropological Institute of Great Britain and Ireland* 60 : 425-446.

Christian, F. W. (1899) *The Caroline Islands: travel in the sea of the little lands*. Frank Cass and Company Limited.

Christian, F. W. (1910) *Eastern Caroline lands: Tahiti and the Marquesas*. Robert Scott. London.

Churchward, C. M. (1939) *Tales of a lonely island:Rotuman legends*. The Oceania Monograph No. 4. he Australian National Research Council.

Churchward, C. M. (1959) *Tongan dictionary (Tongan-English and English-Tongan)*. The Government of Tonga. Government Printing Press.

Codrington, r. h. (1969) *Melanesians: studies in their anthropology and folklore*. Oxford University Press.

Cole, Fay-Cooper (1913) *The wild tribes of Davao District, Mindanao*. Field Museum of Natural History Publication 170, Anthropological Series Vol. 12, No. 2. Chicago.

Cole, Fay-Cooper (1916) *Philippine folk tales*. A. C. McClurg & Co. Chicago.

Cole, Fay-Cooper (1922) *The Tinguian: social, religious, and economic life of a Philippine tribe*. Field Museum of Natural History, Anthropological Series Vol. XIV, No. 2. Chicago.

Cole, Fay-Cooper (1956) *The Bukidon of Mindanao*. Field Museum of Natural History, Anthropological Series, Vol. 46. Chicago.

Collocott, E. E. V. (1922) *Tongan astronomy and callendar*. Occasinal Papers of the Bishop Museum Bulletin Vol. VIII, No. 4.

Craig, R. C. (1989) *Dictionary of Polynesian mythology*. Greenwood Press.

Cunningham, L. J. (1992) *Ancient Chamorro society*. The Bess Press. Honolulu.

Danielsson, B. (1955) *Work and life on Raroia: an acculturation study from the Tuamotu group, French Oceania*. Almqvisit & Wiksells Boktryckeri Ab. Uppsala.

Danielsson, B. (1982) "Listen to the rustling of the palm tree." In J. Siikala (ed.) *Oceanic Studies essays in honour of Aarne A. Koskinen*, pp. 145-152. The Finnish Anthropological Society. Hersinki.

Davenport, W. H. (1953) "Marshallese folklore types." *Journal of American Folklore* 66 (261) : 219-237.

David, Mrs. Edgeworth (Caroline M.) (1899) *Funatuti, or three months on a coral island*. London: J. Murrary.

Davidson, J. and F. Leach (1988) "Fish bone." In B. M. Buttler (ed.), *Archaeological investigations on the north cosast of Rota, Mariana Islands*. Micronesian Archaeological Survey Report No. 23, pp. 335-356. Saipan.

Defingin, F. (1964) "Yam cultivation practices and beliefs in Yap." *Anthropological Papers* No. 4 : 38-65.

Degusta, D. (1999) "Fijian cannibalism: Osteological evidence from Navatu." *American Journal of Physical Anthropology* 110 : 215-241.

Demetrio. F. R. S. J. (1970) *Dictionary of Philippine folk beliefs and customs*. Vol. 1. Xavier University. Cagayande Oro City.

Demetrio. F. R. S. J. (1991) *Encylopedia of Philippine folk beliefs and customs*. 2 Vols. Xavier University. Cagayan de Oro City, R. P.

Dieudonne, F. (2002) *The Pacific islands and the sea: 350 yeara of reporting on royal fishponds, coral reefs and ancient walled fish weirs in Oceania*. Neptune House Publication s. Encinitas.

Dixon, R. B. (1916) *The mythology of all races*. Vol. 9. New York. Cooper Square Publishers, Inc.

Dodd, E. (1976) *Polynesia's sacred isle: ring of fire*. Vol. 3. New York. Dodd, Mead & Co.

Driver, M. G. (1983) "Fray Juan Pobre de Zamora and his account of the Mariana Islands." *The Journal of Pacific History*, Vol. 8, pp. 198-216.

Eastman, G. H. (1948) *An English-Gilbertese vocabulary of the most commonly used words*. The London Mission Press. Beru.

Eastman, G. H. (Transl.) (1991) *The story of Karongoa*. University of the South Pacific. Edith, M. and J. S. Branham

Eastman, G. H. (Transl.) (1975) *Bed the turtle softly: Legends of the South Pacific*. Scott Publications. Mukilteo, Washington.

Edwards, J. O. and R. L. Edwards (1978) *Fauba:"a past waiting for a future", Tol Island, Truk Lagoon, Micronesia*. A preliminary preservation and development plan. The Office of Historic Presaevation, Trust Territories of the Pacific. Saipan.

Elbert, S. H. (1947) *Trukese-English and English-Trukese dictionary*. U. S. Naval Military Government.

Elbert, S. H. (1949) "Uta-Matua and other tales of Kapingamarangi." *Journal of the American Folklore* 62 : 240-246.

Elbert, S. H. (1972) *Pulwat dictionary*. Pacific Linguistics Series C-No. 24. The Australian National University.

Elbert, S. H. and T. Monberg (1965) *From the two canoes: Oral traditions of Rennell and Bellona*. The University of Hawaii Press. Honolulu.

Ellis, W. (1969) *Polynesian researches*, Polynesia. Vol. 1. Charles E. Tuttle Co. Rutland & Tokyo.

Emory, K. P. (1947) *Tuamotuan religious structures and ceremonies*. B. P. Bishop Museum Bulletin 191.

Emory, K. P. (1949) "Myths and tales from Kapingamarangi : a Polynesian inhabited island in Micronesia." *Journal of American Folklore* 62(245) : 230-239.

Emory, K. P. (1963) *Kapingamarangi: social and religious life of a Polynesian Atoll*. B. P. Bishop Museum Bulletin 228.

Emory, K. P. (1975) *Material culture of the Tuamotu Archipelago*. Pacific Anthropological Records 22. B. P. Bishop Museum. Honolulu.

Erdland, A. (1961) *The Marshall Islanders: life and customs, thought and religion of a South Seas people.* Munster I. W.: (1914). Anthropos Bibliothek Ethnological Monographs, Vol. II, No. 1. Human Relations Area Files.

Eugenio, D. L. (compiled and edited) (1993) *Myths: Philippine folk literature.* Philippine Foll Literature Series: Vol. II. University of Philippine Press.

Farber, J. M. (1997) *Ancient Hawaiian fishponds can restoration succeed on Mokoka'i.* Neptune House Publications, Encinitas.

Farrell, D. A. (1991) *History of the Northern Mariana Islands.* Public School System, Commonnwealth of the Northern Mariana Islands. Saipan.

Firth, R. (1931) "Totemism in Polynesia." *Oceania* 1(4) : 377-398.

Firth, R. (1961) History and traditions of Tikopia. *Polynesian Society Memoir* No. 33. Wellington.

Firth, R. (1967) "Sea creatures and spirits in Tikopia belief. In G. A. Highland, R. W. Force, A. Howard, M. Kelley and Y. H. Sinoto, eds., *Polynesian culture history,* pp. 539-564. B. P. Bishop Museum Special Publication 56.

Firth, R. (1973) *Economics of the New Zealand Maori.* Reprinted (1973). A. R. Shearer, Government Printer, Wellington.

Fisher, J. L. (1954) *Language and folktales in Truk and Ponape: A study in cultural integration.* P. H. D. thesis Harvard University.

Fisher, J. L. (1958) "Folktales, social structure, and environment in two Polynesian outliers." *Journal of the Polynesian Society* 67 : 11-36.

Fisher, J. L. (1957) "Totemism on Truk and Ponape." *American Anthropologist,* New Series, Vol. 59, No. 2 : 250-265.

Fisher, J. L.and Ann M. Fisher (1970) *The Eastern Carolines.* HRAF Press. New Haven.

Fischer, J. L. et al. (transl. and ed.) (1977a) *The book of Luelen, Lueken Bernart.* Pacific History Series No. 8. University Press of Hawaii.

Fischer, J. L. et al. (transl. and ed.) (1977b) *Annotations to the Book of Luelen.* Pacific History Series No. 9. University Press of Hawaii.

Flood, B. et al. (1999) *Pacific Island legends: Tales from Micronesia, Melanesia, Polynesia, and Australia.* Bess Press. Honolulu.

Fox, C.E. (1925) *The threshold of the Pacific: An account of the social organization magic and religion of the people of San Cristoval in the Solomon Islands.* Alfred A. Knoff. New York.

Fowler, H. W. (1959) *Fishes of Fiji.* Government of Fiji. Suva.

Frazer, J. G. (1930) *Myths of the origin of fire.* MacMillan and Co.Ltd. London.

Frazer, J. G. (1968) *The belief in immortality and the worship of the dead.* 3 Vols. London. Dawsons of Pall Mall.

Frisbie, R. D. (1929) "Mrs. Turtle lays her eggs." *The Atlantic Monthly,* Vol. CXLIII: 462-466.

Frisbie, R. D. (1930) "The sex taboo at Puka-puka." *Hapers Magazine,* Dec. (1930), pp. 93-100.

Garavan, J. M. (1929) *The Manobos of Mindanao.* Washington D. C. National Academy of Sciences.

Gardere, F. and D. Routledge (eds.) (1991) *History of Macuata from a manuscript found in the Catholic mission, Nabala, Macuata.* Cultural Services of the French Embassy in Fiji. Suva.

Gifford, E. W. (1924) *Tongan myths and tales.* B. P. Bishop Museum Bulletin 8.

Gifford, E. W. (1929) *Tongan society.* B. P. Bishop Museum Bulletin 61.

Gill, W. W. (1876) *Myths and songs from the South Pacific.* London. Henery S. King & Co.

Gill, W. W. (1885) *Jottings from the Pacific.* Rel. Tract. Soc., London

Gill, W. W. (1912a) "The story of the tame eel of Tangaroa and Tongaiti." *Journal of the Polynesian Society* 21 : 61-62.

Gill, W. W. (1912b) "The story of the tuma (eel) and the coco-nut." *Journal of the Polynesian Society* 21 : 127-8.

Gittins, A. (1977) *Tales from the South Pacific Islands.* Stemmer House Publishers, Inc. Maryland.

Goodenough, W. H. (2007) *Under heaven's brow: Pre-Christian religious tradition in Chuuk.* American Philosophical Soceity. Philadelphia.

Gratton, F. J. H. (1985) *An introduction to Samoan custom.* R. McMillan, Papakura, N. Z.

Grey, E. (1951) *Legends of Micronesia.* Book Two. High Commissioner. Saipan.

Grey, G (1965) *Polynesian mythology.* Whitcombe and Tombs Ltd. Auckland.

Grey, W. N. (1974) *The fishes of the Solomon Islands.* Part 1: the fresh and blackish water fishes on Guadalcanal. The Solomon Islands Museum Association.

Grimble, A. (1922) "The sun and six." *Man* 36 : 54-6.

Grimble, A. (1922-3) "Myths from the Gilbert Islands." *Folklore* 33 : 91-112; 34 : 370-4.

Grimble, A. (1933-4) *The migrations of a pandanus people, as traced from a study of food, food-traditions and food rituals in the Gilbert Islands.* Polynesian Society Memoir No. 12. Wellington.

Grimble, A. (1954) *A pattern of islands.* The Reprint Soceity, London.

Grimble, A. F. and R. Cowell (trasnl.) (1994) *An anthology of Gilbertese oral tradition from the Grible papers and other collections.* The University of the South Pacific. Suva.

Grimble, A. F. and R. Cowell (trasnl.) (1980) *Tuugaru traditions: Writings on the atoll culture of the Gilbert Islands.* Edited by H. E. Maude. Melbourne University Press.

Grimble, R. (ed.) (1972) *Migrations, myths and magic from the Gilbert Islands: Early writings of Sir Arthur Grimble.* Routledge & Kegan Paul. London.

Haddon, (1908) *Reports of the Cambridge Anthropological Expedition to the Toress Straits.* Vol. 4. Cambridge: At the University Press.

Haddon, (1932) *Head-hunters, black, white, and brown.* Watts & Co. London.　A. C.ハッドン（著）　石川栄吉（訳）『ボルネオ奥地探検』（1969）大陸書房

Hadfield, P. (1977) *The savage and his totem.* Reprint of the 1938 ed. First AMS edition.

Handy, E. S. C. (1923) *The native culture in the Marquesas.* B. P. Bishop Museum Bulletin 9.

Handy, E. S. C. (1927) *Polynesian religion.* B. P. Bishop Museum Bulletin 34.

Handy, E. S. C. (1930a) *Marquesan legends.* B. P. Bishop Museum Bulletin 69.

Handy, E. S. C. (1930b) "Problems of Polynesian origins." *B. P. Bishop Museum Occ.* Pap. 9 (8) : 1-27.

Handy, E. S. C.and Handy E. G. (1972) *The Hawaiian planter in old Hawaii: their life, lore, and environment.* B. P. Bishop Museum Bulletin 233.

Henry, T. (1928) *Ancient Tahiti*. P. Bishop Museum Bulletin 48. Honolulu.

Hereniko, V. (1997) *Sina & Tinilau*. The University of the South Pacific. Suva.

Hezel, F. X. S. G. (1995) "Introduction: congeries of spirits." In Haynes, D. and W. L. Wuerch, *Micronesian religion and lore: guide to sources,* (1526-1990). Westport.

Hocart, A. M. (1914) "Notes on Fijian totemism." *Anthropos* 9 : 737-9.

Hogbin, Ian N. (1937) "The hill-people of north-eastern Guadalcanal." *Oceania* 8 : 62-89.

Hogg, G. (1958) *Cannibalism and human sacrifice*. Robert Hale Limited. London.

Hutton, J. H. (1921) *The Sema Nagas*. London: Mcmillan.

Ielemia, T. (1995) *Why turtle can no longer fly*. The University of the South Pacific. Suva.

Johannes, R. E. (1981) *Words of the lagoon: fishing and marine fore in the Palau District of Micronesia*. Univeesity of California Press.

Kauraka, K. (1982) *Tales of Manihiki collected, translaned and edited*. University of the South Pacific. Suva.

Kauraka, K. (1989) *Oral tradition in Manihiki*. University of the South Pacific. Suva.

Keesing, M. (1934) *Taming Philippine headhunters: a study of government and of cultural change in northern Luzon*. George Allen & Unwin Ltd. London.

Kennedy, D. G. (1931) *Field notes on the culture of Vaitupu, Ellice Islands*. Polynsian Society Memoir No. 9. New Plymouth: T. Avery.

Ker, A. (1910) *Papuan fairy tales*. MacMillan and Co., Limited. London.

Key, R. E. (ed.) (1968) *A naturalist's guide to Guam*. The Guam Science Teachers Association. Agana, Guam.

Kim, Y. D. and F. Defngin (1959) "Taro culture as practiced by the Yapese." *Anthropological Working Papers* 4 : 48-68. Guam.

Kirch, P. V. (1996) *Legacy of the landscape : an illustrated guide to Hawaiian archaeology*. University of Hawaii Press.

Kirch, P. V. (1997) *The Lapita peoples: ancestors of the Oceanic world*. Blackwell Publishers.

Kirch, P. V. and D. E. Yen (1982) *Tikopia: the prehistory and ecology of a Polynesian outlier*. B. P. Bishop Museum Bulletin 238.

Kirtley, B. F. (1967) "The slain eel-god and the origin of the coconut, with satellite themes, in Polynesian mhthology." *Folklore International*. pp. 89-107.

Kirtley, B. F. (1976) "Some extra-Oceanic affinities of Polynesian narratives. In A. L. Kaeppler and H. A. Nimmo (eds.), *Directions in Pacific traditional literature: Essays in honor of Katharine Luomala*. B. P. Bishop Museum Special Publication 62. Honolulu.

Koch, G. (1986) *The material culture of Kiribati*. English transl. by G. Slatter. University of the South Pacific.

Knappert, J. (1992) *Pacific mythology: an encyclopedia of myth an legend*. Aquarian/Thorsons. An Imprint of Harper Collins Publishers.

Kramer, A. F. (Transl. T. Vergaaren) (1995) *The Samoan Islands: an outline of a monograph with particular consideration of German Samoa*. Vol. 2. University Press of Hawaii.

Kubary, J. S. (1900) *Nukuoro*. (Translation from German of monograph published in 1900), namely : Beitrag zur Kenntniss der Nukuoro-oder Monteverde-Inseln (Karolinen).

Kuschel, R. (1975) *Animal stories from Bellona Island (Mungiki)*. Lamguage and Culture of Rennell and

Bellona Islands: Vol. IV. The National Museum of Denmark.

Landtman, G. (1927) *The Kiwai Papuans of British New Guinea*. London. Macmillan.

Lawrence, P., et. al. (1964) "Breadfruit cultivation practices and beliefs in Ponape." *Anthropological Working Papers* Nos 7/8. pp. 43-64. Saipan.

Leach, B. F. and A. S. Boocock (1973) *Prehistoric fish catches in New Zealand*. TEMPVS REPARATVM. BAR International Series 584.

Leach, B. F. and J. M. Davidson (1977) "Fishing methods and seasonality at Psremata (N160/50)." *New Zealand Archaeological Association Newsletter* 20 (3) : 166-175.

Leach, B. F. and G. Ward (1981) *Archaeology on Kapinamarangi Atoll*. University of Otago Studies in Prehistoric Anthropology, Vol.16.

Leach, B. F., et. al. (1985) "Prehistoric fishing at Mochon, Rota, Mariana Islands. *Man and Culture in Oceania* 4 : 31-62.

Lee. Kee-dong (1976) *Kusaien-English dictionary*. PALL Language Texts: Micronesia. The University Press of Hawaii.

Lessa. W. A. (1961) *Tales from Ulithi Atoll: a comparative study in Oceanic folklore*. Folklore Studies 13. Berkeley and Los Angeles. University of California Press.

Lessa. W. A. (1962) "An evaluation of early descriptions of Carolinian culture." *Ethnohistory* 9 (4) : 313-403.

Lessa. W. A. (1980) *More tales from Uliti: a content analysis*. Folklore and Mythology Studies: 32. University of California Press.

Levi-Strauss, C. (1962) *Totemism*. Beacon Press. Boston. レヴィ=ストロース（著） 仲澤紀雄（訳）『今日のトーテミズム』(2000) みすず書房

Lieber, M. D. and K. H. Dikepa (1974) *Kapinagamarangi lexicon*. PALL Language Texts: Polynesia. The University Press of Hawaii.

Lingenfelter, S. (1975) *Yap: political leadership and culture change in an island society*. University Press of Hawaii.

Loeb, E. M. (1926) *History and traditions of Niue*. B. P. Bishop Museum Bulletin 32. Honolulu.

Lucking, L. J. (1984) *An archaeological investigation of prehistoric Palaun terraces*. Ph. D. thesis. University of Minnesota.

Luomala, K. (1949) *Maui-of-a thousand-tricks: his Oceanic and European bibliographers*. Bishop Museum Bulletin 198. Honolulu.

Luomala, K. (1950) "Micronesian mythology." In Funk & Wagnalls, *Standard dictionary of folklore, mythology, and legend*, Maria Leach (ed.), Vol. 2, pp. 717-722. New York: Funk & Wagnalls.

Luomala, K. (1951) *The Menehune of Polynesia and other mythical little people of Oceania*. B. P. Bishop Museum Bulletin 203.

Luomala, K. (1958) "Polynesian myths about Maui and the dog." *Fabula* 2 : 139-162.

Luomala, K. (1961) "A dynamic in Oceanic Maui myths: visual illustration with reference to Hawaiian localization." *Fabua* 4 : 137-162.

Luomala, K. (1977) "Porpoises and taro in the Gilbert Islands myths and customs." *Fabula* 18 : 201-211.

Luomala, K. (1980) "Some fishing customs and the beliefs in Tabiteuea (Gilbert Islands, Mironesia)."

Anthropos 75 (3/4) : 523-558.

Luomala, K. (1981) "Eels in Gilbert Islands culture: traditional beliefs, rituals and narratives." *Journal de la Société des Océanistes* 37 : 227-237.

Mackenzie, D,A. (1930) *Myths from Melanesia and Indonesia*. The Greshama Publishing Co. Ltd. London.

Mackenzie, J. B. (1964) "Breadfruit cultivation practices and beliefs in the Marshall Islands." *Anthropological Working Papers* 7/8 (Revised) : 1-14.

McKern, W. C. (1929) *Archaeology of Tonga*. B.P. Bishop Museum Bulletin 60.

McKnight, R. K. (1959) *Taro cultivation in the Palau district*. University of Hawaii.

Macgregor, G. (1935) *Notes on ethnology of Pukapuka*. B. P.Bishop Museum Occasional Papers, Vol. II, No. 6.

Macgregor, G. (1937) *Ethnology of Tokelau Islands*. B. P. Bishop Museum Bulletin 146.

Mahony, F. (1960) *Taro cultivation in Truk*. Antropological Working Papers 6. Guam.

Mahony, F. (1960) *Taro cultivation in Ponape*. Antropological Working Papers 6. Guam.

Mahony, F. and P. Lawrence (1964) "Ponapean yam cultivation." *Anthropological Working Papers* No. 4 : 1-13.

Mahony, F. and P. Lawrence (1969) *Trukese theory of medicine*. Ph. D. Dissertation of Stanford University.

Mahony. F. J. (1970) *A Trukese theory of medicine*. Ph. D. Thesis. Stanford University.

Maretu (translated, annotated and edited by M. T. Crocombe) (1987) *Cannibals and converts: Radical change in the Cook Islands*. The University of the South Pacific. Suva.

Massal, E. and J. Barrau (1956) *Food plants of the South Sea Island*. South Pacific Commision. Noumea.

Massal, E. and J. Barrau (1932) "The social organization of Banaba or Ocean Island, Central Pacific." *Journal of the Polynesian Society* 41 : 262-235.

Maude, H. E. (1963) *The evolution of the Gilbertese biti: an ethnohistorical interpretation*. University of the South Pacific. Maude, H. G. and H. E. (eds.). Tranls. by A. F. Grimble and R. Cowell

Maude, H. E. and H. E. (1994) *An anthology of Gilbertese oral tradition*. University of the South Pacific. Suva.

Mauricio, R. (1993) *Ideological base for power and leadership in Pohnpei, Micronesia: Perspectives from archaeological and oral history*. Ph. D. Dissertation. University of Oregon.

Maxfield, B. L. and Millington, W. H. (1906) "Visayan folk-tales." *Journal of American Folk-Lore* 19 : 96-112.

Milner, G. B. (1966) *Samoan dictionary: Samoan-English, English-Samoan*. Oxford University Press. London.

Ministry of Education, Training and Culture (1979) *Kiribati : aspect of history*. University of the South Pacific. Suva.

Mitchell, R. E. (1973) *Micronesian folktales*. Asian Folklore Studies 32. ミッチェル著　古橋政次訳 (1979) 『ミクロネシアの民話』大日本絵画

Monberg, T. (1991) *Bellona Island beliefs and rituals*. Pacific Islands Monograph Series No. 9. University of Hawaii Press.

Morrill, S. (compiled and edited) (1970) *Ponape: where American colonialism confronts black magic, five kingdoms and the mysterious ruins of Nan-Madol*. The Cadleon Press. San Francisco.

Morison, S.E. (1954) *By land and by sea:essays and addresses*. New York Alfred A. Knopf.

Motteler, L. S. (1986) *Pacific island names : a map and name guide to the new Pacific*. Bishop Museum Miscellaneous Publication 34.

Muller, W. (1963) *Yap. Ergebnisse der Sudsee-Expedition (1908-1910), II. Ethnographie: B. Mikronesien*, Vol. 2. L. Friederichsen & Co. Translated from he German in (1942) for the Yale Cross-Cultural Survey in connection with the Navy Pacific Islands Handbook Project. Human Relations Area Files.

Murai, M., F. Pen and C. D. Miller (1958) *Some tropical South Pacific Island foods: description, history, use, composition, and nutritive value.* University of Hawaii Press.

Nelson, O. F. (1925) "Legends of Samoa." *Journal of the Polynesian Society* 34 : 124-42.

Newman, A. K. (1906) "On a stone-carved ancient wooden image of a Maori eel-god." *N. Z. Inst. Trans.* 38 : 130-134.

Obeyesekere, C. (2005) *Cannibal talk : the man-eating myth and human sacrifice in the South Seas.* University of California Press.

O'Connell, J. F. (S. H. Riesenberg, ed.) (1972) *A residence of eleven years in New Holland and Caroline Islands.* Pacific History Series: No. 4. Australian National University Press. Canberra.

Office of Tokalau Affairs (1986) *Tokelau dictionary.* Apia.

Oliver, D. L. (1974) *Ancient Tahitian society.* The University Press of Hawaii.

Oliver, D. L. (1989) *Oceania: the native cultures of Australia and the Pacific islands.* Vol. 2. University of Hawaii Press. Honolulu.

Osborne, L. (1997) "Does man eat man?: Inside the great cannibalism controversy." *Lingua Franca Appril/May* (1997) : 28-38.

Pacific Science Board (1951) *The agriculture of Arno Atoll, Marshall Islands.* National Research Council, Washington, D. C.

Palau Museum Publication (1971) *Tie-beam stories.* Brief explanations. Koror.

Patt, G. (1984) *Grammar and dictionary of the Samoan language, with English and Samoan vocabulary.* R. McMilan-Publisher. Papapakura. N. Z.

Pawley, A. and Green, R. (1973) "Dating the dispersal of the Oceanic languages." *Oceanic Linguistics* 12 (1/2) : 1-67.

Penzer, N. M. (1980) *Poison damsels and other essays in folklore and anthropology.* London.

Peoples, J. G. (1990) "The evolution complex stratification in eastern Micronesia." *Micronesica Suppl.* 2 : 291-302.

Petersen, G. (1990) *Lost in the weeds: Theme and variation in Pohnpei political mythology.* Center for Pacific Islands Studies. University of Hawai'i at Manoa.

Pfeffer, M. T. (1995) "Distribution and design of Pacific octopus lures : the Hawaiian octopus lure in regional context" *Hawaiian Archaeology* 4 : 47-56.

Poignant, R. (1967) *Oceanic mythology.* Paul Hamlyn Limited. London. ポイニャント・ロズリン著　豊田由貴夫訳 (1993)『オセアニア神話』青土社

Pollock, N. J. (1992) *These roots remains: Food habitats in islands of the central and eastern Pacific since Western contacts.* The Institute for Polynesian Studies. Laie, Hawai'i.

Prichard, W. T. (1866) *Polyesian reminiscences.* London.

Reed, A. W. and I. Hames (1967) *Myths and legends of Fiji and Rotuma.* Wellington. A. H. & A. W. Reed.

Rehg, K. and D. G. Sohl (1979) *Ponapean English dictionary.* PALL Language Texts: Micronesia. The

University Press of Hawaii.

Rice, W. H. (1923) *Hawaiian legends*. B. P. Bishop Museum Bulletin 3. Ritter, L. T.and P. L. (Transl. anded),

Rice, W. H. (1982) *The European discovery of Kosrae Island*. Micronesian Archaeological Survey Report No. 13. Saipan.

Riesenberg, S. H. (1948) "Magic and medicine in Ponape." *Southwestern Journal of Anthropology* 4 (4) : 406-429.

Riesenberg, S. H. (1968) *The native polity of Ponape*. Smithsonian Institute Press.

Rivers, W. H. R. (1905) "Totemism in Polynesia and Melanesia." *Journal of the Royal Anthropological Institute of Great Britain and Ireland* 39 : 156-180.

Rivers, W. H. R. (1968) *The history of Melanesian society*. 2 Vols. Anthropological Publications, Oosterhout N. B. The Netherlands.

Rockel, R. H. (transl.) (1918) "Traditions of and notes on the Paumotu (or Tuamotu) Islands." *Journal of the Polynesian Society* 27 : 132-6.

Roosman, R. S. (1970) "Coconut, breadfruit and taro in Pacific oral literature." *Journal of the Polynesian Society* 79 (2) : 219-229.

Ropati, S. et al. (1986) *Tokelau dictionary*. Office of Tokelau Affairs. Apia, Western Samoa.

Russell, W. E. (1942) "Rotuma, its history, traditions and customs." *Journal of the Polynesian Society* 51 : 229-255.

Sabatier, E. (1977) *Astride the equator: an account of the Gilbert Islands*. Melbourne: Oxofrd University Press.

Salesius, Father (1906) *The Carolines Island Yap*. Translated from the German in (1942) for the Yale Cross-Cultural Survey in connection with the Navy Pacific Islands Handbook Project. Human Relations Area Files.

Segal, H. G. (1989) *Kosrae: The sleeping lady awakens*. Kosrae Tourist Divisionon. Dept.of Conservation and Development Kosrae State Goverment.

Seligman, C. G. (1910) *The Melanesians of Brisht New Guinea*. Cambridge: At the University Press.

Senfft, A. (Transl. Springer, J.) (1961) *The Marshall Islanders*. Human Relations Area Files.

Shutler, R. Jr. and J. C. Marck (1975) "On the dispersal of the Austronesian horticultualists." *Archaeology & Physical Anthropology in Oceania* 10 : 81-113.

Shutler, R. Jr., Y. H, Sinoto and J.Takayama (1984) Preliminary excavations of Fefan Island sites, Truk Islands. *Anthropological Records* 35 : 1-64. B. P. Bishop Museum.

Sigrah, R. K. and S. M. King (2001) *Te Rii ni Banaba*. University of the South Pacific. Suva.

Sinoto, Y. H. (1984) "Artifacts : descriptions of portable artifacts (other than pottery) from Fefan Island." In R. Shutler, Jr., Y. H. Sinoto, and J. Takayama, Report I : preliminary excavations of Fefan Island sites, Truk Islands, pp. 26-38. *Pacific Anthropological Records* No. 35. B. P. Bishop Museum.

Skinner, S. P. (1981) *The Nauruans*. MacDuff Press. San Francisco.

Sogivalu, P. A. (1992) *A brief history of Niutao*. Unversity of the South Pacific.

Speiser, F. (Transl. by D. Q. Stephenson) (1990) *Ethnology of Vanuatu: an early twentieth century study*. Crawford House Press. Bathurst.

Spennemann, D. H. (1992) *Marshallese tatoos: Marshallese legends and traditions*. Majuro Atoll.

Spennemann, D. H. (1993) *Ennaanin Etto: a collection of essays on the Marshallese past.* Majuro Atoll.

Spiro, M. E. (1951) "Some Ifaluk myths and folk tales." *Jouranal of American Folklore* 64 : 289-302.

Spoehr, A. (1957) *Marianas prehistory: Archaeological survey and excavations on Saipan, Tinian and Rota.* Fieldiana: Anthropology,Vol. 48. Chicago Natural History Museum.

Sproat, M. N. (1965) *Coconut varieties in Micronesia.* Publications Office, Saipan.

Sproat, M. N. (1968) *A guide to subsistence agriculture in Micronesia.* Agricultural Extension Bulletin No. 9. Trust Territory of the Pacific Islands. Saipan.

Sproat, M. N. and Migvar (1968) *How to plsnt coconuts.* Agricultural Extension Circular No. 7. Saipan.

Stair, J. B. (1896) "Jottings on the mythology and spirit-lore of old Samoa." *Journal of the Polynesian Society* 5 : 33-57.

Stair, J. B. (1983) *Old Samoa or flotsam and jetsam from the Pacific Ocean.* R. McMillian: Publisher, Papakura.

Steadman, D. W., et al. (2000) "Ana Manuku: a prehistoric ritualistic site on Mangai, Cook Islands." *Antiquity* 74 (2000) : 873-883.

Stephen, E. (1936) "Notes on Nauru." *Oceania* 7 : 34-63.

Stimson, J. F. (1934) *Legends of Maui and Tahaki.* B. P. Bishop Museum Bulletin 127.

Stimson, J. F. (1937) *Tuamatuan legends (island of Anaa).* B. P. Bishop Museum Bulletin 148.

Suggs, R. E. (1966) *Marquesan sextual behavior.* Harcourt, Brace & World, Inc. New York.

Takayama, J. (1981) "Early pottery and population movements in Micronesian prehistory." *Asian Perspecives* 24(1) : 1-10. University of Hawaii Press.

Takayama, J. (1982) "A brief report on archaeological investigations of the southern part of Yap and nearby Ngulu Atoll." In M. Aoyagi(ed.), *Islanders and their outside world: a report of the cultural anthropological research in the Caloline Ialands of Micronesia in 1980-1981,* pp. 77-104. St. Paul's (Rikkyo) University. Tokyo.

Takayama, J. (1985) "Pottery from Site TKFE-1, description of pottery from Sites TKFE-2, -3, -4, -5, discussion of pottery from Fefan Island." In R. Shutler, Jr., Y. H. Sinoto, and J. Takayama, Report Ⅰ: preliminary excavations of Fefan Island sites, Truk Islands, pp.39-56. *Pacific Anthropological Records* No. 35. B. P. Bishop Museum.

Takayama, J. (1986) "External comparisons of Makin skull bracelet." *Bulletin of Tezukayama University* 23 : 17-30.

Takayama, J. (1988a) "A pandanus fruit scraper from Makin Island, Kiribati." *Indo-Pacific Prehistory Association Bulletin* 8 : 162-6. The Australian National University.

Takayama, J. (1988b) *Test excavations on Rota in the Mariana Islands.* Ms.

Takayama, J. (1988c) *Appendix 2, the excavations of the Sasangigane Latte Site and Appendix 3, mapping of the Swimming Hole Site.* Ms.

Takayama, J. and T. Egami (1971) *Archaeology on Rota in the Marianas Islands.* Privately published.

Takayama, J., B. Eritaia and A. Saito (1987) "Preliminary observation of the origins of the Vaitupuans in view of pottery." In, E. Ishikawa (ed.) *Cultural adaptation to atolls in Micronesia & West Polynesia: a report of the cultural anthropological research in Caroline, Marshall and Ellice Islands, 1985,* pp. 1-13. Committee for Micronesian Reseach 1985, Tokyo Metropolitan University. Tokyo.

Takayama, J. and R. C. Green (1970) "Excavations of the additional field shelters in archaeological zone 1." In R. C. Green (ed.), *Makaha Valley Historical Project:interim report No. 2*, pp. 35-54. Pacific Anthroplogical Records No. 10. Dept. of Anthropology, B. P. Bishop Museum.

Takayama, J. and M. Intoh (1976) *Archaeological excavation of Latte Site (M-13), Rota, in the Marianas*. Privately Published.

Takayama, J. and M. Intoh (1978) *Arcaheological excavation at Chukienu Shell Midden on Tol, Truk*. Privately published.

Takayama, J. and M. Intoh (1980) *Reconnaissance archaeological survey in the Lower Mortlocks*. Privately published.

Takayama, J., H. Takasugi and Y. Nakajima (1985) "Preliminary report of archaeological excavation on Makin in the Gilberts, Central Pacific." In E. Ishikawa(ed.), *The 1983-'84 cultural anthropological expedition to Micronesia:an iterim reort*, pp. 85-101. Committe for Micronesian Research 1983. Tokyo Metropolitan University. Tokyo.

Takayama, J. and A. Saito (1987) "The discovery of the Davidson Type Ia hooks on Vaitupu Island, Tuvalu." *Tezukayama University Review* 55 : 29-49.

Takayama, J. and T. Seki (1973) *Premiminary archaeological investigation on the island of Tol in Truk*. Privately Published

Takayama, J. and R, Shutler, Jr. (1978) "Preliminary report onf a pottery on Fefan Island, Truk, Central Caroline Islands." *Archaeology & Physical Anthropology in Oceania* 13(1) : 1-9. The University of Sydney.

Takayama, J. and H. Takasugi (1978) *Preliminary report of the archaeological excavation of PAAT-2, in Palau*. Ms.

Takayama, J. and H. Takasugi (1987) "The significance of the lure shanks excavated in Utiror Site of Makin Island in the Gilbert Islnds." In Usahijima and K. Suto (eds.), *Cultural uniformity and diversity in Micronesia*, pp. 29-41. Senri Ethnological Studies 21.

Takayama, J. and H. Takasugi (1988) *Archaeology on Makin, Kiribati, Central Pacific*. Mimeo.

Takayama, J. and H. Takasugi and K. Kaiyama (1990) "Test excavation at the Nukantekainga site, Kiribati, Central Pacific." In I. Ushijima(ed.), *Anthropological research on the atoll cultures of Micronesia, 1988*, pp. 1-19. Committee for Micronesian Research 1988. University of Tsukuba. Tsukuba-Shi.

Temengil, J. E. (1995) *A collection of the Palauan legends*. Vols. I & II. Mooon Shadow Publications. Koror.

Temengil, J. E. (2004) *A collection of the Palauan legends*. Revised Vols.I & II. Mooon Shadow Publications. Koror.

The Direcor (1908) *Fishing and seafoods of the ancient Maori*. Dominion Museum. Bulletin No. 2. Wellington.

The Nature Conservancy (1996) *Pohnpei:An ecotourist's delight*. Kokonia.

Thompson, L. (1932) *Archaeology of the Marianas Islands*. B.P. Bishop Museum Bulletin 100.

Thompson, L. (1945) *The native culture of the Marianas Islands*. B. P. Bishop Museum Bulletin 185.

Thomson, B. (1982) *The Fijians and Fijians: the islands and their inhabitants*. Vol. 1. Fiji Museum. Suva.

Thomson, B. (1968) *The Fijians: a study of the decay of custom*. Dawsons of Pall Mall. London.

Tiroba, T. (Transl. by R. Cowell) (1989) *Traditional stories from the northern Gilberts*. The University of the South Pacific.Suva.

Tinker, S. (1950) *Some Marshall fish traps*. Occational Papers of B. P. Bishop Museum, Vol.XX, No. 7.

Tobin, J. A. (2002) *Stories from the Marshall Islands:Bwebwemnato Ja Aelon Kein*. University of Hawaii.

Topping, D. M. et al. (1975) *Chamorro-English dictionary*. The University Press of Hawaii. Trust Territory of Department of Education

Topping, D. M. et al. (1973) *Pohnpei ni Mwehin Kawa*. Saipan.

Turrner, Rev. G. (1884) *Samoa, a hundred years ago and long before....* London.

Waterhouse, J. (1978) *The king of Fiji: containing a life of Thakombau....* AMS Press. New York.

Wedgwood, C. H. (1936) "Report on research work in Nauru Island, Central Pacific." *Oceania* 6 (4) : 359-391.

Westernvelt, W. D. (1915) *Legends of Ma-ui-a demi god of Polynesia and of his mother Hina*. Honolulu.

Williams, T. and J. Calvert. (1858) *Fiji and Fijians, the islands and inhabitants....* Heylin, London. 2 Vols.

Williamson, R. W. (1924) *The social and polytical systems of central Polynesia*. Vol.III. Cambridge at the University Press.

Williamson, R. W. (1933) *Religious and cosmic beliefs of Central Polynesia*. 3 Vols. Cambridge at the University Press.

Wright, G. n.d. *The sacred hens and other legends of Samoa*. Second edition. Conch Press.Hilo.

Zuccarelli, A. (2003) *Pohnpei-Between times & tide*. http://www.pohnpeiheaven.com/eel-stories.htm.

自伝的あとがき

　トール島のファウバ要塞遺跡の調査終了後，他のオセアニアの島々に調査地を移したためチューク（トラック）に出かけることはなかった（ただし，フェーファン島の海底から土器が発見されるという予想だにしなかったことのためにトール島以外の他の島には時折訪れることもあった）。しかし，チュークを訪れるまでにはさまざまな経緯があり，それを振り返るといかに沢山の人々に助けられ，育てられたかが走馬燈のように脳裏を横切る。

　本書の終わりにあたり，本格的にミクロネシアを研究対象とし，チューク（トラック）の発掘を行なうまでの私の道のりを，思い出とともに述べることをお許し頂きたい。

　日本で初めての太平洋学術会議が，1966年に東京で開催された。その際に慶應義塾大学の江坂輝彌先生は，会議終了後に15名程度の太平洋専門の外国人考古学者達が静岡の登呂遺跡などを見学するスケジュールを組んだ。しかし，案内者がホノルルにあるB. P. Bishop博物館の篠遠喜彦博士だけでは大変なので，同行して手伝うよう依頼された。そこでは，同博物館のMarion Kelly女史，R. C. Green博士，オークランド博物館のJ. Davidson，さらに当時新発見で考古学界の注目を集めていたタイのスピリット洞窟の発掘を手がけていたハワイ大学のC. Gormanなどに出会うことが出来た。

　登呂遺跡の見学後，マイクロ・バスで沼津女子商業の考古学研究室と日本大学が発掘中の現場に向かった。発掘中の学生が，炎天下

(上) 強烈な日差しを浴びて光沢を発するヤシの葉　月夜にも同じような光景が出現する
(下) サンゴ礁島の夕日　(ともにナヌマガ島)

自伝的あとがき 213

トール島で発見されたファウバ要塞遺跡　見学にきたチューク人の女性(after Takayama and Seki 1933)(上)
　　　　　　　　　　　　　　　　　　調査を手伝ってくれた男性達(下)

にも拘わらず腹巻きをしていたのを見た一行の1人が，どうしてあのような格好をしているのかと私に質問してきた。今から思うと，日本では腹を冷やさない予防のためであるが，オセアニアの民族例から特別な宗教的な意味を考えたうえでの質問であったと思われる。

まさかこの2年後の1968年に，ひょんなことからR. C. Greenが調査団長のマカハ遺跡の発掘に，Bishop博物館の調査員として従事するようになるとは夢想もしなかった。この調査は，先史時代のセトルメント・パターンを研究課題にした，オセアニアでは類を見ない大発掘で，1年近くもかけて行なわれた。ハワイにはウィルソン号（1万5千トン）で出かけた。8日間の船旅であったが，途中で1隻の船を遠望しただけで島影を見ることはなかった。この船は絵本にも載っている大型客船であったが，船体は絶えず上下か左右に揺れてぎしぎしと音がしていた。

Bishop博物館では皆が再会を喜んでくれた。また，C. Gormanからペンタックスのカメラケースを日本から買ってきてくれ，と頼まれていたのでハワイ大学で渡した。会うと，彼はいつも握手をしてからタイにおける色々な体験を話してくれて面白かった。しかしその後，彼はまもなく病気で他界したとの情報に接した。

到着して数日後の夜，同博物館のエモリー博士がホノルルを訪問中のアリゾナ博物館館長や私を招待するパーティーを山の上にある自宅で催してくれた。パーティーが終わると篠遠博士，マカハ調査の実質的な総責任者となるハワイ島のCity of Refuge Nationa Historical Park館長E. J. C. Ladd（彼はフィリピンで日本軍との戦闘で手の指を失い日本人嫌いであったが，私と会ってから認識が変わったと後に言ってくれた），当時，日本でデストロイアーの名前で知られていたプロレスラーのような体格をしたアリゾナ博物館館長，それにBishop博物館の民族学者T. Barrow博士と離婚したばかりのサモア人の若くて美しい女性と一緒にワイキキにナイト・ショーを見に出かけた。酔った彼女はステージのサモア人の踊りなど気にせず，立って唄って踊り，サモア人のボーイから再三注意された。酔ったLaddなどは「ジューン（私のこと）も踊れ」としばしば大声をあげた。ショーが終わって外に出ると，数人のサモア人のボーイが待ち受けていてアリゾナ博物館館長は簡単にノックアウトされた。彼女は自分は「サモアの大酋長の娘だ」と怒鳴っていたが効果はなかった。私はサモア人の1人を押さえた。すると彼は「どうか落ち着いて下さい」と落ち着いた口調で私に向かって言った。ハワイ人やサモア人の腕力の凄さをその時の私はまったく知らなかった。

さて，篠遠喜彦博士に発掘の方法を尋ねたら「ハワイで最初の住居址の発掘になるので好きなようにしたらよい」とのご返事であった。

ある日，P. Chapmanが発掘中の住居址の柱穴の中から柱の実物らしきものを発見したので集まるように，とGreenから連絡がきた。私には現在の木の根と思われたので，そう言った。掘ってみると，やはり現在の木の根であった。Chapmanが私のほうを見て軽くウィンクした。スタンフォード大学院生の彼は，将来は私と一緒にミクロネシアの考古学を研究したいと言っていたが，その後，若くして病気で亡くなってしまった。

今はゴルフ場となっているが，当時は山中のジャングルであった遺跡の分布図の作成は1人で

行なうことになった。しかし，道などないのでしばしば迷子になりそうになり，木の枝に帽子や衣服などを次々と吊り下げて，帰れるように目印にした。まるでヘンゼルとグレーテルの話のようであった。また時折，山奥から人の叫び声が聞こえたりした。あれは山羊だとハワイ人が教えてくれた（余談になるが，マリアナ諸島のロタ島の洞窟を発掘中，中にいる学生達を蚊から守るために，私は外で焚き火で煙が出るようにしていた。その時，ジャングルの中から人の叫び声がした。これこそはチャモロ人が怖れている化け物（タオタオモナ）だと思い，追いかけた。しかし，その正体は野生化した鶏であった。またある日，この島の中学生の新聞部の男子学生が2人で発掘のインタビューにきた。私に発掘した沢山の人骨を入れたテントの中にいて怖くないかと尋ねたので「寝ていると水が欲しいと言って煩わしい」と冗談に言った。これを聴いた彼の顔は可哀想なくらい青ざめた。すぐに訂正し謝った。そういう私も恐怖におののいたことがある。ここでの第3次の発掘時のこと，いつものように出土した人骨と一緒にテントの中で寝ていたが，真夜中にこちらに向かって走ってくるサンダルの足音がしたので目を覚ました。すると，突然チャモロ人の女性がテントの入り口を開けて「キャキャ」と笑うと走り去った。私は恐ろしくて，この後の数分間は外に出てそれを確かめる勇気がなかった。やがて勇気を奮い起こして外に出た。目にしたのは木立の間から差し込んでいるまばゆいばかりの月光だけであった。またヤップ島で現地人の家に泊まっていた時，家族は葬式で他の村に出かけて私だけが留守番をしていた。夜半になると外でお経の声がし始めた。月夜であったので，それが聞こえる裏山に向かって登っていった。なんと，それはタロイモの水田に棲む無数の蛙の鳴き声であった。最後はツヴァルでの出来事である。ある日，いつもその聡明さと知的さで私を感心させているツヴァル人のイサラ氏が興奮気味の顔をして帰ってきた。彼が言うには，波止場に化物が出る，と大変なことになっている。人が歩いた気配がないのに，水の付いた足跡が毎日のように早朝に発見されるので皆が怖がっているとのことであった。そこで私は，人の体温をセンサーが感じると明かりが点くものを日本から持ってきているので，化け物に反応するか分からないが，これを現場に置いたらどうかと提案した。彼は自分でこれを試して感心したが，どうしたらよいものか返答に窮した。いつもならこういう話にはすぐに飛びつく私であるが，波止場のある場所が遠いので今回は珍しく遠慮した）。

ある日，アリゾナ大学から来ている調査員 R. J. Hommon が，水平の虹が出ていると知らせてくれた。まさにマカハの山腹に虹が水平に架かっていた。また，大雨が降るといつも頂上から滝が落下するのが遠望される。2人で双眼鏡で見ていたが，ある晴れた日にそこに行ってみた。大きな岩だけあって，一滴の水もなかった。また驟雨の時，発掘現場近くの小川の激流を人夫達と見に行ったことがある。数日後，そこを訪れたら完全に空っぽで小石だけがあった。ここの伏流水はまるで魔法のようであった。また，双眼鏡で遠方の山頂を眺めていたアラスカ大学から来ていた人夫が山頂に神殿らしきものが見えるので調べに行こうと誘ってくれたが，そこにたどり着くには途中で野宿しなければならない距離なので，時間的余裕がなく実現しなかった（当時，ヘリコプターから断崖の中腹に掘られた洞窟に，古墓が発見されていた。古代のハワイの首長は，埋葬された自分の骨が装身具などに加工されるのを避けるためにこのような人跡未踏の場所を埋葬地にしていた）。

ある日，ハワイ大学に留学中の東南アジアの学生達が Barrow 博士に引率されて遺跡見学に訪れた。彼らの中には白人達の主任（supervisor）をしているアジア人の私が不思議で，米国のどこ

の大学から来ているのかとか質問する者がいた。また別の日に発掘の見学に訪れた文部省の方は日本のために頑張ってくださいと激励してくれた。

やがて調査団では私のために，助手を1人雇ってくれることになったので，サモア村から来ていたサモア人の長身の若者を選んだ。杭を打つことになったら，彼は長さ1.7mくらいの棒を片手で地面に打ち込み，私が登って大丈夫と言っていた。これは，タロイモ栽培の時に使用する堀棒と同じであることをずっと後にサモアで見て気づいた。

ある夜，サモア人達とバーに行った帰り，白人達の乗った車が近づき，ピストルを窓から出して「手を挙げろ」と叫んだ。隣に座っていた仲間の白人が彼の腕を持ち上げたので，幸いにも命中しなかった。車は猛スピードで走り去った。どうしてこうなったのか彼らに尋ねた。彼らが言うには，バーの中でピストルで脅されたが，相手にしなかったので怒ってしたのだという返事であった。その時，2人のサモア人は少しも怖れず腕を組んで堂々としていた姿勢が印象的であった。

これを知ったハワイ人の友人は，白人達の家を知っているので今夜は仕返しにいくのだと発掘現場に手榴弾を持ってきたりした（彼は私と別れる時になると，お土産に祖父が使っていたというハワイの蛸釣具をくれた。発掘報告書を見ていないので当人は知らないが，彼の写真は私が担当したマカハ遺跡の住居址の報告書（Interim Reort, No.2）に掲載してある）。

またある日，サモア村を訪れた時，サモア語で書かれた聖書を音読した。ローマ字綴りなので，日本品人ならだれでも読むだけなら簡単であった。これを知ったサモア人が沢山集まってきて，びっくりしていた。その際に，大野晋氏がその名著『日本語の起源』（岩波新書）で日本語の起源は母音終わりで，これはポリネシア語と同じであると書いていたことを思い出した。

またある日，メキシコの大学に留学のため向かっていた大井邦明氏（現在京都外国語大学教授）の船がホノルルに寄航したため，アリゾナ大学からきていた同僚のR. J. Hommonに運転してもらいボディーにBishop Museumと書かれた古いジープで出迎えに行き，マカハの発掘現場に案内した。到着するや同氏はすぐにこの車の運転に挑戦した。勝手が違うようですぐにやめたが，その根性には皆で感心した。

ホノルルでは，ハワイ大学大学院に入学予定の明治大学出身の植木武氏（現在共立女子短期大学教授）にいつも大変お世話になった。

マカハでは時折，近所のハワイ人の女性エンマ（Emma, この名前はカメハメハⅣ世の王妃と同じ）が私が1人でいる夜には，私達が住んでいた家の前のヤシの木に囲まれた芝生でハワイアン・ソングを唄いながら踊ってくれた。彼女はワイキキで踊っていたこともあって非常に上手かった。その時見せる微笑みは，ポリネシア人特有の魅惑的なものであった。彼女がまたサモア人と一緒によく唄った歌は「Hawaiian wedding song」であった。またある時には，マカハの山中にある神殿（ヘイアウ）へ遠足に行く途中の地元の小学校の女子生徒（上級生）20名くらいが発掘現場にあった研究所の前の庭でフラダンスを踊ってくれた。タイピストのハワイ人のコラニ女史と2人でベランダから眺めた。同校のある地区から毎日通ってきていた彼女が私のために手配してく

れていたのである。

　いよいよ私がハワイを去る日が近づいたある夜，サモア人やハワイ人の人夫達は海岸でハワイアン・ソングを唄ってくれた。特に「Tiny bubbles」を何度も何度も唄ってくれた。

　エンマから，ハワイ人の大好きな食べ物ポイをすすめられたが食べられなかった。これは主としてタロイモから作られる。またトラック（チューク）人の大切な食べ物にアボットがある。これは地中に埋めて発酵させたパンの実であるが，これも慣れないと口に入れるのは難しい。

　このマカハの発掘が終わると，ハワイ大学のR. Pearson助教授の紹介でイェール大学の後輩のJ. H. Kress（現在はソールハイム財団）が行なうことになっている，イェール大学とフィリピン国立博物館のパラワン島での共同調査に参加させてもらうことになった。

　ホノルルのフィリピン大使館では，最初は長期滞在のビザの発行を拒否されたが，Green博士が「この調査の重要なコンサルタント」であるという推薦状を書いてくれたため許可がおりた。そしてこれから役立つであろうとマカハ遺跡の報告書(R. C. Green (ed.), The Makaha Valley Historical Project: an interim report for the Makaha Historical Soiety. Bernice B. Bishop Musem, (1966))の分厚い謄写刷を手渡してくれた。実際これは後にフィリピンにおける私の評価に非常に役立った。

　フィリピン行きの飛行機は，ホノルル空港を午前零時ごろ出発するにも拘わらず，ピアーソン博士ご夫妻（奥様は著名な東洋史の碩学で京都大学宮崎市定教授ご令嬢）がお嬢さんを連れて閑散とした空港まで見送りに来て下さった。そのときの空港には，ベトナムの戦場に向う沢山のアメリカ兵が戦闘服に身を包み，うつむき加減で黙々と歩く姿があった。アメリカ本土から来た彼らはここで飛行機を乗り換えているようであった。そして，日本で見慣れていた米兵とは違っていた。

　マニラに着き，ピアーソン博士から紹介されたフィリピン国立博物館長のR. Fox博士の家を訪ねた。そのR. Fox博士の紹介で，「パナミン（Panamin）」と呼ばれる少数民族救援活動の財団を当時運営していた大富豪M. Elizalde, Jr. 所有の船でスルー海を通り目的地のパラワン島に渡ることになった。少数民族のネグリート族の社会民族学を調査中の菊池俊彦（後に早稲田大学教授）氏らが波止場まで見送りに来て下さった。同船の甲板ではいつも女性も含む若者達が自動小銃やピストルに油を注して磨いていた。救援する民族がいる島に到着すると，このような重装備に身をくるみボートに乗り換えて上陸して行った。なぜこのような大げさな支度が必要なのか不思議であった（たとえ共産ゲリラ対策であっても）。

　私が日本に帰国してしばらくしてから思いがけないニュースが入った。フィリピンで未知の少数民族Tasaday族が発見されたという（たとえば，J. Nance, The gentle Tasady : a Stone Age people in the Philippine rain forest. Victor Gollancz Ltd. London）。かつてBishop博物館にいた時，一緒だった民族植物学者D. E. Yen（現在はオーストラリア国立大学）でさえも，この民族の食料の調査に出かけて，J. Nanceと編集して『Further studies on the Tasaday』(1976)を著わし，マルコス大統領とファースト・レディーのImeldaに献上している。しかし，その後この発見は意外な展開

を迎えた。すなわち Tasaday 族は Elizalde が政府からの援助金欲しさにでっち上げた民族にすぎなかったのだ。

　パラワン島のタボン洞窟の発掘は，インドネシアで洪積世のピテカントロプスが発見されているので，マルコス大統領がフィリピンでも同様なものを発見して国威発揚を狙ったといわれている。しかし，タボン洞窟における最古の人間の居住は3万年までしか遡ることはなかった。しかし，このようなマルコスの意気込みを示すように，ある日マニラから沢山の学生達が発掘の援助のために軍艦で派遣されてきたこともあった。そこで彼らは，多くのアメリカ人を使っている日本人の私を見つけ驚き，また喜んでくれた。そして，東京オリンピックの歌をギターを弾きながら日本語で合唱してくれた。

　タボン洞窟発掘の人夫はいくつかのネグリート（矮小）系少数民族を雇っていたので，休憩時には眼前のものを見ては，互いにどのように語彙が違うか共通語を使って教えてもらった。

　ある日，Kress らと「ココナッツ・アイランド」と呼ばれる小さな島に椰子の実を買いに出かけた。椰子の実は長い竹棹で採ってくれた（オセアニアではこのような長い竹がないためか子供の頃から木に登る）。この時，私は初めて海岸の砂浜にころがっている大きなシャコガイの殻を見た。またこの島では，若者が小さな石を歯で嚙んで，いかに固いかを証明したうえで私に上げると差し出した。次に訪れた時は，交換しようとアメリカ軍の銃剣を持ってきた。せっかくの好意ではあったが受け取らなかった。その後ここに訪れることはなかったので，何の石であったか今でも気にかかっている。

　またある日，内陸部の洞窟遺跡の調査にとりかかった。谷間のこの地域は暑苦しかった。偶然発見した洞窟の中にある水を Kress と2人で頭から浴びた時には生き返った気がした。ここでは仮の小屋に泊まった。夜の酷い暑さに，朝には死んでいるのではと思うほどであった。その後のオセアニアの島々ではこのような体験をすることはまったくなかった。

　1週間くらいここで調査を行なった後，帰ることになった。大雨が止んだ夜間，いつも海上で使っているアウトリガー付きのモーターボートで幅数mの川を海岸に向かって下った。途中，無数の蛍が鈴なりになった木があり，まるでクリスマス・ツリーのようであった。この少し後，流木がアウトリガーに絡まってボートが動かなくなった。私は，船首で懐中電灯を照らして襲ってくるかもしれない鰐を見つけることになっていた。後方に絡まった流木を米国人達が除去したが，こんどは別の流木が前方にひっかかり，私がどうしても川に飛び込まねばならない羽目になった。このときほど怖かったことはなかった。飛び込んでみると，岸辺はぬかるみでマングローブが生い茂っているのに川底が固いのは意外であった。我が国の著名な民族学者が，アウトリガー付きの船は内陸部で考案されたと述べていることを帰国後に知ったが，このように狭い川ではアウトリガーは邪魔になるので，この見解には疑問が生じた（ちなみに，フィリピンのアウトリガーは両側に付けられていて，オセアニアの片側だけと異なる）。

　国立博物館の研究所の広い敷地内に小川が流れていて，海岸部に住む村人達が毎日洗濯に来ていた。ある時，そこにいつも来ている男性が今夜，村でダンスがあるので是非来てくれと誘われ

た。会場の入り口で私は彼の娘と立たされた。2人が中に入ると大歓声で迎えられた。私がダンスを躊躇していると，2人がダンスをしないと中にいる皆の踊りが始まらないと催促され，室内は大爆笑につつまれた。ダンスはスペイン風のものであった。後で知ったが，彼の家は海岸の側にあって，ボートに乗って発掘に出かける私達を家族でいつも眺めていたのであった。

この島では夕方になると，どこからか村中に聞こえるような大きな叫び声が響き渡る。それは蜥蜴だということであった。イグアナの皮を私の土産にするんだと言って，生きたまま持ってきてくれた者がいたが，これは夕方になってもそのような声は出さなかった。ある日の早朝，子供が大きな猫を肩に担いで研究所の前に立っていた。鶏を盗みにきたので殺したとのことであった（なお，フィリピンには1種類のヤマネコ，2種類のジャコウネコが生息している（T. D. Carter, et al. Mammals of the Pacific world. (1945) The Macmilan Co.））。また，ここの鶏は「コケコッコウー」とゆっくりと鳴かず，まるで怒っているかのように非常に短く鳴く。また，大きな木から木へと悠々と飛び渡っていた。オセアニアの鶏は野鶏（jungle fowl）であるが，これほど短くは鳴かないように思える（その後，チュークのモエン島のモリ食堂で食事をした時，学習院大学の女子学生達が肉の固さに驚いていたことがある。チュークの鶏は放し飼いに近い状態なので筋肉が発達しているためかもしれないと思ったりした）。

ある日，タボン洞窟に向かうボートが出発する海岸で，見なれない鋲とカンテラを持った粗末な服装をした人々に出会った。彼らは遠方の山奥から来たと言うので，その村に行ってもよいかと尋ねた。この質問は英語から始まり，タガログ語やタグバヌア語などくつかの言語による通訳を介して彼らに達した。答えが「来てもよい」という返事であることは，最後の人の笑顔を見てすぐに分かった。

その支度のためには，一旦日本に帰国する必要があるのでマニラに帰ることにした。それを知った村のフィリピン人男性が，途中危険なので空港のあるプエリト・プリンセサまで同行してくれた。彼の子供が病気の時に抗生物質の薬を私が上げたお礼であるとのことであった（後にマニラに帰ってその話を知人にしたら，彼は共産ゲリラの関係者かもしれないと言っていた）。バスは早朝6時に出発したが，客を拾うために村をぐるぐる回るので空港に到着したのは夕方近くになった。バスの中に日本人の私がいることを知った年配の婦人が挨拶にきた。名前は小笠原と言い父親はゲリラに殺されたということであった。

さて，マニラのFox博士の家に戻ってみると，そこには成城大学学生の藤倉さんがいらした。彼女によれば，NHKのアナウンサーである父親のクイズ番組にFox博士と少数民族アエタ族の人に出演してもらった時，彼女がFox博士にフィリピンに人類学の研究に出かけたいとお願いしたら，特別の長期ヴィザを発行して貰えたとのことであった。Fox博士は，大統領顧問付の考古者とのことであった。Fox博士によれば，アエタ族の少女を出演させる時，彼女からどこに行くのかと聞かれたが，日本と言っても分からないはずなので，あの山の向こうとだけ答えたという。

またFox博士によれば，私にとって幸いなことは，長い間フィリピン考古学の大御所として

君臨していた H. O. Beyer 博士が死去し，大統領顧問付がご自身に代わったことであるとのことであった。Beyer 博士は日本人嫌いで，戦前日本人考古学者を研究のために入国させることはなかったという。また，Beyer 博士の名誉を祝した記念論文集 M. D. Zamora 編集の記念論文集『Studies in Philippine Anthropology』(1967) では，執筆者の中に批判的論考を発表している者もいるとのことであった。そしてある夜，Fox 博士は真顔になって私に，実は自分はタボン洞窟の発掘をしているが，専門は社会人類学（博士号はシカゴ大学から授与された）なので平板測量も出来ないし，給料は安いが考古学の専門研究員としてフィリピン国立博物館で働いてもらえないかと頼まれた。

しかし帰心矢の如しの私のことを知った彼は，早く帰ってくれば有名なリンドバーグが来るので一緒に飛行機に乗ろうと言ってくれた（C. H. Lindbergh は前記の Nance の本の序文を書いている）。

そこで藤倉さんからタイプライターを拝借して履歴書を作成し，Fox 博士と一緒にマルコス大統領夫人の Imelda の部屋に入った。部屋に入ると，大きなダーツがあって彼女はその前にいた。その後私は，荷物をすべて Fox 博士の家に残し，藤倉さんと一緒に友人の警官のジープに乗せてもらい空港まで送ってもらった。別れの間際，彼は下げていたピストルをお土産だと差し出したので断ったら，今度は胸のポケットから当時は非常に大切であったボールペンを取り出してくれた（私には回転式型は大き過ぎると勘違いしたのだ）。例としては適切でないかもしれないが，この親切さは，かつてキリスト教徒の宣教師が伝道のためオセアニアの島を訪れると，酋長は１人の女性を贈り物として差し出した。彼がこれを断ると，１人では少なかったと勘違いしたという話があるが，彼の行動はこれと共通の優しい心情に基づくものであった。

Fox は常々，日本軍が悪かったのは終戦前１カ月以内のことに過ぎなかったと肩をもってくれていた。実際，マニラの床屋さんは日本軍が発行したという日本語の書かれた紙幣を私に下さったし，どこでも親切に迎えられた。ただ，日本の大学の講義は自分達と同様に英語で行われるのかと尋ねられた時だけは，日本はアメリカの植民地ではないので，日本語であると大見得を切って反駁した。まさかその日本が，まもなく小学校高学年から英語教育を始めるということを誰が予想しえたであろうか。

一時帰国の筈であった私は，諸般の事情からフィリピンにすぐに戻ることはなかった。そして帰国して１年後，反マルコス闘争が激化し，その３年後には戒厳令が出される事態に発展し，やがてクーデターが起きてマルコス大統領一族は外国に追放された（従って，私は上述した山地民の調査に行くことはなかった。後年フィリピン国立博物館を訪れたとき，人類学者 J. S. Peralta 博士から彼が行ったこの民族の調査報告書をいただいた）。

ところで，パラワン島の遺跡からシャコ貝製手斧が発掘されたことから，シャコ貝製手斧の本場であるミクロネシアの調査を一緒にしようと絶えず言ってくれていた Fox 博士とは別に，私はひょんなことからミクロネシアの調査を開始することになった。

最初の調査はマリアナ諸島のロタ島であった。ここでは通称「幽霊の畑」と呼ばれているラテ遺跡を発掘した。朝日新聞は私が「謎のムー大陸の謎の究明に入った」と報じた。翌年，２回

目の調査で戻ると，チャモロ人達はまさか私が生きているとは思わなかったと心配してくれていた。なぜなら，ラッテストーンを庭石にした米国人は病気になってしまい，急いでその石を元の場所に戻したことがあったからであるという。しかし，このような迷信を信じないで応援してくれたのは理智的なチャモロ人のビアタ夫人であった（後にフェーファン島の発掘に参加してくれたJeffrey C. Marck や米国ミクロネシア信託統治領歴史保存委員会の James R. Moses らが「北マリアナ諸島考古学会」を設立して私を顧問にしてくれて，サイパンで行った発掘に招待してくれたのも，今では懐かしい遠い日の思い出となってしまった）。

ロタ島での発掘の結果，マリアナ諸島の先史文化の究明にはチューク（トラック）諸島の調査が不可欠となった。ここは考古学的にまったく未知の世界であった。

私の計画を聞いたチャモロ人だけでなくロタ島にいる白人達までもが，チューク（トラック）人は乱暴なので行くのは危険だと忠告してくれた。チューク人に対するこの印象は，サイパンに住むカロリン人（彼らは19世紀にカロリン諸島から移住してきたトラック人達）を「カナカ」と呼んで蔑視していることに基づいているようであった。歴史的にも，チューク（トラック）諸島は危険な場所であったため，ミクロネシアの中では白人との接触がもっとも遅くなされた。

しかし，このような状況の中で，非常に幸運なことには，学生時代から親友であった関俊彦氏が私の計画に馳せ参じてくれたことである。

初めてトラック空港に到着した時，サングラスをかけた税関の人から私達が持ち込んだスコップには泥が付着しているので，午後農業研究所に来るようにと言われた。しかし，そこで私達を待っていた彼はなんと流暢な日本語を話し，夜には自宅に招待して下さった。彼は，明治時代にトラック島に来て酋長の娘と結婚した早稲田大学出身の森小辮氏の三男，森三郎氏であった。森氏の父親は「冒険ダン吉」のモデルとなった人である。

そして，アイザワ・ススム氏の援助で目的地のトール島でファウバ要塞遺跡を発見・発掘することが出来たのである。最初，同氏は私達が日本軍の隠した財宝を探しにきたと思い，私服の警官を密かに同行させていた。この遺跡の発見については東京新聞に書いた。後に関氏と一緒に東宮御所で当時の皇太子と皇太子妃両殿下にお目にかかった時，この記事をお読みになっておられたことを知った。また，遺跡を発見した当時の感動した様子については「われミクロネシアの大遺跡を発見す」と大仰な題をつけて（知友の編集者が考えた題である）『人と日本』（1973年4月号）にエッセイを書いた。

最後になるが，Fox 博士が関心を抱いていたフィリピンとミクロネシアのシャコ貝製手斧の親縁関係についてであるが，私は互いに無関係に発達したものと現在は思っている。また，我が国の南西諸島のシャコ貝製手斧についても，フィリピンのものとは無関係に誕生したと，かつての自説を撤回・変更した（「先島のシャコ貝手斧はフィリピン起源か」『南島考古』（2001）20号：1-25を参照されたい）。

更に付言しておきたいことは，日本のマスコミは環境破壊のシンボルとして「水没するツヴァル国」のフナフティ環礁島を絶えず報道している。ただその場合，この島の海抜を1mと解説

しているテレビ局が時折ある。場所によってはそのような低い所もあるが，常に報道されているこの環礁島だけでなく，古来，村のあった場所はどこでも海抜3m以上はある。

　ヘイエルダールのコンティキ号の漂流実験に参加したDanielsonは，帰国して数年後の1949年に妻を伴ってツアモツ諸島のラロイ環礁を訪れる。そこで，彼が喉の渇きを癒すために飲んで関心を抱いたのがヤシの実のことであったという。そして彼は，ポリネシアにおけるヤシの木に関する語彙を集めて比較した。その結果，広大な海域に点在するポリネシアの島々に同じような語彙が使われていることに驚嘆したのであった（Danielson 1983：149）。同じことはミクロネシアの島々についてもいえる（Soucie 1981：108）。そしてチューク語の「nu」はラロトンガ語の「nu」と同じであるし，またサモア語やカピンガマランギ語の「niu」と同系である。

　ここで私とヤシの木との出会いの思い出について触れておきたい。この木の実について知ったのは，子供の頃祖父が海岸に漂着していたヤシの実を教えてくれた時と，ヤシの木の下で1人寂しそうにたたずむ日本兵の姿を絵本で見た時からである。その約20年後，私はフィリピンのパラワン島におけるイェール大学とフィリピン国立博物館考古学合同調査団のコンサルタントとして，タボン洞窟の発掘に参加した時目にした光景がある。当時，タボン洞窟遺跡の発掘のために毎日乗っていたカヌーの喫水線すれすれに浮かんでいる沢山のヤシの実をしばしば眺めることがあった。そして，このようなヤシの実が黒潮に乗って日本に漂着するのかもしれない考えたりしていた。またある日，川を遡って出かけた内陸部にある別の遺跡の調査の帰途，大雨に遭遇した。すると川面に無数のヤシの実が流れていたので，海上で見たヤシの実の中にはこのようにして川から流れ出したもののあることを知った。そしてこれらを見るたびに柳田国男が想定した「海上の道」論の原点を見る思いがして深い感慨にふけっていた。

　その後，訪れたミクロネシアのチュークのトール島の海岸で満月の夜に学生達と見た非常に大きなヤシの木の葉にきらきらと月光が反射する光景は，学生時代に夏になると友人の経営する茅ヶ崎の海の家に仲間達と集まり，ヨットで烏帽子岩に行っては潜ってサザエを捕って岩の上で焼きながらウクレレなどを弾きながら口ずんだハワイアン・ソングの「南国の夜（On a Tropic Night）」の歌詞の一節「夢に見し南の月，ささやく椰子の葉かげ…」を思い出させた。この歌はメキシコで作曲されものだが，当時日本のハワイアン・バンドで演奏されるやスタンダード・ナンバーとなった。これをエセル・中田や石原裕次郎などが唄っていたが，歌詞に違いがあった。私は前者の方が好きであった。この歌は青春時代の私の南洋への強烈な誘いとなった。この歌はまた学生時代，大学が毎年夏に行う発掘のために訪れる青森県では，途中で立ち寄る八戸市の喫茶店で聴いていたし，さらにまた帝塚山大学に勤務するようになると，夏が近づくと放課後，きまって女子学生のハワイアン・バンドが演奏するこの曲が9階にあった私の研究室に流れてきていた。

　なお，最後ではあるが，本稿を執筆するに際しては，1975年のチュークの発掘時，鰻を捕って試食してくれた，当時東海大学大学院生であった佐々木博昭君，学部学生であった中村隆君，

鎌田隆徳君，小林安恵さん（現在，佐々木氏夫人），それに東京女子大学学生であった印東道子さんには心から厚くお礼申し上げたい。このような"出来事"が起きなければ，本書が世に出ることはなかったからである。またこれより数年前に，一緒にポーンペイで調査を行なった立正大学教授関俊彦氏並びにこの調査に参加してくれた立正大学大学院生であった米田耕之助氏及び東海大学学生安部井幹夫氏にも深く感謝しなばければならない。特に本書を執筆するに際しては畏友関氏からは同氏のポーンペイにおけるフィールド・ノートから「化け物の棲む」遺跡についての新知見を賜った。

　また，ファウバ要塞遺跡の第2次調査では，炎天下除去するために伐採した無数の木を山上から谷間に黙々と運ぶ仕事をして下さった明治大学，東海大学，立正大学，東京女子大学，学習院大学（1名を除き女子学生）の学生達の姿は思い出すたびに頭が下がる。深厚な感謝を捧げたい。

　関氏には六一書房社長八木環一氏を紹介して頂いた。その結果，校正は同社の優秀な編集者吉田哲夫氏の手に委ねられて，何年も前に書き上げていた本書の若干の加筆を行ない遂に上梓の運びとなった。八木・吉田両氏にも心底よりありがとうを申し上げたい。

　そしてまた，チュークのファウバ要塞遺跡の発掘調査を手伝ってくれた，当時のチューク人達のことをいつまでも忘れないように感謝をこめて懐かしい記念写真を掲載しておく。

著者略歴

高山　純（たかやま　じゅん）
1938 年　神奈川県生まれ
1964 年　慶應義塾大学大学院文学研究科東洋史専攻修了
職　歴　ホノルル B.P.Bishop 博物館調査員
　　　　イェール大学・フィリピン国立博物館パラワン島合同考古学調査隊顧問
　　　　東海大学講師
　　　　帝塚山大学助教授を経て教授
現　在　帝塚山大学名誉教授

主要著書

『縄文人の入墨―古代の習俗を探る―』　講談社　1969 年
『ミクロネシアの先史文化―その起源を求めて―』　海鳴社　1983 年
『南太平洋の民族誌』　雄山閣　1991 年
『オセアニア』　朝日新聞社　1992 年（共著）
『珊瑚島の考古学―中部太平洋キリバス共和国調査記―』　大明堂　1993 年（共著）
『江戸時代パラウ漂流記』　三一書房　1993 年
『南海の大探検家鈴木経勲―その虚像と実像―』　三一書房　1995 年
『江戸時代ハワイ漂流民』　三一書房　1997 年
『中部太平洋ツヴァル国考古学への誘い』（限定出版）　ニューサイエンス社　2006 年
　（共著）

ミクロネシア人が鰻を禁忌する習俗の起源

2009 年 3 月 20 日　初版発行

著　者　高山　純
発行者　八木環一
発行所　株式会社　六一書房
　　　　〒101-0051　東京都千代田区神田神保町 2-2-22
　　　　TEL　03-5213-6161　　FAX　03-5213-6160
　　　　http://www.book61.co.jp　　E-mail info@book61.co.jp
　　　　振替　00160-7-35346

印　刷　株式会社　三陽社

ISBN978-4-947743-72-5 C3039　　Ⓒ Jun Takayama 2009　　Printed in Japan